永久の哲学 I

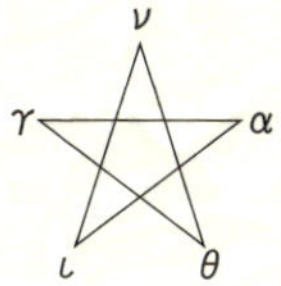

ピュタゴラスの黄金詩

PHILLOSOPHIA PERENNIS I

OSHO
■講話録

市民出版社

Originally published as
" Philosophia Perennis vol.1 "

Japanese language translationrights arranged
with Osho International Foundation, Zurich, Switzerland
through Tuttle-Mori Agency,Inc.,Tokyo

永久の哲学Ⅰ

目次

CONTENTS

第１章

最高の贅沢

THE GREATEST LUXURY

1

不死なる神々に礼拝を捧げなさい。
次いで、自らの信仰を護りなさい。

名高き英雄、偉大なる魂、
神に等しき者たちを思い出し、敬愛しなさい。

良き息子、公正な兄弟、やさしい伴侶、良き父親でありなさい。

友を選びなさい、有徳の友を。
その穏やかな助言を聞き入れ、友の生から学びなさい。
つまらない不満のために、友を離れてはならない。

できるならこれだけでも。
この上なく厳格な法則が、「力」を「必要性」に縛りつけているのだから。

ピュタゴラスは、フィロソフィア・ペレニス、すなわち「永久の哲学」を求める永遠の巡礼者を象徴している。彼は特に優れた真理の探求者であり、持てるすべてを探求に賭けた。彼は遠く広範にわたって旅した——師《マスター》や神秘教団《ミステリー・スクール》、秘宝を求めて、当時知られていた世界のほぼ全域を旅した。彼はギリシャからエジプトに向かった——失われたアトランティス大陸とその秘密を探るためだ。

エジプトには、アレクサンドリアの大図書館がまだ無傷のまま残っていた。そこには過去のあらゆる秘伝が保存されていた。それはかつて地上に存在した最大の図書館だったが、後に狂信的なイスラム教徒によって破壊されてしまった。あまりに大きな図書館だったために、火が放たれてから、六か月もの間燃え続けた。

ピュタゴラスの生まれる二千五百年前、アトランティス大陸は海中に没した。その海を『大西洋《アトランティック》』というのは、このアトランティス大陸にちなんでのことだ。

アトランティスは地球最古の大陸であり、その文明は頂点に達していた。だが文明が頂点に達するとき、そこには常に危機がある。それは崩壊や自滅の危機だ。

人類は今、再びその危機に直面している。人は強い力を持つに至ったが、その力の使い道を知らない。力が大きすぎるのに理解が小さすぎるとしたら、その力が常に危険なのは明白だ。アトランティスは、自然災害によって海に沈んだわけではない。それは実際、今日起こっているのと同じことだった。それは自然に対する人間の力によるものだった。アトランティスが水没したのは、原子力によるものだった。それは人間が招いた自殺だった。だがアトランティスのあらゆる経典や秘法は、まだアレクサンドリアに保存されていた。

大洪水についての寓話や物語は、世界中にある。それらの物語はすべて、アトランティスの沈没に由来している。そうした物語はすべて……キリスト教徒もユダヤ教徒もヒンドゥー教徒も、かつて文明のほとんどすべてを破壊したという大洪水の話をする。そして生き残ったのは、ごくわずかな秘儀参入者《イニシエーター》や奥義精通者《アデプト》たちだった。ノアは奥義精通者《アデプト》のひとりであり、偉大な師だった。ノアの箱舟はその象徴にすぎない。

ごく少数の人々がこの惨事を逃れ、彼らとともに、その文明が獲得した秘密のすべてが難を逃れた。そしてそれらはアレクサンドリアに保存されていた。

ピュタゴラスは、アレクサンドリアで数年を過ごした。彼は学び、エジプトのミステリー・スクールから、とりわけヘルメスの秘教に関する伝授を受けた。それからインドを訪れ、このいにしえの土地でバラモンたちが発見したすべて、インドが人間の内なる世界について知り得たすべてを伝授された。

数年インドに滞在した後、彼はチベットへ、さらには中国へと旅した。それは当時知られていた世界のすべてだった。その全生涯にわたって、彼はひとりの探求者、巡礼者だった。その哲学の探求とは、哲学という言葉の真の意味である「知恵への愛」の探求だった。ピュタゴラスは愛する人だった。彼は現代的な意味での哲学者ではなく、古典的な意味での哲学者だった。なぜなら愛する人は、思いを凝らすだけではいられない、真理について考えるだけではいられないからだ。愛する人は探求し、リスクを負い、冒険せずにはいられない。

真理とは恋人だ。真理について考えるだけで、どうして満足できるだろう？　あなたはハートを通じて、愛する人と結ばれる必要がある。探求はただ知的なだけではあり得ない。それは奥深いところで直感に根ざしているべきだ。最初は知的なものになるだろうが、最初のうちだけだ。始まりは知的なものだろうが、最終的にはあなたの実存の核心に到達しなくてはならない。

彼はこのうえなく心の広い人物だった。非常にリベラルかつ民主的であり、偏見もなく率直だった。彼は世界中で尊敬された。ギリシャから中国にいたるまで、崇敬の対象だった。彼はあらゆるミステリー・スクールに受け容れられ、いたるところで大きな喜びをもって迎えられた。彼の名はあらゆる地域に広まり、どこに行っても大変な歓迎を受けた。

光明を得てからもなお、彼は隠された神秘への探求を続け、なおも新たなスクールへの入門を求め続けた。彼はひとつの総合を生み出そうとしていた。人に可能な限りの、できるだけ多様な道を通じて、真理を知ろうとしていた。彼は真理のあらゆる側面、あらゆる次元を知りたいと願っていた。

彼にはいつでも、師に頭を垂れる用意があった。彼自身が光明を得ていたにも関わらず――これは稀有なことだ。ひとたび光明を得てしまえば、探求は終わり、求めることは消える。そうする意味がなくなるからだ。

仏陀は光明を得た後、二度と他の師のところには行かなかった。イエスも光明を得た後は、二度と他の師のところには行かなかった。老子も、ツァラトゥストラも、モーゼもそうだ。それゆえに、ピュタゴラスはユニークだ。彼に匹敵するような人はかつてない。光明を得た後でさえ、真理の新たな側面を明かしてくれる人がいれば、進んで弟子になる用意があった。

探求への大きな熱意ゆえに、誰からでも学ぶ用意があった彼は、完璧な弟子だった。彼は全存在から学ぶ用意があり、最後まで開いたまま、学ぶ人であり続けた。

その努力全体は……その当時、ギリシャから中国まで旅するのは、大変な努力だった。それは危険に満ちていた。旅は危険を伴い、今日のように楽ではなかった。今日では、物事はとてもたやすいから、朝食をニューヨークで、そして昼食はロンドンでというのも可能だし、おまけにプネーで胃もたれに苦しんだりもできる。物事はとても簡単だ。だが当時はそう簡単ではなかった。ひとつの国から別の国に行くには何年もかかったし、本当に危険だった。

ギリシャに戻る頃には、ピュタゴラスはすっかり老いていたが、それでも彼のもとには探求者たちが集まり、大きな教団が誕生した。だが社会はいつもそうするように、ピュタゴラスを、彼の教団や弟子たちを迫害し始めた。彼は生涯にわたって永久の哲学を探し求め、それを発見した！　そして集めたあらゆる断片を、途方もない調和、大いなる統一へとまとめた。だが彼はそれを詳しく説くことを許されず、人々に教えることを禁じられた。

彼はいたるところで迫害され、何度も命を狙われた。彼が得たものをすべて教えることは、ほとんど不可能だった。その宝は計り知れなかった。実のところ、彼以外にそれほどの宝を手にした者はいない。だがそれが人類の愚かしさであり、それはいつもそうだった。この人は何か不可能なことをやってのけた。彼は東洋と西洋の間に橋を架けた。彼は最初の橋であり、東洋的精神《マインド》を西洋的精神《マインド》と同じほど深く知るようになった。

彼はギリシャ人だった。ギリシャの論理と科学的アプローチによって育てられ、その後に東洋に移り住んだ。そして直観の道を学び、神秘家のあり方を学んだ。彼自身が生まれながらの偉大な数学者だった。そして数学者が神秘家になるというのは、それらが対極であるがゆえに、ひとつの革命だ。

西洋は男性的精神《マインド》、攻撃的な知性を象徴し、東洋は女性的精神《マインド》、受容的な直観を象徴する。東と西というのは恣意的なものではない。その区分は非常に意味深い、深遠なものだ。ルドヤード・キップリングの言葉を忘れるべきではない。彼が言うことには、含蓄があり、深い意味がある。キップリングは「東洋と西洋は絶対に交わらない」と言う。この言葉には一片の真実がある。なぜなら、その出会いは不可能に見えるからだ。それらが働きかけるやり方はまったく正反対だ。西洋は攻撃的、科学的であり、自然を征服する用意がある。東洋は非攻撃的、受容的であり、自然に征服される用意がある。西洋はしきりに知りたがる。東洋は忍耐強い。西洋は生と存在の神秘へ積極的に足を踏み入れ、扉の鍵を開けようとする。東洋は深い信頼のなかで、ただ待つ――「いつか自分に用意ができたら、真理は明かされるだろう」

西洋は心《マインド》の集中で、東洋は心《マインド》の静穏だ。西洋は思考で、東洋は無思考だ。西洋は心《マインド》で、東洋は無心《ノー・マインド》だ。キップリングが「東洋と西洋は絶対に交わるとは思えない」と言うのも、無理もないように見える。

また、「東洋と西洋」は、地球がふたつの半球に分かれていることを象徴するだけではない。これはあなたの心、あなたの脳をも表している。脳もまた、地球と同じようにふたつの半球に分かれている。脳のなかにも東洋と西洋がある。左脳は西洋であり、右脳は東洋であり、左手とつながっている。そして右脳は東洋であり、左手とつながっている。

西洋は右派で、東洋は左派だ。両者の進み方は非常に異なる。頭《マインド》の左半球は計算し、思考し、論理的だ。あらゆる科学はそこから生み出される。脳の右半球は詩人、神秘家であり、直感し、感じ取る。それは漠然としていて、あいまいで、おぼろげだ。何ひとつはっきりしていない。すべてはある種の渾沌のなかにあるが、その渾沌には独自の美しさがある。その渾沌にはすばらしい詩が、すばらしい歌がある。それはとてもみずみずしい。

打算的な心は砂漠のような現象だが、非打算的な心は庭園だ。そこには鳥が歌い、花が開く……それは完全な別世界だ。

ピュタゴラスは不可能に挑んだ最初の人であり、しかも彼は成し遂げた！　彼のなかでは、東洋と西洋がひとつになった。陰と陽、男と女がひとつになった。彼はアルダナリシュワール――両極の完全な合一だった。シヴァとシャクティの両方、知性の最高の頂にして、直感の最たる深みだ。ピュタゴラスは日に照らされた山頂であり、かつ深く暗い谷底でもある。これはとてもまれな組み合わせだ。

だが彼の生涯にわたる努力は、愚かな人々、凡庸な大衆によって破壊された。この短い詩句だけが、残っている唯一の言葉だ。それらは葉書一枚にも収まってしまう。この偉大な人物の努力と試みの成果は、これだけしか残っていない。そしてこの詩句でさえ、彼の手によるものではない。彼の手によるものは、すべて破棄されたようだ。

ピュタゴラスが死んだ日、何千という弟子たちが虐殺され、火あぶりにされた。たったひとりの弟子だけが、教団から逃れた。その弟子の名前はリシスといった。彼は逃げた――我が身を救うためではなく、師の教えをわずかなりとも残したい一心からだ。この『ピュタゴラスの黄金詩』は、唯一生き残った弟子リシスによって記された。

教団は全焼し、何千もの弟子がただ殺され、処刑された。そしてピュタゴラスが旅しながら収集したすべてが——中国やインド、チベット、エジプトから持ち帰った莫大な宝、膨大な書物、長年にわたる努力が、すべて灰になった。

この短い詩はリシスが書いた。そして古来、真の弟子が知る唯一の名前は、師の名前以外にない。この詩は『リシスの詩』ではなく、『ピュタゴラスの黄金詩』と呼ばれる。彼はそれらに自分の名を記さなかった。

これは繰り返し起こってきたことだ。それはインドに生まれた偉大な師、ヴィアサにも起こった。ヴィアサの名を冠した経典は無数にあるが、ひとりではこれほど多くの経典は書けない。千人がそれぞれ一生書き続けたとしても、とうてい書ききれないほどの量だ。これはいったいどういうことなのだろう？　どの経典も著者はヴィアサとなっているが、それらはヴィアサではなく弟子によって書かれた。だが真の弟子は、師の名前しか知らない。彼は師のなかに消えてしまったから、何を書くにせよ、師の名のもとに書く。言語学者、知識人や教授らは、数多くの学説を編み出してきた。ヴィアサという人が大勢いたのではないか、同名の人がたくさんいたのではないかと彼らは思っている。それらはみなたわごとだ。ヴィアサはひとりだけだった。だが何世紀にもわたって、多くの人々がヴィアサを深く愛してきたために、彼らは何かを書くときに、「師が自分を通して書いている」と感じた。彼らが師の名前を記したのは、彼らがたんに乗り物であり、道具、媒体にすぎなかったからだ。

エジプトのヘルメスにも、同じことが起こった。多くの経典は、すべて弟子によって書かれた。またギリシャのオルフェウスや、中国の老子や孔子にも、同じことが起こった。弟子は自らの独自性を失い、師と完全にひとつになる。だが人間の愚かさは、途方もなく価値あるものを破壊してきた。

ピュタゴラスは、〈総合《シンセシス》〉を生み出す最初の実験だ。そして二千五百年が過ぎたが、それを再び試みた者はいない。後にも先にも、この〈総合〉を成し遂げた者はいない。そのためには、科学的な、そして神秘的な心のどちらもが必要だ。それはまれな現象だ。それはごくまれにしか起こらない。

偉大な神秘家たち――仏陀や老子、ツァラトゥストラといった人たちはいる。またニュートンや、エジソンやアインシュタインのような偉大な科学者はいる。だがその両方の世界にたやすく精通できる人は、そう簡単には見当たらない。ピュタゴラスはまさにそういう類いの人物であり、彼自身がひとつの部類だ。ピュタゴラスは誰にも分類できない。

彼が試みた〈総合〉は、とりわけ彼の時代には必要とされていた。今日それが必要とされているように――というのも、世界は再び同じ地点にいるからだ。世界は車輪のなかで回っている。『世界』に相当するサンスクリット語は『サンサーラ』だ。サンサーラとは車輪を意味する。この巨大な車輪は、二千五百年で一回転する。ピュタゴラスより二千五百年前に、アトランティスは人間自身の科学の進歩から自滅した。叡智の伴わない科学の進歩は危険だ。それは子供に剣を持たせるようなものだ。

そして今、ピュタゴラスから二千五百年が過ぎ、世界は再び混沌のさなかにある。その車輪は再び同じ地点に来ている。それは必ず同じところに来る。こうした瞬間が起こるのには、二千五百年かかる。二千五百年ごとに、世界は大変な混沌状態に突入する。

人は根無し草になり、無意味さを感じるようになる。生のあらゆる価値が消え、大いなる闇が取り巻く。方向感覚は失われ、たんなる偶然だと感じ始める。何の目的もなく、どんな意味も見出せない。生はたんなる偶然の産物としか思えない。存在はあなたを気遣っていないようだし、死後に生があるようにも思えない。何をしようと徒労に思えるし、決まり切っていて、機械的だ。すべては無意味に見える。

このような混沌と無秩序の時代は、かつてアトランティスで起こったような大いなる災いとなるか、あるいは人類の成長における量子的飛躍をもたらすかのどちらかだ。それは私たちがこの時代をどう利用するかにかかっている。巨星たちが世に出るのは、このような大いなる混沌の時代だけだ。

ピュタゴラスはひとりではなかった。ギリシャにはピュタゴラスとヘラクレイトスが生まれた。インドには仏陀やマハヴィーラといった多くの人々がいた。中国にも老子や荘子、孔子、孟子、列子など多くの人々がいた。イランにはツァラトゥストラがいたし、バラモンの伝統には多くの偉大なウパニシャッドの見者たちがいた。ユダヤの世界にはモーゼがいた。こうした偉人たち、偉大なマスターたちはみな、人類の歴史における特定の時点で生まれた。それが二千五百年前だ。

今、私たちは再び大いなる混沌の時代を迎えている。そして人類の運命は、私たちがどうするかにかかっている。自滅したアトランティス文明のように自滅するか……全世界はヒロシマになり、自らの知識と科学に溺れて自滅し、集合的自殺を遂げるだろう。ノアや彼に従う少数は助かるかもしれないし、助からないかもしれない。あるいは、そこには人類が量子的飛躍を遂げる可能性もある。

人類は自殺もできるし、あるいは生まれ変わることもできる。その両方の扉が開かれている。

こうした時代がヘラクレイトスや老子、ツァラトゥストラやピュタゴラス、仏陀や孔子のような人たちを生み出せるとしたら、すぐれた人類を生み出せないということがあるだろうか？　それは可能だ。だが私たちはその機会を逃し続けている。

凡庸な大衆はあまりにも無意識に生きているので、数歩前さえ見えない。彼らは盲目であり、そして多数派だ！　来たるべき二十五年間、この世紀末は、途方もない価値を持つことになる。もし私たちが、瞑想、内なる旅、静穏、沈黙、愛、神のための大きな勢いを世界に生み出せたら……来たるべき二十五年間に、多くの人々が神が起こるための空間を作り出せたら、人類は新たに誕生し、復活を遂げ、ひとつの新しい人類が生まれるだろう。

だがこの時を逃せば、さらに二千五百年間、あなたは同じままだ。何人かは光明を得るだろうが、ごく少数に留まるだろう。ごくまれにちらほらと、目覚め、気づき、神になる人はいるだろう。だが人類の大半は、暗闇のなか、まったき暗闇のなか、絶望的な苦悩のなかに取り残されるだろう。人類の大半は、地獄で生き続けることになる。

だが混沌が広がり、人が過去に張った根を失い、過去から引き剥がされていくこの時代は、すばらしい瞬間でもある。私たちが過去の歴史から何かを学べるなら、ピュタゴラスから何かを学べるなら……。人々は、ピュタゴラスと彼の理解したものを利用できず、彼の偉大なる〈総合〉を利用できなかった。彼が開けてくれた扉を、人々は利用できなかった。たったひとりの個人が、途方もない何か、不可能な何かを成し遂げたのに、それは利用されなかった。

私はもう一度、これとまったく同じことを試みている。私はピュタゴラスに、深い霊的《スピリチュアル》な親近感を感じる。私もまた、あなたたちに東洋と西洋の〈総合〉をもたらしている。科学と宗教、知性と直感、男性的な心と女性的な心、頭脳とハート、右と左の〈総合〉をもたらしている。私もあらゆる可能なやり方で、大いなる調和を生み出そうとしている。そうした調和だけが、救いとなれるからだ。そうした調和だけが、あなたに新たな誕生をもたらせる。

だがそこには、ピュタゴラスの身に起きたことが、私にも起こるあらゆる可能性がある。またピュタゴラスの弟子たちに起きたことが、私の弟子《サニヤシン》たちに起こるあらゆる可能性がある。だがその可能性も承知した上で、もう一度、同じ努力が為されなくてはならない。これは価値ある瞬間だ。車輪を新たな道に進め、進路を変えられる瞬間は、二千五百年に一度しかないからだ。

あなたがたはみな、危険を冒し、持てるすべてを賭けなくてはならない。そして大きな喜びをもって賭けるがいい! 新しい人類を誕生させ、新しい人類の先駆けとなること以上に、どんな幸せがあるだろう?

あらゆる誕生が痛みに満ちているように、それは痛みに満ちているだろう。だが、それを通して何が生まれようとしているかを理解したら、それを迎えることもできるだろう。それから子供が生まれるのがわかったら、痛みはもはや痛みではなくなる――ちょうど母親が、子供が生まれる痛みを受け容れられるように。母親のハートが喜びに踊っているとき、痛みは問題ではない。彼女は生命をもたらしている。彼女は創造をもたらし、この世界をさらに生き生きとさせている。彼女を通じて、新しい子供が生まれようとしている。神が母親を媒体として使い、彼女の子宮の肥沃さを証明している。彼女は幸せで、喜びに満ちている。表面的には痛みがあっても、とても喜んでいる。その大きな喜びがあるときには、痛みはただの背景として働き、よりいっそう歓喜を際立たせる。

いいかね、私のサニヤシンは、エネルギーの子宮、エネルギーの場《フィールド》になれる。ここではひとつの大いなる総合が起こっている。ここでは東洋と西洋が交わっている。もし私たちがこの不可能を可能にしたら、未来の人間は、まったく違った生き方をするだろう。このおなじみの地獄で生きる必要はなくなる。人は愛と平和に生き、大いなる友愛のなかで生き、祝祭に他ならない生を生きられる。この地上を神性なものにできる。

そう、この地上は楽園になれるし、まさにこの身が仏《ブッダ》だ。

経文《スートラ》に入ろう。それはわずかしかない。ピュタゴラスの経文は、三つの部分に分かれている。この三つは、『有名なピュタゴラスの三つのP』として知られている。それは『準備（*preparation*）』と『浄化（*purification*）』と『成就（*perfection*）』だ。

『準備』が意味するのは、用意を整え、受容的な気持ちになり、身をゆだね、開いていることだ。準備とは、真理への渇きや切望を生み出すことだ。たんなる好奇心や、真理とは何かという知的な関心に留まらず、探求に身を捧げることだ。遠巻きに立っている傍観者ではなく、参加者になることだ。

準備とは導入段階だ。それはあなたに大きな渇きを生み出すためにある。いつあなたが師に近づこうと、彼はまず燃えるような渇望を与える。彼は大いなる切望を与え、大いなる渇望の種をまく。実際、師はあなたをとても不満にさせるだろう。

あなたは満足を求めて、師のもとにやって来たかもしれない。慰めてもらおうとしたのかもしれない。だが彼はあなたを燃え立たせ、それまで夢見たこともなく、気づきもしなかったような新しい欲望に火をつける。あるいはその欲望は、あなたの実存の、どこか光の当たらない片隅に潜んでいたのかもしれないし、地下のどこかに隠れていたのかもしれない。師はそれを白日のもとに引き出し、それを煽って、燃えさかる炎にする。彼は自分の全エネルギーをあなたに注ぎ込み、あまりの渇き、あまりの不満に、あなたが探求を始め、すべてを賭ける用意ができるようにする。あなたは探求以外のすべての欲求を忘れ、自分のすべての欲望をひとつの流れに注ぎ込む。その、昼夜を分かたぬただひとつの願いが、真理になり、神に、ニルヴァーナになる。それらはたんに、同じ現象に対するいくつかの呼び名だ。

準備というのは、その弟子が目覚めているということだ。私たちが暗闇のなかにいるということ、そして探し求めるべき光があるという真実に目覚めたということだ。私たちが生を浪費しているという事実、そしてそれは正しい生き方ではないという事実に目覚めたということだ。神に向かって進み始めるまで、生は空しく萎えたままだ。弟子は、金や権力争い、名声といった夢から叩き起こされ、揺り起こされなくてはならない。そして新たなる夢が、他のあらゆる夢を飲み込むような究極の夢が与えられなくてはならない。その究極の夢とは、真理を知り、在るものを知り、私たちがやって来た源と、私たちが向かっているゴールを知ることだ。

そして二番目は浄化だ。切望が生まれたら、次に必要なのは浄化だ。究極の真理に到達したければ、あなたは多くの不要な重荷を、ずっと抱えてきたたくさんの荷物を捨てなくてはならない。それを抱えていたのは、とても価値があると思ったからだ。あなたが途中で吸収してきたあらゆる有毒なものから、あなたの組織は浄化されなくてはならない。人は毒を、たくさんの種類の毒を飲んできた。ある人はヒンドゥー教、ある人はイスラム教、ある人はキリスト教だ。それらはみな毒であり、偏見であり、あなたを社会とその条件付けに縛りつけておく。

浄化とは、あらゆる条件付けやイデオロギー、偏見や概念、哲学を落とすこと、他人から教え込まれたすべてを落とすということだ。人はきれいな白紙《タブラ・ラサ》になり、完全にまっさらになる必要がある。あなたが完全にまっさらで、何も書き込まれていないときにだけ、神は何かを書き記せる。あなたがまったく静かで、社会が与えたあらゆる言葉が消えてはじめて、神はあなたに語りかけられる。真理があなたの耳にその神秘を囁けるのは、あなたが完全に空っぽなときだけだ。空《くう》は清らかだ。

浄化とは、清めの段階だ。人は多くのものを捨てなければならない。実のところ、真理は遠くにあるものではない。あなたが身の回りに多くのものを貯め込んでいるだけだ。あなたは多くの層、多くの人格で自分を覆い、いくつもの仮面をかぶっている。それだから自分本来の顔が見えない。こうした仮面はすべて落とさなくてはならない。あなたは真正になり、自分を偽らず、ありのままの自分をさらけ出さなくてはならない。

浄化とは「隠すのをやめなさい！　嘘をつくのを止めなさい！　偽物でいてはならない！」という意味だ。

そして第三段階は『成就』だ。偽物であることをやめ、これまで貯め込んできた毒をすべて落とし、鏡から埃がきれいに拭われれば、ひとりでに成就は起こり始める。

成就とは総合段階、神秘なる合一《ユニオ・ミスティカ》だ。

最初は欲すること、それも強烈な、全面的な欲求だ。真理への全面的な渇望があってはじめて、浄化の痛みをくぐり抜ける覚悟ができる。生ぬるい欲求では、浄化の痛みをくぐり抜けるだけの覚悟はできない。

浄化は痛みに満ちている。それは体外に膿を出すようなものだ。それは痛む。膿が出て、毒が消えればすぐに治るのだから、長い目で見ればよいことだが、痛いことは痛い。膿を出すのは痛いことだが、それをなかに放っておいたら、膿が増えるのに手を貸すことになり、あなたの全身に広がってしまうだろう。

人が浄化をくぐり抜ける覚悟を決められるのは、必要とあれば死もいとわないほどの、全面的な欲求があるときだけだ。それは一種の死だ。それは、今までずっと自分だと思ってきた、その人格が死ななくてはならないからだ。あなたは自分だと思っているものをすべて落とさなくてはならない。それらはあなたのエゴだった。これまで磨き上げ、自慢してきたものをすべて手放さなくてはならない。あなたにとっての宝物全部を、まったくのがらくたとして手放されなくてはならない。それは痛みに満ちている。あなたは王国を失い、乞食になったような感じがするだろう。

欲求が全面的でない限り、それをやり抜く覚悟はできないだろう。だが浄化が起こり、非本質的なものをすべて落とすとき、本質的なものはおのずと成就する。あなたは完全にならなくていい! あなたはそのなかで成就が育ち、起こるように、空間を作るだけでいい。成就は起こるものだ。

最初の経文——『準備』だ。

不死なる神々に礼拝を捧げなさい。
次いで、自らの信仰を護《まも》りなさい。

偉大な科学的精神の持ち主であるベーコン卿は、彼の有名な著書『ノウム・オルガヌム』で、ピュタゴラスは大変な狂信者だと述べている。さて、これはまったくのたわごとだ。ベーコンの本は本当にすばらしい。この一節を除けば、この本には計り知れない価値がある。

世界には三大書物があると言われている。一冊目はアリストテレスの『オルガノン』で、オルガノンは「原理」を意味している。二冊目はベーコンの『ノウム・オルガヌム』、新しい原理だ。そして三冊目はウスペンスキーの『ターシャム・オルガヌム』、第三の原理だ。これらは確かに比類のない、すばらしい本だ。

だがとても驚きなのは、どうしてベーコンはピュタゴラスを狂信者だったと断定したのかということだ。というのもピュタゴラスは、狂信者とは正反対な、完全に正反対な人だったからだ。もしピュタゴラスが狂信者だったなら、ありとあらゆる秘教教団や神秘教団に入門はしないだろうし、可能な限りの源泉からあれほど率直に学ぶことはなかっただろう。実際、狂信がギリシャ精神の一部であったことは一度もない。

哲学的な精神は狂信的、教条主義的にはなり得ない。素直であること、探求すること、疑い、疑問を持つこと、どんな形で真実が現れようと、開いたままでいること――それは哲学の必須条件だ。あなたは前もって決めたりはしない。わかりもしないのに決めつけるような態度には陥らないし、先験主義という誤信の餌食にはならない。問うことも、知ることも、体験することもなしに、はなから鵜呑みにすることはない。

なぜベーコンがピュタゴラスを狂信者呼ばわりするのか、私は精いっぱい理解しようとした。狂信は、ユダヤ的精神の産物だ。それがヒンドゥーや中国、あるいはギリシャ精神の一部であったことはない。狂信がユダヤ人の間で生まれ、キリスト教徒やイスラム教徒に広がったのは、その両方がユダヤ教から派生したものだからだ。

「我々は神の選民だ」という考えは危険だ。それが狂信を生み出す。「真理を知っているのは、我々だけだ」という考えは危険だ。「神はひとりしかいない、それ以外は神ではない」という考えは危険だ。というのも、その「唯一の神」は「私の神」になるからだ。だとしたら「あなたの神」はどうなる？そのときにはあなたが間違っていて、罪人だということになる。あなたは説き伏せられ、改宗されなくてはならない。言うことをすぐ聞けばいいが、さもなければ、悪い神を捨てられるようにと無理強いされ、強要されることになる。

ピュタゴラスは無数の国々で暮らし、さまざまな人生観や哲学的観点、たくさんの宗教に親しんだ。彼は狂信者ではあり得ない。ベーコンは、ピュタゴラスについて何も知らなかったようだ。

最初のスートラは言う。

不死なる神々に礼拝を捧げなさい。

ピュタゴラスは『神』ではなく『神々』という言葉を使う。それには意味がある。これは非狂信的な精神のあり方だ。どうして複数形なのだろう？　なぜ『神』ではないのだろう？　それは『神』と言ったとたんに、あの危険な罠に落ちるからだ……そうしたら、他の人たちの神はどうなるだろう？

ピュタゴラスは唯神論者ではないし、唯一の神など信じてはいない。「世界中のあらゆる人たち、そして彼らのあらゆるアプローチは正しい」と彼は言う。そしてピュタゴラスはそれを知っている。彼は無数の道をたどってきたからだ。彼は現存するほとんどすべての道をたどり、そして常に同じ頂上《ピーク》にたどり着いた。

頂上にいたる道はたくさんある。山には多くの道があるが、どれも同じ頂上にいたる。南からでも、北からでも、東からでも、西からでも……岩だらけの道をたどっても、まったく違った道をたどってもたどり着ける。選択肢はたくさんある。

ピュタゴラスは、真理はひとつだと知っているが、そうは言わない。真理はひとつであり、それは語られぬものだ。口にしたとたん……口にするなら、どうか単数形は避けてほしい。複数形のほうがいい。ヴェーダは言う――「真理はひとつだが、賢い者たちは多くの方法でそれを述べてきた」

不死なる神々に礼拝を捧げなさい。

彼はさまざまな神を崇拝する、数多くの民族とともに暮らした。彼は弟子たちにこう言う。「寺院に行ったらその寺院の神を礼拝し、そこの人々がするように礼拝しなさい。そこで礼拝し、祈っている人々に敬意を払いなさい。モスクへ行ったら、そこの人々がするように礼拝しなさい。教会やシナゴーグに行ったら、そこの人々に倣って礼拝しなさい」

これは私のアプローチでもある。祈りはみな良いものだ。あらゆる祈りが神に届く。すべての道が最後には神のなかで終わる。どんな敵対心も生む必要はない。これは私からの、私のリニヤシンへのメッセージだ——人里離れた静かな場所、寺院、教会、モスクを訪れたくなったら、どこでもいいから、最寄りの場所に入りなさい。あらゆる寺院、あらゆる教会、あらゆるモスクはあなたのものだ。「神に捧げられた場所は、みな私たちのものだ。エルサレムもカーバもカイラーシュもギルナールも、みな私たちのものだ」と言いなさい。私は世界のあらゆる寺院、あらゆる経典を、あなたがたのものとして与えよう。

ピュタゴラスは弟子たちに言っている。「どこにいても、人々を見守り、彼らの祈り、彼らの神、彼らの見方を尊重しなさい。それはたんなるひとつの側面かもしれないが、やはり神御自身のひとつの姿だからだ。神には多くの顔があるから、それは神のひとつの顔にすぎないかもしれない。だがその顕れのひとつひとつは、神のものだ。神はクリシュナに降臨することもあれば、キリストに、あるいはモーゼに降臨することもある。あらゆる預言者、あらゆる使徒が神の顕れだ」

不死なる神々に礼拝を捧げなさい。

そして何を信じるにせよ、ただ信じるだけではいけない。それを尊び、生きることで、聖なるものにしなさい。ただ頭で知的な信仰を抱くばかりではいけない。それは実存的になる必要がある。そのときそれは神に捧げられる。あなたはそれを神聖な、聖なるものにする。

信仰といっても、ただの思考では役に立たない。それがまさにあなたの血や骨の髄になり、あなたがそれを生きない限り、役には立たない。何かが真実だと感じたら、それを生きなさい！ それだけが、あなたが正しいと感じたことを証すからだ。他にはどんな証しもない。あなたの生だけが、あなたの信仰の証しだ。

だがそれは自分に信仰を強いることではないし、信仰や品性を自分に押しつけることではない。そうしたら、それは神聖にはならず、偽善になることだろう。どうして偽善が神聖であり得よう？ それを生きなさい ―― 外から内に向かってではなく、反対に、内から外に向かって生きなさい。まずは真実をひとつ体験することだ。

たとえば、私は瞑想しなさいと言う。さて、あなたはそれをただの信条にもできる ―― 瞑想するのは良いことだ、瞑想は大いなる真理を宿していると ―― 今やあなたは、瞑想の美しさや神秘について、人と議論できる。あなたは自分では一度も瞑想したことがないし、瞑想について議論したり、考えたり、本を読むのに忙しくて、そんな時間もない……そしてあなたは、瞑想とは議論するものではなく、味わうべきものだというのをすっかり忘れてしまう。

あるいは、無理やり瞑想の姿勢を自分に強いることもできる。あなたは仏陀のように静かに座れる ―― でも内側には、どんな覚者の境地《ブッダフッド》も、静けさも、純粋さも、無邪気さもありはしない。内側のおしゃべりは続いているが、表面的には石像のように座っていられる。これは偽善というものだ。あなたは装っているにすぎない。これは捧げるやり方ではない。これは物事を神聖にするやり方ではない。

あなたは装うのではなく、本当に瞑想に入っていかなくてはならない。あなたが真理を生きれば、それは必ず神聖なものとなる。

不死なる神々に礼拝を捧げなさい。

そしてあなたが何を知るにせよ、それを神に捧げなさい。捧げ続けなさい――何を知ろうともだ。どのような真理や美、愛の体験が起ころうと、それを神に捧げ続けなさい。深い感謝のなかで、捧げ続けなさい。

次いで、自らの信仰を護《まも》りなさい。

だがそれを人に言ってはいけない。護りなさい。それを神に捧げるがいい、だが語ってはいけない。さもなければ危険なことになる。大衆は愚かだ。彼らには理解できない。それは彼らを超えている。護りなさい！　それをハートの奥底に秘めておきなさい。神々へとハートを開くがいい。師にハートを開くがいい。また、同じ道を行く友人たち、ともに旅し、探求する仲間たちにもハートを開くがいい。だが市場でハートを開くことはない。あなたは誤解されるだろう。

そしてこの誤解はあなたにとっての障害を作り出すだろう。あなたの探求の気をそらせ、エネルギーを分散させ、あなたのなかに混乱を引き起こす。真理は、何がしかの理解がある人たちにしか伝えられない。

自らの信仰を護《まも》りなさい。

だから、あなたのなかにどんな信頼が湧き起こり、どんな信念が生まれようと、それは秘密にしておきなさい。それはハートのなかの種になる必要がある。ただ地面に種を蒔くだけでは、木にはならない。種が晒《さら》されているからだ。それは大地という子宮の奥深く、大地の暗闇に向かわなくてはならない。そこで種は消え、溶け去る。そのとき、木は生まれるだろう。

あなたのなかにどんな信頼が生まれようと、それをハートのなかの種にしなさい。それをハートの土壌に消えていかせなさい。そこで種は大きな木へと育つ。そう、もうこれ以上内に秘めてはおけないという日が来るだろう。そうなったらもう、どうすることもできない。内に秘めておけるうちは、秘めておきなさい。秘密にしておけるうちは、秘密にしておきなさい。ちょうど子供が九か月間、人知れず母親の胎内にいるように……。ある日、母親も秘めておけなくなる。子供は大きくなり、もう生まれる準備は整っている――それなら大丈夫だ。

なぜピュタゴラスはそう言のだろう？　なぜ最初の経文で？　それには理由がある。あなたが真理をわずかでも垣間見ると、心《マインド》はすかさずそのことを語ろうとする。だがまさにその語ることで、それは失われてしまう。ちょうど流産のようなものだ。九か月間は秘密に、神秘にしておきなさい。自分以外には、あるいは愛する人や少数の友人以外には、知られないようにしなさい。公にしないことだ。それは個人的な現象だ。

そう、いつかはそれは公になっていくし、抑えきれなくなるだろう。それはあなたのなかで大きく育ち、あなたよりも大きくなって、あふれ出さずにはいられなくなる。あふれ出すのなら、それは別の話だ。そのとき、あなたはひとりの師《マスター》になる。だがそのときが来るまでは、よく護り、油断を怠らずにいなさい。内的な経験について、誰彼かまわず話してはいけない。気をつけていなさい。真理は非常に捕まえにくいが、見失うのはいともたやすい。信頼はなかなか生まれないが、いともたやすく散逸する。

名高き英雄、偉大なる魂、
神に等しき者たちを思い出し、敬愛しなさい。

最初の経文はこうだった。

不死なる神々に礼拝を捧げなさい。
次いで、自らの信仰を護りなさい。

この二番目の経文は、自分より先に到達したあらゆる人たちを忘れることなく、彼らの思い出を心に抱きなさいと言う。それは旅の途中であなたを助ける。あなたは何度も、迷ったり疑ったりするだろう。行く先を完全に見失い、引き返して以前のような凡人になろうと考え始める、長い長い魂の闇夜が訪れるだろう。そんなときは、覚者たちのことを思い出しなさい。真理に到達したすべての偉大な英雄たちを思い出し、敬愛するがいい。

ピュタゴラスの言葉では、英雄というのは光明を得た人、真理に到達した人のことだ。生における唯一の英雄的行為は悟ることだ。それ以外はすべて月並みだ。

あなたはとても有名になれるし、それはたやすい。政治権力なら得られるし、それにはあまり知性はいらない。金なら稼げるし、ちょっとずる賢く、計算高くなるだけでいい。そんなことは偉業ではない。

生をすばらしくし、崇高にする唯一の偉業とは、真理を知り、神を知ること、真理であり、神であることだ。だがその旅は、本当に独りきりだ。

名高き英雄、偉大なる魂、
神に等しき者たちを思い出し、敬愛しなさい。

仏陀、老子、クリシュナ、キリスト、モーゼ、マホメット、マハヴィーラを――彼らを思い起こしなさい！　そのために、私は数多くの師《マスター》について語っている。それは、独りきりで道を歩んでいるのではないと、あなたが思い起こせるようにだ。あなたの前にも多くが成功してきたのだから、あなたも成功するだろう。それほど多くが成功しているのに、あなたにできないはずはないだろう？　多くの人があなたの先を行き、到達した。あなたは独りきりで旅しているのではない。あなたの前には多くの人たちがいる。それは真理の探求者たちの長い行列だ。あなたはこの偉大な鎖の一部だ。あなたは小さなひとしずくかもしれないが、偉大なる大河の一部だ。覚者という河、この世界で光明を得た、あらゆる人たちからなる河の一部だ。

だから私は、こんなにも多くの光明を得た人々について語っている。あなたに勇気と自信を与え、この大いなる鎖のなかにいるという感覚、黄金の鎖の一部であり、たった独りで歩んでいるのではないという感覚を与えるためだ。恐れることはない。はぐれることはあり得ない!

名高き英雄、偉大なる魂、
神に等しき者たちを思い出し、敬愛しなさい。

神に到達した者は、神に等しき者、神そのものになる。神を知った者は、神となる。彼らの思い出を心に抱き、自分自身に気づかせなさい。そして誰に親しみを感じるかを見つけなさい。モーゼに親しみを感じるだろうか? ツァラトゥストラはどうだろう? もし彼らに親しみを感じるなら、一番よいのは、ツァラトゥストラやモーゼが語ることに、深く思いをめぐらすことだ。瞑想し、彼らの生について思いをはせ、あなたのまわりに精神的な風土を生み出すがいい。あなたが誰かに親しみを感じるとしたら、それはその人と同じタイプだということだ。

そしてそれはあなたの偶発的な生まれとは無関係だ。イスラム教徒として生まれても、マホメットに何ら親しみを感じないかもしれない。そこに必然性はない。出生は偶発的な出来事だ。ヒンドゥー教徒に生まれても、クリシュナに何の親しみも感じないかもしれない。むしろある種の反感すら感じることもあるだろう。あなたはクリシュナのタイプではないかもしれない!

だから、自分の生まれにこだわりすぎてはいけない。ちょっと散歩してごらん。もう少し自由になって、あたりを見まわしてみなさい。どんな花に心を惹かれるにせよ、それにつき従いなさい。どんな香りに心を惹かれるにせよ、それにつき従いなさい。あなたの生まれはヒンドゥー教徒かもしれないが、コーランがハートに訴えるなら、あなたの聖典はコーランだ。ヒンドゥー教のことは、きれいさっぱり忘れてしまいなさい！　そのときには、マホメットこそがあなたの人だ。クリシュナのことはすっかり忘れなさい！

イスラム教徒に生まれても、仏像を見ると不意に何かが内側で落ち着き、仏陀と同じように、晴れやかで、穏やかで、涼やかになるとしたら――この未知なる神秘的な人物に大きな愛が湧いてくるのを感じるなら、イスラム教もコーランも、マホメットもすっかり忘れて、あなたのまわりに仏陀の風土を生み出しなさい。それはあなたを助け、滋養を与え、あなたを強くする。

第二段階は『浄化』だ。「世界中のすべての神々に、すべての寺院に、すべての聖地に敬意を払いなさい。すべての聖典を尊重しなさい」――それが準備だった。これは他の人に対するあなたの敬意であり、大きな愛とともに、あなたより先に道を行き、到達したすべての人を思い起こすことだ。

これはあなたのなかに、ある風土を調えるだろう。そしてこれは、あなたのなかに大いなる欲求を生み出し、それは渇望となるだろう。あなたはこの渇望の虜となり、この渇望に乗っ取られるだろう。仏陀があなたのハートに触れたのなら、必ず強い憧れの念が生じる――どうしたら覚者になれるのだろう？　実存の最奥の核でキリストを感じたら、あなたは動かずには、探求せずにはいられなくなる。どうしたらキリストになれるのだろう？　どうしたらキリスト意識に到達できるのだろう？　この欲求さえ生まれれば、浄化は可能だ。

第二段階は『浄化』だ。

良き息子、公正な兄弟、やさしい伴侶、良き父親でありなさい。

この経文には驚くだろうが、これには途方もない価値がある。

良き息子、公正な兄弟、やさしい伴侶、良き父親でありなさい。

あなたは「これが霊性《スピリチュアリティ》と何の関係があるのか」と思うだろう。それは霊性と大いに関係がある。あなたは平和な環境を作る必要がある。そうしてはじめて、あなたは瞑想へと落ちていける。雰囲気を、エネルギーの場を創造することだ。そうしてはじめて、あなたは内側に向かえる。

フォンテーヌブローのグルジェフ学院の門には、こう書いてあった──「父親との和解が済んでいない者は帰るべし」。まず、父親との和解を済ませてから来なさい。自分の父親を敬うまで、あなたに成長の可能性はない。おかしな話だ! なぜ? それが探求に何の関係があるだろう?

これとは別な観点から、精神分析では「母親との和解を済ませなさい」と言う。それが済んでいなければ、あなたはけっして落ち着かない。いつまでも緊張したままだ。精神分析の仕事はすべて、あなたと母親をいかに優美に、愛情に満ちて和解させるかにある。

ピュタゴラスは世界ではじめて、それを正確かつ簡潔に述べた人であるようだ。

良い息子であれ……良い息子であれとはどういうことだろう? 奴隷になれ、絶対に服従しろということだろうか？　奴隷であるとしたら、あなたは良い息子ではない。完全に従順だとしたら、あなたは偽善者だ。では、良い息子であれとはどういうことなのだろう？

人々に尋ねれば、「良い息子とは、父親の言うことを何でも聞く息子のことだ」と答えるだろう。これはそれほど単純ではない。外側ではそうやっていても、内側では抵抗できるからだ。それが子供の仕事だ！　子供は無力だ。親の言うことには何でも従わなければならない。進んでか、いやいやか、しぶしぶか……とにかく従うしかない。それが子供のなかに分裂を作り出す。子供はふたつになる。彼らは偽物に、まがい物になり始める。

だから一般的な考え方では「父親に従順なら良い息子」だろうが、それはピュタゴラスの意味するところではない。それでは、父親に逆らえというのが彼の意味なのだろうか？　父親が何を言おうと、その反対をやれということだろうか？　ヒッピーやイッピーでいろと？　「髪を短くしろ」と言われたら長くし、「毎日風呂に入れ」と言われたら、何年も風呂に入るなということなのだろうか？　「清潔さは神の次に大切だ」と父親が言ったら、不潔になって「不潔さは神の次に大切だ」と言い張ることなのだろうか？　そうではない。それもまた、良い息子であることではない。

実際、世の中では後者の物事が起こっている。それは、前者があまりに長く続いてきたためだ。あまりにも強制された服従が、反発を招いている。では、良い息子とはどんな人なのだろう？

良い息子とは、油断なく、理解があり、敬意に満ちている人のことだ。父親は多くを知っているからと、父親の話に耳を傾ける人だ。父親は生活してきて、人生というものを味わい、より経験豊かだ。彼は父親の話に耳を傾け、父親を理解しようとする。彼は率直で、服従しよう、反発しようと焦ってはいない。

良い息子とは、耳を傾け、理解し、学ぶ用意のある人だ。だから父親の言うとおりだと思ったら従えばいいし、同意できないと思ったら、そう言えばいい。反発という問題はない。ただ自分は賛成しないとはっきりさせればいい。そうすることはできても、無理が伴うことになる。それはあなたを偽物にするだろう。父親が望めばあなたはやるが、それがあなたを嘘つきにする。それはあなたを引き裂き、分裂病にしてしまう。それはあなたをバラバラにしてしまう。

父と息子の間には、良い交感《コミュニオン》が必要だ。父親は過去の象徴であり、子供は未来の象徴だ。そこには橋が必要だ。一方通行というわけにはいかない。息子が、良い息子であるだけでなく、父親も良い父であることが不可欠だ。良い父親は、瞑想が楽に育つような、家庭の雰囲気を作り出している。良い息子は油断なく醒め、父親の言う通りだと感じたときには、父親に従う用意がある。またそうでないときは、「気が進みません。それは偽りであり、まがい物であるでしょう」と言う覚悟がある。そして父親にも決めかねる事柄については、父親に従う用意がある息子のことだ。正しいとも間違っているとも感じられないこともあり得る。そういうときは、父親の方がよく知っているのだから、彼に従えばいい。

父親とは、ただ過去を表わしている。父親とはたんに、あらゆる父親像、あなたより年上の人すべてを表わしている。父親とは、あなたよりも長く生き、教師や先輩たちといった経験を積んだあらゆる人を表わしている。深い敬意が必要だ。彼らの人生に対する敬意、彼らの経験に対する敬意が必要だ。

奴隷になる必要はないし、逆らう必要もない。必要なのは理解であって、服従でも反発でもない。理解から服従が生まれるのであれば、それはそれですばらしい。また時として理解から反逆が起こるのであれば、それもまたすばらしい。だがその反逆は、反発からでなく、理解から生まれなくてはならない。

父親があることをやれと言ったので、それをやろうとしない人もいる。どうして彼らにできるだろう？　ただ父親がそう言ったというだけで、彼らはそれをできなくなる。彼らは逆のことをする。彼らのエゴがぶつかっている。また、間違ったことだと知りながらも、父親が命じたからといって従う人もいる。その両方が間違っている。

よい息子は、父親あるいはあらゆる父親的な役割の人が語ることに耳を傾ける。深い敬意と素直さをもって、何の結論も持たずに理解しようとする。そして従うことであれ、従わないことであれ、いかなる決断が自分の実存から生まれようと、それとともに進む。それは反発でも服従でもない、ただ理解から生まれてくる行為だ。

公正な兄弟であれ……同じ年のすべての者に対して、公平でありなさい。公正さを欠いてはならない。利用してはいけない。他者を利用すれば、あなたは周囲に緊張を作り出す。自分のまわりに友情を育みなさい。そうすれば、その親しげな雰囲気のなかで、成長はいっそう容易になる。

やさしい伴侶であれ……妻や夫に対して、やさしく、柔和でありなさい。愛には憎しみというもうひとつの面がある。やさしく、柔和で、愛情に満ちているとはどういうことかを理解しない限り、愛があなたに大きな憎しみをもたらすあらゆる可能性がある。

人々は同じ人を愛し、そして憎む。その憎しみがあらゆる愛を壊し、愛のあらゆる可能性を毒する。愛は大いなる現象だ。愛を取り逃がす人は、けっして祈りを知ることはなく、祈ることもできない。愛の体験だけが、人を祈りへと向かわせる。

やさしい伴侶であれ……愛する女性や男性を、心からやさしく寛大に愛しなさい。そういう愛は、この世界から消えてしまった。人々の関わりは、とても醜いものになっている。人々はやさしさという言語をすっかり忘れ、その愛の生活は、憎しみと怒りでいっぱいだ。

たぶんそれが、今世紀になって神が死んだ理由のひとつかもしれない。愛が消えてしまったために、祈りも生まれてこない。愛は花であり、祈りは香りだ。そこに花がなかったら、どんな香りもあり得ない。

良き父親であれ……今度はあなたの番であり、そうして円は完結する。良い父親でありなさい。よい父親であれとはどういうことだろう？　子供に何も強制しないことだ。愛を与え、あなたの理解を与えなさい。だが常に、選ぶのは子供だということをはっきりさせなさい。従いたければ従えるが、子供が従っているのは、自分でした選択に対してだ。従いたくなければ従わないのも自由だが、子供は自分の選択に従っている。子供に対して、すべてをはっきりさせなさい。子供を愛しているなら、自分の経験を伝えるがいい。だが強制したり、命令はしないこと。理解させなさい。理解を唯一の法として、あとは子供自身の理解に従わせなさい。

もうあなたにはわかるはずだ。父親はたんなる助手であるべきだ。自分の求める一定の型に、子供をはめ込む必要はない。自分の野心のために、子供を利用することはない。子供を愛し、鍛え、子供の気づきを深め、自分の道を見つけられるようにすることだ。もっともっと、子供を自立させなさい。良い父親は子供を損なわず、父親に頼るよう強制したりしない。良い父親のもとには、自然とよい息子が育つだろう。そうした子供は、どんな隷従も強いられないから、反発する必要もない。

あなたが良い息子であれば、いつかあなた自身が父親となったとき、良い父親となるだろう。これが家庭の雰囲気、私たちの暮らす空間というものだ。それは、親密さや愛、恩寵の空間でなくてはならない。そうしてはじめて瞑想は容易になり、霊的な成長が促進される。

友を選びなさい、有徳の友を。
その穏やかな助言を聞き入れ、友の生から学びなさい。
つまらない不満のために、友を離れてはならない。

友情もまた、世界から消えてしまった。あなたが友情と呼ぶものは、古来からある友情の概念とは何の関わりもない。あなたの友情はたんなる偶然だ。同じ職場で働いているから親しくなるとか、同じ学校で学んでいるから仲良くなるというのは、真の友情ではない。

ピュタゴラスは「友を選びなさい」と言う！　父親や母親、家族は選べない。だが友人は選べる。恋人にする男性や女性も選べる。それもまた、友情の延長線上にあるものだ。

友を選びなさい、有徳の友を。

優美な何かがあり、何かが花開き、ある種の質に包まれた、徳というエネルギーの場を持った人を、友に選ぶがいい。『徳』が意味するのは、『正義の人』ではない。そうではない。それは『独り善がり』ということでもない。有徳とは、その人と一緒にいると、不意に途方もない幸福を感じるという意味だ。その人と一緒にいると、その波動のなかにいると、あなたのなかで何かが踊りだす。その人の臨在が、あなたが高く飛翔するのを助けてくれる。

友を選びなさい、そうすれば、最終的に師を選べるようになるだろう。というのも、師は究極の友だからだ。友を選べなければ、師も選べない。よい友を選びなさい、そうすればいつの日か、究極の友を選ぶことができるだろう。

その穏やかな助言を聞き入れ、友の生から学びなさい。

そして友を選んだら、その友の助言に耳を傾けなさい。友は、助言を押しつけたりはしない。それは穏やかなささやきであるだろう。友人は声高に主張したり、命令したりはしない。軽くほのめかしたり、ヒントを与えたり、指し示すだけだ。それは究極の友である師についても言えることだ。「覚者たちは、道を指し示すだけだ」と仏陀は言う。彼らは暴力的になるのを望まないから、声高には主張しない。彼らはあなたを自分たちに従わせて振り回したくはない。彼らには、あなたを牛耳りたいという欲望はない。彼らはただ、自分が知り、理解したことを何であれ表明する。従うか従わないかは、あなた次第だ。

友の生から学びなさい。友の生から教訓を得なさい。友の言葉にだけでなく、その生き方にも注目しなさい。友の実人生に注目し、よく観察しなさい。これが、この世で学ぶための唯一の方法だ。人々は聖典だ。あなたはその聖典の読み方を学ばなくてはならない。人々は大いなる神秘だ。各々が大いなる神秘を携えている。その神秘に耳を傾ける方法を知ったなら、あなたは途方もない恩恵を得るだろう。

つまらない不満のために、友を離れてはならない。

できるならこれだけでも。

この上なく厳格な法則が、「力」を「必要性」に縛りつけているのだから。

ピュタゴラスは、ふたつの法則があると言う。ひとつは必要性の法則、もうひとつは力の法則だ。必要性の法則は、無意識な人々に適用される。機械的に生きている人たちは、必要に迫られて生きている。そして必要性よりも高次な、もうひとつの法則がある。それが力の法則だ。意識的になるにつれて、あなたは必要性から自由になる。あなたは必然を超越し、力から、あふれ出る力から生き始める。そのときあなたの生は、必要に迫られる生ではない。

たとえば、話したいという誘惑に抵抗できないために、人は必要に迫られて話す。覚者たちも話すが、どんな必要性からでもない。それは力の産物、あふれ出る力の産物だ。彼らは静かだ。そこには話そうというどんな誘惑も、執着もない。永遠に黙ってもいられるが、その上で話す。彼らが話すときは、力から話す。

あなたは必要に迫られて愛する。覚者もまた愛する……分かち合わねばならない、実にたくさんのエネルギーがあるので、彼らは愛する。あまりにもたくさんのエネルギーが生まれているから、それを与えなくてはならない。あなたは必要に迫られて生きるが、覚者は力から生きる。

覚者とは、存在の最高の贅沢だ。

このふたつの法則は、ひとつの根本法則に根ざしている。それらはひとつの法則の一部であり、ふたつの側面だ。この根本法則は、中国では「タオ」、インドでは「ダンマ」、ギリシャでは「ロゴス」、ユダヤでは「トーラ」と呼ばれる。それは同じ法則だ。

全存在は、ひとつの法則に基づいているが、その法則にはふたつの顔がある。ひとつの顔は、無意識な人々のためのものだ。彼らは奴隷やロボットのように生きる。そしてもうひとつの、自由や力、計り知れない喜びの顔は、あなたが目覚め、光明を得てはじめて起こる。そしてこのふたつの法則を、あなたの生において調和させることが、ピュタゴラスの基本的なメッセージだ。

ふたつの法則が調和のなかにあるとき、あなたも調和のなかにいる。このふたつの法則が調和のなかにあるとき、あなたの肉体は必要性の法則に従い、魂は力の法則に従う。あなたの頭《マインド》は必要性の法則に従い、ハートは力の法則に従う。あなたは天と地、肉体と魂、可視なるものと不可視なるものとの出会いとなる。それこそが覚者の境地《ブッダフッド》であり、それこそが光明だ。

第２章

愛は顔を持たずに訪れる

2

LOVE COMES FACELESS

——◆質問◆——

◆

私のなかの未知なる部分、それがあなたを愛しています。

◆

どうしてあなたのなかで死ぬことが
こんなにも怖いのでしょうか。

◆

服従と明け渡しの違いとは何なのでしょうか。

◆

統合と力の感覚とはいったい何なのでしょうか。

◆

自分はほとんど光明を得ているように思うのですが。

◆

どうして神は苦しみを必要としているのでしょうか？

◆

アシュラムでの決まりごとの意味は何なのですか。

◆

第一の質問

ＯＳＨＯ、記憶を手繰《たぐ》っても、あなたの顔を思い出すことができません。
それは、愛が顔を持たずにやって来るということです。
私のなかの未知なる部分、それがあなたを愛しています。

その女性《ひと》に名前はなく、現れては去り、
いなくなってしまうと私は涙にぬれた顔を拭ってしまう。
だから謎に包まれたままです。

ダルマ・チェタナ、
愛は神秘だ。それも、もっとも偉大な神秘だ。それを生きることはできても、知ることはできない。味わい、体験はできるが、理解はできない。それは理解を超え、すべての理解を上回る何かだ。
だから心《マインド》は、愛のことは何も書き留められない。それはけっして記憶にはならない。記憶とは、心に書き留められたものに他ならない。記憶とは心に残った痕跡、足跡のことだ。愛には実体がない。愛に姿はなく、足跡も残さない。

インド神話の愛の神は、アナングとして知られている。アナングは「体のない」という意味だ。他の神にはすべて体があるが、愛の神には体がない。彼は来ては去る。だが姿は見えないし、近づく物音も聞こえない。何ひとつ目には見えないが、それでも感じられ、それでも息づいている。

愛には顔がない。それは完全な無形《フォームレスネス》だ。愛はけっして目に見えない。愛は触ってわかるものではない。愛は高くなるにつれ、もっと見えにくくなる。その絶頂は純粋な無だ。そして忘れてはならないのは、愛はもっとも低次からもっとも高次への、大地から空へと至る梯子だということだ。

世俗的な愛には、ある種の顔がある。それは愛の顔ではない。だが世俗的なあり方が顔を与えるので、あなたにはそれとわかる。そのもっとも低次なあり方には、世俗によって与えられた、ある種の触れられる形がある。しかし愛のなかに高く舞い上がるとき――その究極は祈りだが――触れられる形はみな消え失せる。そして、あなたがはじめて祈りとしての愛を感じ、どんな形にも汚されていない澄んだ空としての愛を感じるとき、確かに違った体験が生じるだろう。それはあなたの中にある、あなたの知らぬ何かによって感じられる。それは超意識によって感じられる。

セックスは無意識であり、地上のもの、愛のもっとも低次の形だ。愛は意識であり、セックスよりも高く、ちょうど中間にある。それは空と大地の間にある停車駅だ。より詩的ではあるが、その詩はまだ定義できるものであり、言葉に含まれている。愛のもっとも高次の形は祈りだ。もはや表現はできず、どんな定義にも含まれていない。それを表現するのにふさわしい言葉はない。それは言い表せない。その最高の高みを感じるとき、あなたはそれを涙を通じて、あるいは笑いや踊りを通じて、とても間接的にしか表現できない。最高の高みを感じるとき、それはあなたのなかの最高の高みを喚起する。それは超意識によって感じられる。

無意識、意識、超意識――これらはマインドの三つの段階だ。無意識は物質、超意識は非物質、そして意識はちょうどその真ん中だ。逆さに落ちれば愛の名において続くのはセックスだ。それは九十九パーセント愛ではない。愛は一パーセントだけだ。私たちが愛と呼んでいるものは愛が五十パーセントで、もう五十パーセントは別のものだ。そして私たちが祈りと呼ぶものは愛が九十九パーセントで、一パーセントだけが別物だ。

最後の段階では、愛は祈りをも超える。そのとき、それは純粋な沈黙だ。そこにはもう涙も、歌い踊ることもない。すべては消え、人はただ在る。

愛が成長するにつれ、自分でも気づいていなかった、実存にまつわる多くのことを理解するようになる。愛はあなたの高次の領域を刺激するので、とても奇妙な感じがするだろう。

だからチェタナ、あなたは正しい。あなたは言う、

記憶を手繰《たぐ》っても、あなたの顔を思い出すことができません。
それは、愛が顔を持たずにやって来るということです。
私のなかの未知なる部分、それがあなたを愛しています。

その女性《ひと》に名前はなく、現れては去り、
いなくなってしまうと私は涙にぬれた顔を拭ってしまう。
だから謎に包まれたままです。

あなたの愛は祈りの世界へと入っている。それは非常に重要なことだ。なぜなら祈りを越えると、神だけがあるからだ。祈りは愛の梯子の最上段だ。ひとたびその段を越えれば、それはニルヴァーナ、解放だ。

第二の質問

どうしてあなたのなかで死ぬことがこんなにも怖いのでしょうか。

ヴァガヴァート、あなたは無用に怖がっている。というのも、死はもう起こったからだ。それはもう先の話ではない。すでに過去のものだ。

サニヤシンになった日、あなたは死んだ。自分の古い自己認識に対して死んだ。サニヤシンとなったその日、あなたは生まれ変わり、新しい何かが実存へと入ってきた。あなたが抱えているのは、ただの古い思い込みだ。もう何も恐れることはない。すでに死んでいるのだから、死ねはしない。死はもう起こったのだ。

サニヤスとは、死と復活だ。それはあなたであったものすべての死だ。そしてあなたでありながら、かつてそうあったことのない、あなたの復活だ。過去に対して死に、現在へと開くことだ。それが自分だと呼んでいたあらゆるもの――名前や形に対して死に、名前のない、形なき世界へと入っていくことだ。

それはもう起こっている！

サニヤスは死を意味する。だが復活は死が起こってはじめて可能となる。自分自身にしがみついていたら、復活はあり得ない。サニヤスは十字架だ。部外者にとってそれは十字架のようにしか、死のようにしか見えない。彼らにその復活が見えないのは、復活が実存の内奥でだけ起こるからだ。それは外側の見物人や傍観者には見えない。サニヤスに参加する者の目にだけ、それは映る。

観察者にも見られるものもあるが、そういうものはみな表面的で、周辺に属するものだ。また参加者にだけ見えるものがある――それが本物だ。なぜならそれは、あなたの実存のまさに核心に属しているからだ。


あなたの周りに漂っているのは、ただの古い思い込みだ。そんなものはみな忘れるがいい！　もう死は起こったのだから、あなたはこれ以上は死ねない。その古い思い込みを忘れれば、それは消えるだろう。その思いにしがみつかず、その思いに力を与え続けるのを止めれば、それは消える。

時として、何が自分に起こったのかを理解するのに時間がかかることがある。サニヤスを取ったり、深く瞑想に入ったり、ミステリー・スクールに入るとき、死が起こる。死は最初の儀式、最初の過程、準備だ。だが意識的な心《マインド》がまだそれを耳にしていないというのはあり得る。

まずそれは実存深くにある核で起こる。あなたは核があることも思い出せないくらい、核からあまりにも遠くに、はるか遠くに来てしまっている。あなたがほとんど周辺になっているために、中心はすっかり忘れられ、見知らぬものと化している。不意にその中心を見つけても、あなたにはそれが自分の中心だとはわからないだろう。

これがチェタナが最初の質問で言ったことだ。「あなたを愛するこの部分は何なのでしょうか？」彼女にはわからない。彼女にとって、それはまったく新しいものだ。それは彼女自身の核だ。だがあなたは自分自身との面識をなくしてしまっている。

フリードリッヒ・ニーチェのたとえ話がある。

ひとりの狂人が市場へとやって来た。昼下がりで、店が開き、人が往来し、市場は多くの商人やら買い物客などありとあらゆる人々で波打ち、どんどん活気づいていた。この山からやって来た狂人は、なんとランプを下げ、真っ昼間だというのに灯をともしていた。それから彼はあちこちを見回し始めた。それで人々は笑いだすと、こう言った。「何を探してるんだい？　昼間っから火のついたランプなんか下げて、何か意味でもあるのかい？」

男は言った。「神を探しているんだ。神はどこにいる？」

人々は吹き出して、茶化し始めた。「神ってのは迷子の子供かい？　隠れんぼしてる誰かさんのことかい？」。冗談半分でいろいろと問いただしていたら、大きな人だかりができた。

すると突然、男はこう言った。「俺たちが神を殺したってこと、あんたと俺が殺したってことを知ってるか。どうやらその知らせは届いてないらしいな。まあ時間はかかるさ。俺とあんたが、俺たちが神を殺したんだ。だがあまりにも無意識に殺しちまったから、知らせが届くには時間がかかるんだろう。あんたが笑うのもわかるよ。自分が何をやったか、気づいてないんだからな」

無意識から意識までの距離は長い。サニヤシンとなるとき、それがあなたの無意識の深みからやって来ているときにだけ、そのサニヤスには真正さがある。だが、あなたは起こっていることには気づかないだろう。私には何かが起きているのがわかる。実存におけるゲシュタルトの一大変化が、古いものが消え、新しいものが現れる様が私には見える。だが、あなたはそれに気づかないだろう。

たとえ無意識からのかすかな囁きが聞こえただけでも、あなたは幸運だ。時間はかかる、何年もかかる。だがヴァガヴァート、それは既に起こっている。


ひとりの罪人が、打ち首による死刑宣告を受けた。町にはその罪人にぴったりの執行人がいた。その執行日、準備が万全に整い、あわれな犯罪者が群衆の前に立つと、死刑執行人が現れ、今までどれだけの首を切ってきたかとか、有名人はみな殺したとか、自分の技は凄いから本当にあっという間だなどと自画自賛を始めた。そしてデモンストレーションのつもりか、目にも留まらぬ速さで刀を頭上でふり回した。

これは犯罪者には耐えられなかった。犯罪者は泣き叫んだ。「やめてくれ！　もうこんな緊張には耐えられねえ。さっさと事を済ましたらどうなんだ」。すると執行人は刀に寄りかかり、こう言った。「ただうなずくんだ」

これが私の言っていることだ、ヴァガヴァート。うなずくだけでいい。そうすれば頭は落ちる。あなたはもう殺されている。だがその刀はとても速い。だから刀は見えないし、頭が切られるところも見えない。だから心配は無用だ。もし、どうしても怖いのなら、うなずかないことだ。

第三の質問

服従と明け渡しの違いとは何なのでしょうか。

アナンド・バシール、それには大きな違いがある。服従においてあなたは分離したままだが、明け渡しにおいてはもはや分離していない。服従においては、イエスと言っていても内側にまだノーがあるあらゆる可能性がある。内側のノーに逆らおうとして、あなたはイエスと言っている。服従においては分裂のあらゆる可能性がある。

実際、イエスは、どこか背後に存在するノーなくしては存在できない。イエスとノーは同じコインの外観、二つの側面だ。あなたがイエスと言うときには、すでにどこかでノーと言っている。ノーと言うときにも、すでにどこかでイエスと言っている。二つは一組になっている。

それは自分の生活のなかにも見られる。イエスと言うときには、必ずノーが無意識のどこかに潜んでいる。実際、大きな声でイエスと言うほど、よりいっそうノーは強くなる。だからノーを押さえ込むために、大声のイエスが必要となる。こうした類いの服従は、まずあなたを二重人格にし、まとまりを破壊する。あなたはイエスとノーに分割される。次に、イエスを通じて押さえ込まれてきたノーが、遅かれ早かれ復讐をする。好機が訪れれば必ずノーが現れる。それも山ほど現れる。それは傷や屈辱、侮辱を持ち込んで、あなたの暗部となる。

心理学者たちは、心《マインド》で意識的なのは一割だけで、その九割は無意識だと言う。この九割はどうやって生まれたのか？　何がこの九割の無意識に内包されているのか？　この九割は、あなたが言ってきたノーだ。イエスはあなたの意識になったが、それはたった十分の一だ。そしてノーは実存の地下室に蓄積されていて、日々勢いを増し、どんどん大きくなっている。毎日あなたは何かを抑制し続けている。それはいつか復讐するだろう。あなたは気違いになるか――あなたが誠実な人間なら気違いになるだろう。いいかね、狂気は誠実な人にしか起こらない。偽善者はけっして狂わない。あなたが誠実な、正直な人なら気が狂うし、不誠実、不正直なら偽善者になる。そのどちらかだ。偽善者はイエスと言ってノーに従う。

イエス・キリストのたとえ話がある。

父親が二人の息子に仕事があるから畑に行ってくれと言った。兄の方は父親に「はい、行きます」と言ったが行こうとせず、弟の方は「いいえ、行きません」と言ったもののやましくなってきて、出かけていった。

そこでイエスはこのように言った、「どちらが真に従順なのか？　はいと言って行かなかった方か、いやだと言いながらも行った方か――従順なのはどちらだろう？」

言葉だけで判断すれば、最初の者の方が従順だ。だがこれはどういう類いの従順だろう？　事実で判断すれば、二番目の方が従順だ。たとえ行かないと言ったにせよだ。だがイエスと言おうがノーと言おうが、あなたは分裂を作り出す。ノーと言えばやましくなり、そこで抑制されたイエスが出しゃばろうとする。これが罪悪感のすべてだ。イエスと言えばノーがある。そしてそのノーが主張する。あなたはあることを言いながら別なことをする。偽善はそうして生まれる。どちらも病的だ。

明け渡しの意味はイエスでもなければノーでもない。イエス・ノーを言うあなたはそこにいない。明け渡しとは完全な行為であり、イエスとノーは不完全な行為だ。明け渡しの意味は、あなたが溶け、「私はもういない」と言うことだ。ただ言うだけではない。あなたは深い愛のなかで、そのように、「自分はもういない」と感じる。

愛するふたりがひとつになり、ふたつの体にひとつの魂となる。弟子と師《マスター》がひとつになり、ふたつの体にひとつの魂となる。これが明け渡しだ。それは弟子が師にイエスを言うことではない。イエス・ノーを言う弟子はそこにいない。弟子はたんに存在していない。エゴや分離という考えそのものを落としたから、そこに従順、不従順の問題はない。

弟子は従順ではない。いいかね、それは不従順ではいられないからだ。弟子はたんに存在しない。それを真の服従と呼んでもいい。服従という言葉が好きなら、真の服従と呼んでもいい。だがそれは服従でも不服従でもないというのを忘れてはならない。イエス・ノーを言う者は誰もいない！　弟子は空っぽなだけだ。

私は明け渡しに大賛成だ。それは明け渡しが真の服従、非二元的服従だからだ。あなたは分かたれず、全体のままだ。あなたを分割するものは何であれよくない。長い目で見れば、あなたを分割するものは何であれ危険だ。

この培われた服従、服従という考えのせいで、人は大変苦しんできている。はるかな昔から、あなたは服従せよと教わってきた。服従は、最高の価値のひとつとしてたたえられてきた。実際、キリスト教はそれを究極の価値だとみなしている。

知識の樹から実をとって食べたアダムとイブが、原罪を犯したのはそのためだ。どうしてそれが原罪なのだろう？　彼らは何も悪いことなどしていない。彼らがやったただひとつのことは、不服従だ。神が食べるなと言ったのに、彼らは食べた。たんなる不服従だ。だがそれが原罪となり、アダムとイブは楽園から追い出された。

こういう類いの哲学はとても危険だ。それは昔からずっと、あらゆる類いの醜い状況を作り出してきた。人々がもっと気づきを教わり、今よりも服従を教わらなくなれば、戦争はこの世から消えるだろう。だが軍隊では気づきは教えないし、反対にあなたの気づきはみな、きっちりと破壊されてしまう。そうやってあなたはロボットになり、難なく服従できるようになる。するとどんな命令であっても、正しくても間違っていても、あなたは機械のように従う。

第二次大戦の後で、それは大変明白になった。トーマス・マートンはこう書いている。

「アイヒマン裁判で明らかになったもっとも厄介な事実のひとつは、精神病医学者が彼を診断し、完全に正常だと宣告したことだ。私はその診断結果をまったく疑ってはいないが、だからこそその事実が非常に厄介に思える。もしナチの全員が精神異常者だったとしたら、党員のリーダーの何人かが恐らくそうだったように、彼らの恐るべき残忍性はある意味もっと理解しやすかっただろうと思われる。この冷静で、常識のある落ち着いた役人が、事務的な仕事、行政上の仕事に入念に取り組み、それが大量虐殺の指揮となったということを考えれば一層やりきれない。彼は思慮深く、命令に忠実で、従順で、夢見がちではなかった。組織に対し、安寧《あんねい》秩序に対する深い尊敬の念を持っていた。彼は従順で、忠義な人物であり、一大国の忠実な将校だった。彼は政府に非常によく仕えた……罪の意識にもさいなまれなかったし、何らかの心身症が進行していたという話も聞いていない。彼はよく眠っていたそうだし、食欲もあったということだ……」

「私が実感し始めているのは、『正気』にはもはや価値がないか、あるいはそれ自体すでに終わっているということだ。現代人の『正気』というのは、恐竜の巨体と筋肉と同じくらい有用なものだ。彼がもう少し正気でなく、もう少しいかがわしい人物だったら、自らの不条理と矛盾にもう少し気づいていたら、助かる可能性もあったかも知れない。だが彼は正気だ、それも正気過ぎるくらいに――もしかすると、私たちが住むような社会では、最悪の精神異常の方がまったく心配がなく、完全に『正気』だと言わねばならないのかもしれない」

マートンは正しい。私たちは昔から従順さの美徳を教えられてきた。それが意味するのは、いっさいの意識を失い、何を言われ、命令されても――疑うな、考えるな、熟考するなと――ただ従うということだ。このことが、人類全体を機械へと変えてしまった。人間は消えてしまい、あるのは有能な機械だけだ。そしてそれが、まったく愚かな人類を作り出している。

こういった服従には私は賛成しない。それは軍隊における価値だ。だが明け渡しにはもちろん賛成だ。明け渡しは恋愛だ。服従は社会的な現象で、愛は個人的な現象だ。あなたは女性を愛し、男性を愛し、明け渡す。そしていいかね、明け渡しているとき、その明け渡しは女性に対してではないし、男性に対してでもない。明け渡しは、体を持たない愛の神に対するものだ。その時は、ふたりとも愛に明け渡している。だからそれは支配という事柄ではない。真の愛にはどんな支配もない。

男性は愛に明け渡し、女性は愛に明け渡している――今、愛が彼らの実存に浸透する。

師は既に神に明け渡されていて、弟子もまた神に明け渡している――愛ではなく、神が彼らの実存に浸透する。

これはありきたりの服従ではない。それは私たちに吹き込まれ、教えられ、条件付けられた服従とは何の関係もない。それはまったく異なった現象であり、実に神秘的なものだ。ふたりの人が愛に明け渡すと、愛がふたりを占有する。支配する者もいなければ、支配される者もいない、相手よりも上だという者もいない。実際には、どちらもいない。すると途方もなく重要な何かが起こり始める――神が起こり始める。そのとき彼らは両方とも同じ言葉を語る。それはふたりが同じ波長に同調しているからだ。

それは外から見ると服従のようだが、そうではない。ピュタゴラスに関して考察するときは、覚えておきなさい――これがピュタゴラスの「良き息子であれ」の意味だ。ピュタゴラスは従順な息子であれと言っているのではなく、ただ明け渡した息子であれと言っている。良き配偶者であれというのは、良き夫、良き妻になりなさいという意味ではなく、単純に愛に明け渡しなさいという意味だ。良き父親、良き兄弟であれというのは、自分自身が搾取されるにまかせるということではなく、単純に愛に明け渡しなさいということだ。

あなたの生全体が愛になるのを許しなさい。あなたが息子であるときは、愛が父親に向かうのを許し、父親を愛の乗り物としてあらしめなさい。そしてあなたが父親の番になったら、息子を愛の乗り物物としてあらしめなさい。

これらはただの口実だ――息子、父親、夫、妻、友人、師――ちょっとした口実だ。私たちは顔のない神には明け渡せない。私たちにはまだそうするだけの度量がないから、口実を、扉を見つけなくてはならない。師は目に見えるから、師に対してなら弟子は明け渡せる。だがその明け渡しは、本当は神に向けられている。弟子が師のなかに神を見たとき、そのときはじめて明け渡しは起こる。人は最愛の人に明け渡せるが、その明け渡しが可能なのは、その最愛の人のなかに未知なる何かを、神秘を見るときだけ――神が最愛の人、恋人の形を取っているときだけだ。

明け渡しは精神的な価値であり、服従は政治的な価値だ。あらゆる類いの政治に気をつけていなさい。

第四の質問

生の隠れた神秘を求め、様々な秘教教団を通じた多くの技法を用い、実験を試みてきたピュタゴラスの果てしない巡礼の話を聞くと、私のなかに統合《インテグレーション》と力の感覚が生まれてくるのですが、これはいったい何なのでしょうか。

スディール、その永遠の探求者は、あらゆる人のなかにいる。ピュタゴラスはあらゆる人のなかにいる。私たちは彼に気づいていないかもしれないが、真実の探求は生まれながらのものだ。人は探求者であり、それを意識的に認めるまでは、あなたは言葉の真の意味での人間とはいえない。

それが人と他の動物との間にある唯一の違いだ。人間だけが真実を求める。人間だけが生と存在の神秘を見通そうとする。存在するすべてに思いを巡らせ、瞑想し、観照するのは人間しかいない。

あなたは気づいていないかもしれないが、英語の『*man*（人）』という言葉の語源は、熟慮を意味するサンスクリット語の『*manan*』から来ている。人には熟慮し、瞑想する能力がある。だからスディール、私がピュタゴラスについて話すのを聞くと、あなたのハートのなかで何かが揺り起こされる。あなたのなかで眠っているピュタゴラスがちょっと身じろぎし、ちょっと敏感になり、目を覚ます。あなたの眠りは少し薄らぎ、束の間、夢が止まる。あなたのなかで何かが触発される。

ピュタゴラスはほとんどひとつの原型だ。一段と優れた真実の探求者であり、『フィロソフィア・ペレニス』、永久の哲学の発見に全生涯を捧げた人だ。その可能性はあらゆる人のなかにある。それは実現されなくてはならない。だが私たちは無用で無益なゲームにあまりにも夢中になっている。まったく子供じみたおもちゃを夢中で集め、生を浪費し、エネルギーや時間を無駄にしている——人生は短いのに！　それは瞬く間に過ぎていく。そして時間はあなたの手から滑り落ちていく。

死がやってくる前に、必ず我が家にたどり着いてみせる——内側にその燃え盛る欲望を持ちなさい。

死があなたを乗っ取るより前に、真実は起こらなくてはならない！　あなたの実存のあらゆる繊維がその願いとともに脈打ち始め、眠っている間もその願いが底流のように流れ続けるくらい、それを強い切望とするがいい。何をしていようと、すべての行為は周辺上の物事になるべきだ。そして絶え間ない真実の探求、不断の真実への渇きこそが、まさにあなたの中心にならねばならない。それをあなたの情熱的な恋愛としなさい。

あなたは言う。「ピュタゴラスの果てしない巡礼の話を聞くと、私のなかに統合と力の感覚が生まれてくるのですが、これはいったい何なのでしょうか」

そう、真実を知りたいという欲望が湧き起こると、統合はひとりでに起こる。真実を知りたいという欲望は、あまりにも強力だからだ。それはありきたりの欲望ではない。もっといい家や、いい車、たくさんの金への欲望ではないし、名誉や成功、権力や名声への欲望ではない。それらはとてもありきたりな欲望だ。それらにあなたを統合することはできない。実際には、その数の多さによって、あなたはばらばらになってしまう。ある欲望は北へと引っ張り、また別の欲望は南へと引っ張る。それは数え切れないほど群がっている。そしてあらゆる欲望があなたを惹きつけ、注目させようと、あなたの周りでやかましく要求している。

金に対する欲望は「他のことはどうでもいい、できるだけたくさんの金を手に入れろ」と言い、成功に対する欲望は「たとえ金を失っても心配はいらない。お前は成功者になり、有名になって、歴史に足跡を残すんだ！　金も何も、すべてを賭けるんだ」と言う。そしてセックスに対する欲望は、「金も権力も名声も、何も与えてはくれないぞ？　生きている間に人生を楽しむんだ。その一瞬一瞬を絞り取って、感覚的な喜びに注ぎ込め」と言う。

そこには四方八方へとあなたを引っ張り続ける、無数の欲望がある。そのためにあなたはいつも、自分はばらばらだと感じている。真実に対する欲望は並外れた欲望だ。他のあらゆる欲望があっさりとそのなかに消えていくほどに、その欲望は大きく、途方もない。それらは小さな流れだ。真実に対する欲望が生まれると、その大河は、そんな小さな流れをすべて吸い込んでしまう。それらはひとつの欲望のなかへと消えていく。それはこの上ない情熱、燃え盛る情熱になって、あなたを燃え立たせる。そのまさに一体となった欲望が、統合をもたらす。

それは美しい体験だった。スディール、それを忘れないように、心に留めておきなさい。それは強められ、いや増される必要がある。それは全面的にならねばならない。なぜなら神への全面的な切望こそが、神に至るために必要なすべてだからだ！　その欲望が百パーセントで、何ひとつ後に残さず、自分の手札をすべてさらけ出すとき——即座に、その完全性のなかで、神は起こる。どこに行くこともない。ただ心を燃え上がらせるだけでいい。すると神はあらゆる恩寵とともに降り注いでくる。統合はあなたに真実をもたらす。そして真実への欲望は統合をもたらす。

第五の質問

ＯＳＨＯ、自分はほとんど光明を得ているように思うのですが。

私は本当に驚いている。このたったひとつの文章の、ほとんどすべての言葉が間違っているなんて――いったいどうやったのかね？　この文は『自分』で始まっているが、『自分』が光明を得ることはけっしてない。『自分』というのは障害物だ。まさにその『自分』こそが妨げだ。光明を得るとき、あなたはいない。それを主張する者はいない。ウパニシャッドは言う――そしてツァラトゥストラに老子、キリストはみな、同じ事を何度も別な言い方で言っている。ウパニシャッドはとても明快だ。それは言う、「もし誰かが『自分は光明を得ている』と言うなら、その人は光明を得ていないと知るがいい」。光明は主張できるようなものではない。というのも、その主張する人は光明が起こる前に消えなくてはならないからだ。人は自分がいなくなってはじめて光明を得る。

それなのに、あなたはこの文章を『自分』から始める。「自分は……思うのですが」……しかも二番目の語は「思う」だ。思うことが光明に何の関わりがある？　思うことはいつも、光明からまったくかけ離れている。その絶え間ない思考の過程《プロセス》が、あなたを自分の泥のなかでもがかせる。自分に目隠しをし、盲目なままでいさせたり、あなたの目がありのままを映すのを許さないのは、絶え間ない思考の過程だ。それらの思考があらゆるものをゆがめ続けている。思考というのは歪める装置だ。だが私たちは慣れてしまっている。

人々は私のところに来て「ＯＳＨＯ、私は、恋をしているように思います」と言う。まるで愛は考えごとの一部であるようだ。彼らは「恋をしているように感じます」とすら言えずに、「恋しているように思う」と言う。彼らにとっては、愛ですら思考でなくてはならない。いったいどうしたら愛が思考であり得るだろう？　愛は感覚でしかあり得ない。

そこには三つの層がある。最初は思考で、二番目は感覚、三番目は実存——考えること、感じること、在ることだ。あなたはこの世のことなら考えられるし、この世の事物についてなら考えられるが、愛を考えることはできない。愛は考えることよりも高く、思考の支配を超えている。愛を感じることはできるが、考えることはできない。

そして光明は感じることさえできない。それは感覚を超えている。愛が考えることを越えているように、光明は感覚を超えている。あなたは光明にあるしかない。それは考えられないし、感じられない。それはそこにある！　あるときにはある、光明とはそういうものだ。

そしてあなたは言う。「自分はほとんど光明を得ているように思うのですが」

『ほとんど』というのは、どういう意味かね？　いまだかつて、そんなことは聞いたこともない。光明は得ているかいないかのどちらかだ！『ほとんど』だって？　それはまるで「これはほとんど円だ」と言うようなものだ。『ほとんど円』とは？　円は真円でない限り円ではない。それは何か違う形かもしれないが、「ほとんど円だ」とは言えない。

あなたは「ほとんど恋している」とも言えない。まさにその「ほとんど」という言葉が、そうでないと言っている。

沿岸出身《コースト》の若者が
お化け《ゴースト》とセックスし始めた

オーガズムの絶頂で
エクトプラズムな彼女は言った
「あたし感じてると思う——ほとんど《オールモスト》ね」

あなたは夢を見ているにちがいない——幽霊と愛を交わす夢だ。それゆえの『ほとんど』だ。そういうたわごとは全部落としなさい。もしそれを落とせたら、光明を得る必要などない——あなたはそれだ。誰も光明を得る必要などない。光明というのはあなたに起こるようなものではない。それはすでに現実だ！　光明は起こっている。それはまさにあなたの本性だ。

自分の周りにかき集めた、あらゆる類いのがらくたをただ落としなさい。

第六の質問

存在がその全体性において完全だということはわかっています。でも私たちは、そのひとつの顕われであり、全体が聡明だとしても、その部分は聡明ではありません。

「神はありのままのあなたが必要だ。さもなければ神はあなたを創造しなかっただろう」とあなたは言いました。けれども私が幼い頃からひどい難病にかかっていて、この自然の過ちが絶えず私を苦しめているとしたら、いったいこの苦しみは誰に帰するのでしょう？　神だとは言わないでください、それは本人にとっては拷問なのですから。そんなときに、どうして生を楽しめるでしょう？　私の病

理生理学の教授は言いました。「自然というのは愚かだ。さもなければ、ある部分に反する別な部分を置くことで、自分自身に対立したりはしないはずだ。自然は我々を苦しめている」。どうして神は苦しみを必要としているのでしょうか？　ＯＳＨＯ、なぜなのでしょうか？

ルナセク、その質問は意味深い。だがその答えが得られるのは、あなたがもう少し月並みな生の論理から上昇し、もう少し高度な数学を振り仰ぐ用意があるときだけだ。

低次の数学には一種類の公式しかない。高次の数学はちょうどその反対だ。ピュタゴラスはふたつの法則があると言う――必要性の法則と、力の法則だ。低次の数学は必要性から成り立ち、高次の数学は力から成り立っていて、その働きは異なっている。たとえそれらがより大きな全体の一部、ロゴス、タオ、ダンマといった根本的法則の一部であっても、その働きはまったく異なっている。

まず、低次の数学においては、部分と全体はけっして等しくない。それははっきりしている。どうして部分と全体が等しくなり得るだろう？　だが高次の数学においては、部分は全体と等しい。たとえば低次の数学では、しずくは海にはなり得ない。しずくはあまりにも小さく、海はあまりにも大きい。だがその違いは量でしかない！　低次の数学は量しか勘定に入れないが、高次の数学は量ではなく質を考慮する。そのときには、しずくはまさに海そのものだ。それは海のすべてを含んでいる！一滴のしずくを理解できれば、あらゆる惑星のあらゆる海を、あらゆる星、あらゆる地球にある海のすべてを理解したことになる。一滴のしずくは、あなたにH_2Oの化学式を開示できる。それはあらゆる海の化学式だ。小さなしずくは、大きな海が含んでいるのと同じくらい、たくさんの秘密を含んでいる。量は違っても、その質に違いはない。質的には、小さなしずくも海と同じほどに大きい。小さなしずくも、海と同じくらいたくさんの真実を含んでいるからだ。

「私たちが小さな花を、その根にいたるまですべて理解できたら、全宇宙を理解したことになる」とテニソンは言った。彼は正しい。彼は高次の数学のことを語っている。

先日私は偉大な三冊の本について触れた。最初はアリストテレスの「オルガノン」で、次はベーコンの「ノウム・オルガヌム」、三番目はP・D・ウスペンスキーの「ターシャム・オルガヌム」だ。ウスペンスキーのターシャム・オルガヌムは、高次の数学にまつわる本だ。ウスペンスキーは数学者、それもかつて存在したなかでも最高の数学者のひとりだ。この本の冒頭でウスペンスキーは「私の本、ターシャム・オルガヌムは三番目だが、その三番目は一番目より先に存在していた」と言っている。さて、ウスペンスキーとアリストテレスには二千年の隔たりがある。だがウスペンスキーは、三番目のものは一番目のものよりも先に存在していたと言う。これは高次の数学の始まりだ。この最初の言明から、高次の数学が始まる。

誰かがキリストに「アブラハムについてどう思われますか」と聞くと、キリストはこのように言った。「私は、アブラハムがいた以前から存在している」
さてこれは奇妙だ。表面的には馬鹿げている。どうしてアブラハムより前にキリストが存在できるだろう？　だがキリスト意識の本質は永遠だ。肉体としてのキリストがアブラハム以前に存在することはない。しかし本質的な意識としてのキリストは、確かにアブラハム以前からある。高次の数学はものごとを逆さにしてしまう。なぜなら、物事はすでにあべこべになっているからだ。

あなたは尋ねている。「存在がその全体性において完全だということはわかっています……」

あなたは自分が何を言っているのかわかっていない。存在がその全体性において完全なら、各部分も完全でなくてはならない。さもなければ、どうして全体が完全であり得るだろう？　全体を構成するあらゆる部分が不完全なら、どうしてその部分全体の総和が完全であり得る？　それはあり得ない。それぞれのしずくが海を不完全にしているとしたら、どうして海全体が完全であり得る？　それは単純なことだ。海が完全であるなら、それぞれのしずくも完全であるというのは、論理的な帰結だ。

ウパニシャッドは——それらもまた高次の数学のことを語る——神は完全だと言う。たとえ神から神のすべてを取り出してみても、その完全さは後に留まる。全体からあらゆるものを取り出してごらん。それでも全体は後に留まるだろう。完全性は増やせも減らせもしない。そこから何かを取り出しても、それは同じだろう。何かを加えてみても、やはり同じだろう。

あなたは言う。「存在がその全体性において完全だということはわかっています」でも私たちは、そのひとつの顕われであり、全体が聡明だとしても、その部分は聡明ではありません」

部分が聡明でなければ、どうして全体が聡明であり得るだろう？　だからあなたにはふたつの可能性しかない。ひとつは自分が愚かなら神も愚かだという可能性だ。というのも、あらゆる愚かな部分というのは、実際には神を賢くするというよりも、もっと愚かにしてしまうからだ。無数の愚かな部分は、愚かさを足すどころか倍増させる……神は狂ってしまうだろう。
もし神が聡明なら、それぞれの部分も聡明でなくてはならない。そうしてはじめて神は聡明であり得る。神が完全ならそれぞれの部分も完全でなくてはならない。そうしてはじめて神は完全であり得る。

あなたが理解しようとしてみれば、そのことは明らかになるだろう。部分が全体よりも少ないということはけっしてない。それは全体のあらゆる質を含んでいる。量的には少ないかもしれないが、量は問題ではない。問題なのは質だ。質的には、あなたはありのままで完全だ。

これこそは、あらゆる時代の、あらゆる神秘家たちの宣言だ。私はそれを再び宣言しよう。あなたはありのままで完全だ。あなたたちは神々だ。

次にあなたは言う。「『神はありのままのあなたが必要だ。さもなければ神はあなたを創造しなかっただろう』とあなたは言いました」

そう、もし神が、あなた自身が言うように聡明だとしたら、用もないのにあなたを作ったりするだろうか？　知性は常に必要なものしか作らない。それが聡明であるということの意味だ！　もし理由や目的もなく、満たされる必要もないのにあなたを作ったとしたら、神は聡明ではあり得ない。

神は完全に聡明だ。神は聡明だと言うのは正しくない。「神こそが知性だ」と言う方がいい。この全存在は知性で満ちている。

だがあなたの問題はわかる。
あなたは尋ねる。「けれども私が幼い頃からひどい難病にかかっていて、この自然の過ちが絶えず私を苦しめているとしたら、いったいこの苦しみは誰に帰するのでしょう？」

その苦しみはあなたの解釈だ。あなたはその解釈とあまりに同化している。それはあなたが決めることだ。あなたは同化せずにいられるし、そうしたら苦しみは消える。あなたの苦しみは悪夢のようなものだ。夢のなかで大きな岩が胸の上に落ちてきて、押しつぶされて死にそうだと思っている。怖くて目が覚めると……まったく何でもない。自分の手が胸の上に乗っているだけだ。だがその手の重さが、あなたのなかで想像の引き金となった。それは岩になり、とても怖くなってきて、その怖さで目が覚めた……今あなたは笑っている。

覚者たち、目覚めた人たちに聞いてみなさい。彼らはこの世に苦しみはないと言うだろう。人々はぐっすり眠っていて、ありとあらゆる苦しみを夢見ている。

それが難しいのはわかる。身体に問題があり、目が見えないとしたら、どうしてこれがたんなる夢だと信じられるだろう？　五体満足でないとしたら、どうしてこれがたんなる夢だと信じられるだろう？　だが見守ったことはないだろうか？　毎晩夢を見て、毎朝それが夢だったと、全部ナンセンスだったとわかる。そしてまた夢を見ては、そのなかでこれは真実だと信じてしまう。生まれてこのかた、どれだけの夢を見てきたのだろう？　数え切れないほどの夢！　あなたは毎晩、ひっきりなしに夢を見ている。ほんの何分か夢が止まっては、また別の夢の循環が始まる。

あなたは無数の夢を見てきた。そして毎朝笑って「現実じゃなかった」と言ってきたが、あまり学んではいない。今晩夢を見ても、相変わらず思い違いが続いて、夢を真実だと思うだろう。夢のなかで、これは真実だと思うだろう。夢のなかで「これは夢だ」と思い出す日、不意にその夢は消える。それはあなたが生に気づきをもたらしたからだ。

自分のあらゆる苦しみは、ただ自分自身が生んだ夢にすぎないと信頼するのは、とても難しく見える。だがそれが実情だ。というのも、目覚めた人はみなそう言っているからだ！　目覚めた人で、それと別なことを言った人はひとりもいない。そして冴えわたる気づきの瞬間に、あなたも同じように感じるだろう。

ルナセク、私の提案はこうだ。あなたの問題は知的な討論だけでは解決できない。それは解決するのではなく、溶解するほかない。その問題は、より気づくようになってはじめて溶かされ得る。

私の友人、昔からの友人のひとりが、階段から落ちて両足を折ったことがある。私が面会に行くと、彼はひどい痛みに苛まれていた。彼は七十五才で、かなり年配だったにも関わらず、とても活発で、ほとんど少年のようにあれこれと駆け回っては、いろいろなことをしていた。そんな彼にとって、ベッドで静養するのは不可能なことだった。しかも医者が言うには、少なくとも三ヶ月間はベッドで安静にしていなくてはならなかった。これは両足の骨折にもまして災難だった。

彼は私に会うなり、泣き始めた。私はその男が泣くのを一度も見たことがなかった。彼は強い男だった。ほとんど鉄人と言っていいくらい、本当に強い男だった。生まれてこのかた、人生のあらゆる物事を目にしてきて、酸いも甘いもかみ分けた人だった。私は尋ねた。「あなたが泣いているなんて――いったいどうしたんですか？」

「私が死ねるよう、ただ祝福しておくれ。これ以上生きたくなんかないよ。三ヶ月もベッドで寝たきりなんて！　想像できるかい？　こりゃ拷問だよ。まだ三日しか経ってないのに、もう三年近くベッドにいるような気分だ」。彼は続けた。「知っての通り、私は休めないんだよ。頼む、とっとと死ねるように祝福してくれ！　これ以上生きていたくはないんだ。それに医者は言ったよ、三カ月経っても一生障害は残るってね——だとしたら、何にもならないじゃないか」

私は言った。「頼むから瞑想してください。私がそばにいるから、『自分は体ではない』という簡単な瞑想をするんです」

彼は半信半疑だった。「それでどうなるっていうんだ。君の瞑想の話は全部聞いたが、静かに座っていられないんだから、瞑想なんて無理だろう」

私は言った。「今は静かに座るという問題はありませんよ、もうベッドのなかにいるわけですからね。これこそ祝福ですよ！　ただ目を閉じてごらんなさい、私が瞑想を教えましょう。そうしたらあなたが死ぬのを祝福してあげます。死にたいというのは実にすばらしいことですが、私の祝福は効くかもしれないし、効かないかもしれません。だからその間、あなたは瞑想しなくてはね」

彼は要点を理解した。「やることもないわけだし、瞑想してみてもいいかな」。私は簡単な瞑想を教えた。「ただ内側へと入って、そこから体を見つめて、こう言うんです。『それは私ではない。体は遠くにある、はるか遠くにある……それは遠く隔たっていく、どんどん隔たっていく……私は丘の上の見張りだ。体はそこに、暗い谷底にあって、その距離は計り知れない』」

三十分が過ぎた。私は帰らなくてはならなかったが、彼が深い瞑想のなかにいたので、邪魔したくなかったし、彼を置いていきたくもなかった。私も何が起きているか知りたかったし、彼が何と言うか聞いてみたかったので、彼を揺り起こさなくてはならなかった。彼は言った。「邪魔しないでくれ！」
「でも帰らなくてはならないんですよ」
「帰るのはかまわんが、邪魔はせんでくれ。実に美しい。体は本当にはるか遠く、何マイルも先に横たわっている。その体を谷に残して、私は丘の上、日の差す丘に座っている。あんまり美しいんで、何の痛みも感じないんだよ」

そしてその三ヶ月が、彼の生涯でもっとも貴重な時間となったのは明らかだった。その三ヶ月は、彼を完全な別人にしてしまった。彼はいまだに障害のため歩けず、ほとんどベッドにいなくてはならない。だが彼より幸せな人は見つからないだろう。彼は至福を放っている。

今では、それは災いではなく、祝福だったと彼は言っている。

苦しみは祝福となり得るが、誰もそうだとは知らない——あなたは祝福を苦しみにしている。

あなたは言う。「けれども私が幼い頃からひどい難病にかかっていて、この自然の過ちが絶えず私を苦しめているとしたら、いったいこの苦しみは誰に帰するのでしょう？　神だとは言わないでください」

私は絶対にそうは言わない。注意してくれなくてもいい。どうして神が苦しめるだろう？　神は祝福、至福、歓喜、祝祷《しゅくとう》に他ならない。神は苦しむことなどできない。神はサッチタナンダ——真実、意識、至福だ。

だが私は、あなたが苦しんでいるとも言うつもりはない。あなたは神の一部であり、部分は全体に等しいからだ。部分が苦しむときには、全体も苦しんでいる。では誰が苦しんでいるのだろう？　誰も苦しんではいない。あなたは夢を見ているだけだ。あなたは間違った解釈をしている。それは自然の過ちではない！　それはあなたの理解の誤りだ。

苦しんでいる人にとって、それが非常につらいのはわかっているが、私にどうしようがある？　それが真実なら、私はその真実を言わなくてはならない。たとえそれが痛みに満ちていようと、私はあるがままの真実を言わなくてはならない。

あなたは言う。「私の病理生理学の教授は……」

どうもあなたの教授自身が、病的であるようだ。

「……自然というのは愚かだ……」

自然が愚かなら、どうしてあなたが聡明であり得よう？　あなたは自然の一部だ！　自然は愚かではない。自然は完全な知性だ。だが人のエゴは、そうして自分を自慢し続ける。

こういった人たちのせいで、自然がことごとく破壊され、生態系《エコロジー》が破壊され、大気が汚染されてきた。それはこういった教授たちのせいだ。こういう人たちは避けなさい！　厄介者を避けるように、こういう人たちを避けなさい。ただし厄介者ではなく、教授たちを避けることだ。

それにしても、「自然は愚かだ」とはナンセンスもいいところだ。そんなあなたはどこの何様なのか？　ちっぽけな波が、大海を馬鹿呼ばわりしている！　あなたにはこの愚かしさがわかるはずだ。

「私の教授は言いました。『自然というのは愚かだ。さもなければ、ある部分に反する別な部分を置くことで、自分自身に対立したりはしないはずだ』」

それが知性の働き方だ。それはひとつの要素に反する別な要素を置くことで機能している。知性というのは弁証法的な過程だ。さもなければ、何ものも存在しないだろう。死がなければ生もない。死は生に反していなければならない。だがこの対立は表面にしかない。奥深くでは、それらは単一の法則、根本的法則、ロゴスを表している。

光は闇に反していなければならない。さもなければどんな光もない。愛は憎しみに反していなければならない。さもなければ、愛もなくなってしまう。そして男は女に反していなければならない……。ちょっとあなたの教授に、プラスとマイナスの極性なしに、どうやって電気が存在できるか聞いてごらん。このプラスとマイナスの対立なしに、彼は電気を存在させられるかね？　それでも彼は自然は愚かだと思うだろうか？　それしか道はない！　ふたつの岸なしに川が存在できるだろうか？　ふたつの岸なしには、川は存在できない。この対立しあうふたつの岸が、川がその間を流れるための空間を作っている。

生は対極を必要とする――夏と冬、生と死、陰と陽、シヴァとシャクティ、正と負を必要とする。あなたの教授はちょっとどうかしている、いかれているにちがいない。教授というのはそういうものだ。弁証法的対立なしに何かを起こせるか、彼に聞いてごらん？　自然は弁証法的だ。自然は物事がどう為されるべきかを知っている。これまで自然が他の形で存在したことはないし、そうあることはないだろう。

理解しようとしてごらん。するとあらゆるところで、弁証法的対立を目にするだろう。病気と健康は両方一緒にしか存在できない。美しさと醜さ、成功と失敗、痛みと快感、苦しみと至福――これらはすべて自然の一部だ。ひとたびそれを理解したら、超越は起こる。

これがピュタゴラスの言う、必然の法則と力の法則だ。必然の法則はあなたを機械性へと引きずり込み、力の法則はあなたを自由の世界へと引き上げる。私はこの二つの法則を、重力の法則と恩寵の法則と呼んでいる。一方はあなたを下に引き下げ、もう一方はあなたを上に引き上げる。

論理的な心は、なぜ相反するのか？と言うが、それは本当にわかっている心ではない。論理は真の生の過程ではない。弁証法はある。論理は直線的だが、弁証法は直線的ではない。弁証法は、定立《テーゼ》、反立《アンチテーゼ》、総合《シンセシス》によって進む。そして総合は再び定立となり、反立を生み出し、総合され……弁証法は高く、より高く進んでいく。論理というのは単調だ。もし神が、あなたの病理生理学の教授のように論理的だったら、神は男だけを創り、女は創らなかっただろう。何の意味がある？　もしくは女だけか……男を創造して、この世界に厄介ごとを作り出すことに、どんな意味がある？　あなたの教授に従うなら、異性愛はなく、同性愛しか存在しないだろう。だがちょっとだけ、まったく同性愛だけの世の中というのを想像してごらん。それは本当に醜いだろう。たまに同性愛者《ゲイ》に会うのはいい。それは愉快《ゲイ》なことだ。でも全世界が同性愛で、男同士が抱き合って「ダーリン」などと言っていたら……？それはずっと病的だろう。

ここは美しい世界だ。それは対極のなかに存在する。だがその対極は相補的であって、生を豊かなものとしている。なぜなら、それが生に緊張を与えているからだ。その緊張がなければ、生は薄っぺらで、単調に、退屈になってしまう。そういう生に喜びはない。喜びはこの緊張からしか生まれない。

緊張のあるところには、必ず喜びの可能性もある。緊張がゆるんだときには、必ず喜びが湧き起こる。あなたがひとりの女性を愛するとしよう。そこには大きな喜びがある。だが一日二十四時間彼女を愛し、ハニー、ハニー、ハニーと呼び続けたら……あなたは糖尿病になってしまう！　ちょっとした喧嘩やたわいもない枕の投げ合いは欠かせない。それがもう一度、間を取らせてくれる。

あなたが彼女と喧嘩をするとき、それはミニ・離婚だ。あなたは別れる。しばしの間、「絶交だ！もうこんな女なんかと絶対関わったりするもんか。もうたくさんだ」と考え、また彼女も同じことを言う。あなたは遠ざかる、恋する前と同じくらい遠ざかる。そしてあなたがそこまで遠ざかると、再び愛が生まれる。あなたは彼女のことを恋しがり、彼女もあなたを恋しがり始めるからだ。あなたたちはよりを戻し始める。そして再びよりが戻ると、今度はミニ・ハネムーンだ。事はこのようにして続いていく。朝に喧嘩をしても、夕方には一緒になる。夜に喧嘩をしても、また朝には一緒になる。これはリズムだ！　これが弁証法だ。

ふたりの恋人が喧嘩もせず、ずっと手を握っている様をちょっと思い浮かべてごらん。まったく白けてしまうだろう。彼らは絶対に遠ざからないから、出会いの喜びもない。出会いの喜びは、お互いが遠く離れるからこそ生まれる。誰だって独りになりたいことはある。それからあなたは人恋しくなり、探し始める。一緒にいると、遅かれ早かれ互いに飽きてきて、再び独りあること《アロンネス》と呼ばれる空間を探し求めるようになる。それが物事の進み方。それは生の振り子だ。右から左に、左から右へと——

生はそうして進んでいく。
それはまさに、あるべきようにある。

第七の質問

OSHO、アシュラムでのあらゆる決まりや統制の意味、あるいは目的は何なのですか。

クリスティーン、傍観者として知ることができる物事と、参加者になってはじめてわかる物事がある。外部から誤解を受ける物事と、部内者であってはじめて理解できる物事がある。これらの規則や決まり事には独自の意味がある。それらは方策だ。本当にその理由を知りたければ、何がその目的なのかを知りたければ、飛び込みなさい。このコミューンの一部になりなさい。

するとしかるべき時に、あなたははじめてその目的を知るだろう。それは前もってはわからない。あなたを気づかせられるのは、実存的な体験だけだ。それがミステリー・スクール、ピュタゴラスのスクールだ。ここで為されていることは意図的に為されている。何ごとも偶然には為されていない。私はここのあらゆる物事の中心だ。たとえ何かがとても不条理に見えても待ちなさい、辛抱しなさい。するとある日、何が要点だったのかがわかるだろう。それが自分自身の体験の一部になってはじめて、あなたはわかるだろう。

ひとつ、物語をしよう。

ガーフィールド・ゴールドウォーターはニューヨークの紳士服事業で巨大な財産を築いた。彼はあらゆる慈善事業に寄付し、あらゆる仮装舞踏会にも出席し、ウィルソン伯爵のコラムにも週に二度は名前が載ったが、それでも幸せではなかった。実のところ、彼はひどく落ち込んでいたので、ひとりの友人が精神病医を訪ねてみてはと勧めた。

精神病医は話を聞くと言った。「いいですか、ガーフィールドさん、これだけの財を成したのに、ご自分の成功に意味が見い出せないのは、何ひとつ楽しみとしてやっていないからですよ。何かずっとやりたかったことなどはありませんか？　子供の頃に夢見たことや、若い頃の望みなどは？」

「そうですねえ」と、ちょっとためらいがちにG・ゴールドウォーターは言った。「子供の頃はジャングルに探検しに行きたかったですね。ほら、ターザンなんかがやるやつですよ」

そこで精神病医は助言した。「もしそれがやりたかったなら、おやりなさい。『人生は短し、墓穴は深し』ですからね。さあ、おやりなさい。今すぐにです！」

ガーフィールドはその助言を受けることにした。二日後、彼はアフリカへと飛び立った。そしてそこで彼は、世界でもっとも有名なゴリラ狩り《サファリ》のハンターに出会った。

そのサファリ・ハンターは辛抱強く「自分はもう引退したから」と説明したが、G・ゴールドウォーターはそうあっさりとは引き下がらなかった。「ミスター・サファリ・ハンター、お願いだ」とガーフィールド。「もう一度だけ狩りに出てくれ。金はいくらでも払う。私は金持ちだし、金が目当てじゃないんだ」

サファリ・ハンターの心は動いた。「あんたのことは聞いたことがあるよ」とサファリ・ハンターは言った。「あんたのとこのスーツだって着たことがあるしね」。彼はしばし考えてからこう尋ねた。「金には糸目をつけないってことかい？」

「もちろんだ」とG・ゴールドウォーターは断言した。

「わかった、それじゃ俺に加えてズールーひとりと犬一匹、それから銃を持ったピグミーひとりだ。料金は一万ドルだぜ」

「ヒュー、一万ドルね！　そりゃたいそうな金額だ」。そうG・ゴールドウォーターが言うと、サファリ・ハンターは言った、「あんたが空っケツだったらな」。ガーフィールドは合意した。

一団が駆り集められ、さっそく次の日の午後に、狩りの一行は最初の仕務を果たしに出かけた。一時間もしないうちに、ハンターは木にいるゴリラを見つけ出した。ズールーが木を登る間、皆は待機し、ゴリラがその手を放して地面に落ちるまで、ズールーはその木の枝を揺すった。すると犬が即座にゴリラの上に飛び乗り睾丸に噛みつくと、その時点でゴリラは気絶した。それから網が投げられ、ガーフィールドは最初のゴリラをものにした。

ガーフィールドは大変喜んだ。だが夜テントで再び謝礼のことを考えたガーフィールドは、サファリ・ハンターのテントに行って彼を起こした。「こんな時間にすまないが」とガーフィールド。「まずあんたの仕事は見事だし、私もゴリラに満足している。だが私は、君に足下を見られているような気がするんだが、一万ドルっていうのは……」

「ゴールドウォーターさん、取引は取引なんでね」とサファリ・ハンターは肩をすくめた。

「ズールーと犬が必要だっていうのはわかる」。ガーフィールドは言った。「だが銃を持ったピグミーがどうして必要なんだ。ちょっと水増ししてはいないかね？」

返答はなく、サファリ・ハンターは深い眠りへと落ちていった。

次の日の午後、一行が狩りに出かけると、もっと大きなゴリラが木にいるのを見つけた。そして犬が飛びかかり、ズールーは木に登ると、ゴリラが手を放して地面に落ちるまで木の枝を揺すった。そして犬が飛びかかり、睾丸に噛みついてゴリラが気絶すると、サファリ・ハンターは網を投げた。

またもガーフィールドは舌を巻いたが、再び高額な報酬のことでやきもきし始めた。ガーフィールドはサファリ・ハンターのテントに行き、こう言った。「はっきりさせようじゃないか。銃を持ったピグミーは首にして、その分安くしてくれ」

「ゴールドウォーターさん」とサファリ・ハンター。「あんたは取り引きしたんだぜ。取引は取引さ、それで手を打ったんだからな」

G・ゴールドウォーターはかっかしながらテントに戻った。ガーフィールドは、ローマのアンジェロに仕立ててもらったスーツのことや、ニュージャージー、ティーネックにあるビショフのアイスクリーム・サンデーのことを夢見ようとしたが、どうしても一万ドルの報酬と銃を持ったピグミーのことに考えが戻ってきてしまうのだった。

そして次の日、狩りの一行が出かけると、今度は他でもないG・ゴールドウォーターがゴリラを見つけ出した。今回の獲物は非常に大きく、ズールーが木に登り枝を揺すると、ズールーはゴリラと面と向かい合ってしまい、取っ組み合いが始まった。するといきなり、ゴリラはその男を投げ飛ばした。地面に転落しながら、ズールーはピグミーに向かって叫んだ。「犬を撃て！　タマがなくなっちまう！」

第3章

落上……

FALLING UPWARDS…

——◆質問◆——

◆

繊細な総合に感謝します。

◆

何があなたの手の秘密なのですか？

◆

どうすれば、必要性の法則が非活性化し、
力の法則が活性化するのですか？

◆

サニヤスの機はいつ熟すのでしょうか？

◆

崇高な動機に従順に仕えるのは良くないのでしょうか。

◆

私は不真面目なのでしょうか。

◆

第一の質問

ＯＳＨＯ、繊細な〈総合《シンセシス》〉に感謝します。
存在の無目的さを理解するとき、大きな喜びが湧き起こってきます。

デヴァ・ニルグナ、真実はあなたのなかに、常にある作用《プロセス》を引き起こす。たとえその真実が、あなた自身のものでないとしてもだ。まさにそれを聴くことが、それに対応する作用をあなたのなかに引き起こす。それは真実を聴いたから、起こるわけではない。それは因果の法則にではなく、共時性の法則に従っている。

すばらしい音楽を聴けば、あなたのなかに音楽が生まれる。そこにはどんな必要性もない。それは生まれるかもしれないし、生まれないかもしれない。それに関してはどんな必然もない。だがあなたが開いていれば、音楽は湧き上がる。あなたが自分を差し出せば、それは湧き上がる。すばらしい踊り手を見ていると、あなたのなかで何かが踊りだす。それが交感《コミュニオン》だ。

ピュタゴラスの真実、かつて試みられた最高の〈総合〉という真実は、あなたのなかにひとつの作用《プロセス》を引き起こし、かつて夢見たこともないほどの、途方もなく大きな何かを生み出せる。それが師との交感《コミュニオン》のなかにあること、サットサングの目的のすべてだ。師の臨在や話し方、その沈黙があなたに働きかけ始める。そして時には、それはあなたにもかかわらず働きかける。あなたはそういった作用に気づくこともあるし、そういった作用に気づいてさえいないこともある。それらはあなたの意識下で働き始め、ある日大きな開花となって炸裂する。

ピュタゴラスは、まさに不可能に挑んでいた。そして挑んだだけでなく、成功もした。だが世間は分割のなかで生きたがった。世間は衝突しか理解できないからだ。世間は〈総合〉を理解できない。〈総合〉は、あなたの内側で〈総合〉が起こるようになってはじめて理解され得る。さもなければ〈総合〉は理解不能であり、誤解されることだろう。

誰もがピュタゴラスに反対した。当時のあらゆる宗教や宗派、いわゆるグルたちの全員が、ピュタゴラスに敵対した。本当は、ピュタゴラスは散り散りになった真実の破片をすべてひとつにまとめたのだから、彼らは賛成すべきだった。だがそれは傷つける……。

もし私が、コーランもヴェーダと同じくらい真実だと言い、人々に理解があれば、イスラム教徒もヒンドゥー教徒も大変幸せだったはずだ。だがそうはならない。両方とも怒り出す。イスラム教徒が怒るのは、私が彼の聖典を平凡な本、ヴェーダと比べているからだ。ヒンドゥー教徒が怒るのは、私が彼の聖典を普通の本、コーランと比べているからだ。そしてその両方が腹を立てるのは、彼らのエゴが傷つくからだ。

ピュタゴラスもそうだったに違いないと言えるのは、それが私に起こっていて、あなたにも起こっているからだ。経過が同じだからだ！　ヒンドゥー教徒は反対しているし、イスラム教徒も、ジャイナ教徒も、仏教徒も、キリスト教徒も反対している。なぜだろう？　しかも私はキリストや仏陀、マハヴィーラ、ツァラトゥストラ、老子、クリシュナを可能な限り最高の〈総合〉に至らせている。それでも、彼らはみな、それに反対している。

その理由は、彼ら自身が内側で分かれているからだ。彼らは自分がそうであるものしか理解できない。あなたには自分の意識を越えたものはけっして理解できない。もしあなたが分裂していたら、分裂した世界しか理解できない。内側の微妙な調和のなかにいてはじめて、外側で起こっている調和は理解される。

ニルグナ、その〈総合〉に聴き入るうちに、深い感謝が生まれてくるのを感じたというのはすばらしい。それはあなたのなかで何かが統合されつつあることを示している。それはあなたをひとつにまとめ、脳の左右の半球に一種の統一を生み出しつつある。

この、脳のふたつの半球は理解されなくてはならない、それも非常に深く——多くのことがそれに起因するからだ。今では科学者たちも、古き秘教の伝承に深く同意している。それは、このふたつの脳に橋がかけられるまで、それも正しくかけられるまでは、人は統合を欠いたままだというものだ。それらに橋はかかっているものの、その道はとてもか細い。橋をかけているのは、ほんのか細い糸にすぎない。その糸が切れることもある。

事故でそれが起こることもある。たとえば交通事故で、その橋が傷つくかもしれない。それはまさに一本の糸のような、とても繊細な橋だ。ひとたびそれが断たれると、その人は二人になる。一人の人間が二人になってしまい、二人としてふるまい始める。すると奇妙な事象が観察されてきた。

たとえば左脳は読んだり記憶したりできるが、右脳はまったく読むことができない。そのために奇妙な事が起こる。その人に何か読み物を与えれば、彼は読むだろうが、それを覚えているのは脳の一部だけだ。彼の左脳に麻酔をかけたら、自分が何かを読んだということすら思い出さなくなる。何かを読んでいたのに、それを覚えていない。

彼の片手は何かをしているのに、もう片方の手はそれに協力しない。ふたつの手は、異なった半球に属するからだ。右手は、左半球に属している。右手がこれほど重要になったのはそのためだ。右《ライト》が正しい《ライト》手となり、左手が間違った手となった。なぜだろう？　それは非常に象徴的だ。

左手は右脳とつながっており、右脳は直観、心霊力《サイキック・パワー》、瞑想、愛、詩を象徴している。こういった事柄すべてが非難されているから、左手は非難される。右手は論理、計算、数学、科学を象徴している。こういった事柄が褒められているから、右手は褒められる。

子供の一割は左利きに生まれる。十人に一人は左利きなのに、左利きの人がそれほど見当たらないのは、そもそも私たちが、彼らに右手でものを書かせ、何でも右手でやらせようとし始めるからだ。これは少数派の撲滅であり、非常に圧制的だ。左利きに生まれた人がずっと真正な人でいたかったら、左利きでいなくてはならないからだ。それではその人は偽者になってしまう。あなたは彼に右手を使わせるだろう。教師や両親、学校の他の生徒は全員右利きだからだ。彼は左手を使うと、何か悪いことをしているような罪悪感を覚える。

彼は何も悪いことなどしていない。彼は生まれつきの左派だ。彼には詩人になり、直観的な人になる才能がある。予言的な能力が発達するかもしれないし、いつか人の思考を読めるようになるかもしれない。偉大な催眠媒体となるかもしれないし、物質を越えた精神力すら持てるかもしれない。彼には計り知れない才能がある！　だが彼は押しつぶされている。

社会は彼を右手に向かわせようと強いるが、彼の右手は利き腕ではない。彼は弱々しく、不毛で、非創造的な生を送るだろう。偉大な見者になったかもしれないのに、今となってはただのつまらない数学者として生きるほかない。一流の詩人、音楽家、画家だったかもしれないのに、今ではどこかのオフィスの万年事務員だ。さもなければ駅長だの、巡回集金人だの、政治家だのといった三流どころだ。あなたは彼にきわめて暴力的に接してきた。

このふたつの半球はとても細くしか橋渡しされていないから、普通はわずかな交信しか起こっていない。人がより統合されるにつれ、このふたつの半球間にはより緊密な交信が起こり始める。仏陀のなかでは、このふたつの半球はひとつになっている。彼はこの上なく論理的だし、またこの上なく愛が深い。


右手とつながっている左脳は、必要性の法則の下にある。そして左手とつながっている右脳は力の法則の下にある。そしてこの両方の法則がひとつになると、ロゴスが生じ、ダルマが生じ、タオ、トーラーが生じる。究極の法則、法則のなかの法則だ。そのとき、その人には途方もない美しさや優雅さがある。その人は空と大地、男と女の出会いであり、存在のなかで分割されたすべての出会いだ。その出会いのなかで、神は知られる。

あらゆるミステリー・スクールの秘法はみな、このふたつの半球に架かる橋を作るための錬金術的な方法に他ならない。それらをとても近づけ、限りなく近づけることで、それらはほとんどひとつになる。論理が愛として機能し、愛が論理として機能するとき、あなたは絶頂へと至っている。その頂点において、さりげなく歓喜は起こる。ちょうど、春がきて、花が咲き出すように――その〈総合〉、その春が内なる世界で起こるとき、あなたは我が家へ帰り着き、一なるもの、全体に至っている。あなたは神聖になっている。

ニルグナ、私のあらゆるサニヤシンに何かが起こっているように、あなたのなかでも何かが起こっている。私に本当に近しい人たち、たんなる形式的なサニヤシンではなく、本当に私と恋をし、背後にどんなノーも隠していないイエスを言っている人たちに、この〈総合〉は起こっている。東と西が出会い、空と大地が出会い、精神と物質が出会っている。

ピュタゴラスのやったことは破壊された。彼の学院、学校全体は焼かれ、何百という彼の弟子たちは虐殺された。私たちはもう一度それを試みようとし、そのリスクを負っている。危険はある。同じ事が私たちの運命にもなり得る。だが必ずしもそうである必要はない。私たちはピュタゴラスの実験から何かを学べる。ピュタゴラスは最初の先駆者だった。ピュタゴラスは存命中に成功したし、多くの弟子たちとともに成功した。だがピュタゴラスの訪れはあまりにも早すぎたのかもしれない。世界にはまだ用意がなかった。

今、世界には科学的な準備が整っている。当時、世界には科学的な準備が整っていなかった。東は東、西は西といった風に、橋を架けることはほとんど不可能だった。今では科学が人々を互いにとても近づけたので、そのことが精神的にも〈総合〉は可能だという風潮をもたらしている。当時の人々は孤立していた。ときおり、訪問者がひとり、西洋から東洋へとやって来るくらいだった。そしていいかね、それはいつも西洋から東洋への訪問者であり、東洋から西洋への訪問者ではなかった。なぜだろう？

西洋は男性的な心《マインド》を象徴し、主導権を手にする。東洋は女性的な心を象徴し、ただ待ち、どんな主導権も握らない。それは常に男性が女性にプロポーズをし、愛を告白するのに似ている。プロポーズするのは女性ではない。女性からプロポーズされようものなら、あなたはその女性からは逃げたくなるだろう。そういう女性は、女性ではないからだ。その女性にはもっと男性的な心がある。あなたは怖くなり、気分を害してしまい、それを気軽には受け取れなくなる。女性は待たなくてはならない。

いつも西洋が東洋に探りを入れてきたのはそのためだ。東洋はただ待っていて、どこにも行かなかった。ときおり訪問者がやって来るだけだった。訪問者は古い東洋の伝承を西洋へと持っていくが、常に誤解されてしまう。それはピュタゴラスに起こったし、その五百年後のイエスにも起こった。

イエスもまた、東洋への訪問者だった。彼は東洋であらゆる事を学び、そして帰ってきたときには理解されなかった。あまりにも異質すぎたからだ。それは私のサニヤシンにも同じように起こっている。西洋に行くと、あなたは誤解されることになる。だがあなたたちは大勢いる分、ましな立場にある。ピュタゴラスは独りで訪れ、独りで戻ったし、イエスも独りで訪れ、独りで戻った。彼らは偉大な冒険家だった。

イエスは殺され、ピュタゴラスの学院は燃やされ、彼の弟子たちは虐殺された。世界はまだ、今日そうあるほど身近には結ばれていなかった。科学技術は人々をとても近づけている。あらゆる障害、少なくとも物理的な障害は取り除かれたのだから、今ならもう一歩踏み込んで、心理的な障害物も取り除くことができる。それこそが、ここで私たちが行なっていることだ。

ピュタゴラスの〈総合〉がハートの琴線に触れるのはいいことだ。それは私のワークでもあるからだ。

そして二つ目に、ニルグナ、あなたはこう言っている。

「存在の無目的さを理解するとき、大きな喜びが湧き起こってきます」

喜びが生まれるのは、全体はどんな目的も持ちようがないということを、あなたが理解するときだけだ。部分は目的を持てるが、全体はいかなる目的も持てない。

家には目的がある。それはあなたの庇護であり、避難所だ。食物にも目的はある。それはあなたを育み、生かしてくれる。衣服にも目的があるし、機械にもある。あなたが生み出すものにはすべて目的がある。だが、あなたにはどんな目的があるだろう？

今あなたは、目的のない世界へと進み始める。さらにあなたはいくつかの事柄を見い出せる。あなたは「自分は幸せでいるためにここにいる」と言うことはできる、だが幸せでいることに何か目的があるのだろうか？　幸せにどんな意味があるだろう？　「自分は愛するためにここにいる」と言うかもしれないが、愛はそれ自体が無目的だ。薔薇の花や、朝焼けの光を浴びて蓮の葉を滑るしずくと同じくらい、無目的だ。それは全体と同じくらい、無目的だ。

あなたがより全体に近づくほど、よりいっそう無目的さが法則となる。目的は必要性の法則に属し、無目的は力の法則に属する。全体の目的は何なのか？　まったく何の目的もない。それはまったくのお祝い《セレブレーション》だ。だからヒンドゥー教徒は、存在をリーラと呼んだ。リーラとは戯れという意味だ。それはただの遊びだ。

遊びに目的はない。遊びが目的を持つようになると、それはゲームになる。いいかね、これが遊び《プレイ》とゲームの違いだ。賭けをせず、金をからめず、ただトランプで遊ぶ分には遊びだが、金を賭けたとたんに、それは遊びではなくなる。それはビジネスとなり、目的が入り込んでしまった。それがゲームだ。今やあなたは賭け事をしている。ちょっと前までは遊んでいたのに、今や遊びは二の次だ。どうやってもっと金を儲けるかが大事になる。物事は深刻になってしまい、もはや軽やかではない。その遊びは、恩寵の世界から重力の世界へ、力の世界から必要性の世界へと落ちてしまった。

このふたつの法則は途方もなく美しい。必要性の法則は重力の法則に相当する。科学は重力の法則、必要性の法則は認識しているが、高次の法則である恩寵の法則、力の法則はまだ認識していない。科学が原因と結果という観点で考えていくのはそのためだ。科学はまだ高次の法則に気づいていない。

宗教は高次の法則、恩寵の法則を発見してきた。重力はあなたを引き下げている……さあ、これは瞑想されるべきだ。誕生があれば、死がある。それは釣り合いを取るためだ。愛があれば憎しみがあり、負の電気があれば正の電気がある。ものごとを引き下げる法則があれば、ものごとを引き上げる法則もあるはずだ。

単純な論理だ！　証明するまでもない、とても簡単だ。生におけるあらゆるものは、その対極によって釣り合いを取っている。それなら重力の対極はどこにあるのか？　それはあるはずだ。それにその重力でさえ、ニュートン以前には知られていなかった。私たちがそれを知ったのは、たかだかこの三百年だ。重力の法則はニュートン以後に機能し始めたわけではない。それはいつでも働いていた！　それはニュートンの発明ではない。ニュートンはそれを発見しただけだ。そして今では、その発見もごく当たり前のことに思える。

ニュートンが木の下に座っていると、リンゴが落ちてきた。そこで彼は考え込んだ、「なぜリンゴはいつも下にしか落ちないのか？　なぜ、たまには上や右や左に行かないのか？　どちらに向かってもいいだろうに。どうしていつも下に行くのだろう？」。そして彼の心にひらいめたのは、何か大地へと引きつける力があるはずだということだった。だがリンゴはいつでも下に落ちてきた！　ニュートン以前にもだ。リンゴはニュートンが法則を発見しようがしまいがお構いなしだ。リンゴは落下の科学などまったく知らずに、ただただ下へと落ちてきた。

これとまったく同じことが、恩寵の法則に起こってきた。上に落ちてきた人々がいる。仏陀、イエス、ピュタゴラス……こうした人たちは上に落ちてきた。あなたが許せば、上へと引き上げてくれる何かがあることを、彼らは知っている。あなたがただ努力のない人になり、何かしたりせず、明け渡し、信頼するなら、何かがあなたを上へと連れていき、あなたは浮き上がり始める——物理的にではなく、霊的にだ。あなたのなかの何かが、高く、高く、高く上昇していき、意識の究極の頂へと達する。ちょうどリンゴが下へ落ちるように、あなたは上に落ちていく。

ここに有名なスーフィーのたとえ話がある。

狂人として知られる、ひとりのスーフィー神秘家がいた。多くの神秘家が狂人として知られている。ある意味、彼らは狂人だ。世間は彼らが狂っていると思っている。というのも、彼らは世間的な目からするとまったく馬鹿げたことに従うからだ。世間は金を貯めたり、さらなる権力や名声を探し求めているが、彼らはそういう大層な物事には関心がない。世間はもっと所有し、もっと持ちたがるものだが、そういうことで悩まない人たちがいる。確かに彼らは狂っているように見える。彼らはひとつも自分のものを持たない。たとえばディオゲネスには自分のものはひとつもなかったが、それでもアレクサンダー大王よりずっと幸せで、実に楽しげだった。アレクサンダー大王でさえ嫉妬を覚えたものだ。彼はディオゲネスに、「今度この世に生まれてこなくてはならないときは、神にこう頼もう――『どうか今回はディオゲネスにしてほしい、もうアレクサンダー大王はごめんだ』」と言ったといわれる。彼はディオゲネスに、裸の狂人に、強い嫉妬を覚えたにちがいない。

だがディオゲネスは何と言っただろう？　彼は笑うと、こう言った。「またこの世にやって来る機会があっても、アレクサンダー大王にしてくれとは言えないよ、私は馬鹿じゃないからな。それにしても、どうしてあんたは別な生なんか待つんだ？　ディオゲネスには今すぐなれるんだから。アレクサンダーになるにはえらい努力がいるだろうが、ディオゲネスになる分には何の努力もいらない。いますぐなればいい！」

「さっさと服を脱いで、私の脇で横になってごらん！　日光浴さ、あんたもひとつどうだい？　世界征服なんか、きれいさっぱり忘れてしまえばいい……そうしたらあんたは、今この瞬間にディオゲネスさ！」

こうした人たちは狂って見える。ディオゲネスも狂っていると思われていた。彼は真昼間にランプを携えていた。そして誰かに出会うと、きまってランプを掲げては、その人の顔をのぞき込んだ――真昼間に！　そして人々が「何をしているんだ？」と尋ねると、ディオゲネスはこう言った。「人を探しているんだが、まだその人には出会っていない」

彼が死ぬときに何が起こったか、知っているかね？　誰かがディオゲネスにこう尋ねた。「生涯君はランプを掲げて本物の人を探してきた、白昼でさえね。で、その人は見つかったのかい？」

ディオゲネスは目を開き、言った。「いや。だが喜んで死ねるさ。少なくとも、まだ誰にもランプは取られていないからね」

こういった人たちは狂っているように見える。

ある物語、スーフィーの物語はこう伝えている。

ひとりの狂ったスーフィーの神秘家が、ある弟子の家に滞在した。その弟子は少々気をもんでいたのだが、それというのも、この神秘家はおかしなことをするので知られていたからだ。「彼は何かをしでかすかもしれない、何か面倒なことを起こすかもしれない。近所の人たちや世間はどう思うだろう？　みんなは私もおかしいと思うだろう、こんな狂人の弟子なんだからと……」

また彼は真夜中であっても、喜びから歌い、叫び、踊り出すことが知られていたので、弟子はこう考えた。「地下室に閉じこめておいた方がいい。そうすれば少なくとも真夜中に何かし始めることもないだろう」。そこで弟子は彼を地下室に閉じこめた。

そしてちょうど真夜中に、それは始まった。叫んだり踊ったり、大変な喜びようだ！　弟子がよけいに面食らったのは、彼が屋根の上で踊っているのが聞こえたからだ。弟子は上に駆け上るなり尋ねた。「いったいぜんたい、どうしたんですか？　どうやって屋根まで来たんですか？」

神秘家はこう言った。「わしにどうしろと言うんだ？　目を開けたら、自分が上に落ちていくのが見えたんだから」

上に落ちていく——この物語は美しい。落上の法則というものがある。瞑想し、踊り、歌っていると、ときおりそのことを感じるだろう。高次の何か、上方からの何かに乗っ取られ、あなたはそれまで知ることのなかった高次の充足へと導かれる。

それが恩寵の法則、または力の法則だ。

そしてあなたがどちらの世界をも使えるとき……一方は科学に属し、もう一方は宗教に属している。そして世界は、新しいものの見方、科学と宗教がひとつになるようなものの見方を待っている。それを宗教科学と呼び、科学宗教と呼ぶがいい。だが世界は、このふたつの法則を、大いなる〈総合〉のなかで一体として機能させるような何かを待ち望んでいる。

私のサニヤシンはギリシャ人ゾルバとゴータマ・ブッダの両方であってほしい、と私が言うのはそういう意味だ。ここでの私の努力は、ゾルバ・ザ・ブッダを生み出すことにある。

第二の質問

ＯＳＨＯ、あなたが私たちに話しかけている間に、あなたの手が優雅に動き、踊るさまを私は愛しています。私はあなたの手と、その表現に富んだ動きにうっとりしてしまいます。何があなたの手の秘密なのですか？

どんな秘密もない。私はただの老いぼれた、古くさいユダヤ人だ。そして習慣というのは、しぶといものだ。

刺すように寒い十二月のある朝、ふたりのユダヤ人が歩道を歩いていた。ひとりは白い息をハアハアいわせながら、熱く身振り手振りを交えてしゃべっていた。もうひとりはといえば、どういうわけか黙ったままだった。ついに最初のユダヤ人が、講話の途中で長い間を取って、「なあ、モーよ、俺の言ってることはもっともだと思わないかい?」と言った。

モーはそれにこう答えた。「アイキー、好きなだけしゃべってくれよ。でも俺はポケットから手をださんぜ」

第三の質問

必要性の法則を非活性化する方法、また力の法則を活性化する方法とは何ですか?

アヌラグ、必要性の法則が意味するのは、あなたが無意識であり、ロボットのように機能しているということだ。そういうときにだけ、必要性の法則は適用される。だから必要性の法則を不活性化したければ、唯一の道はより気づき、より油断なくあることだ。

あなたの様々な活動を非自動化してみなさい。歩きながら、気づきとともに歩く。食べながら、気づきとともに食べる。最初のうちはとても難しいだろう。あなたは常に無意識に生きてきたからだ。あなたは機械的に歩く。その歩みに気づきを持ちこみなさい。そして歩みに気づきをもたらすには、いくつかの事柄が必要とされるだろう。

まずひとつは、通常のペースで歩かないということだ。ゆっくりと歩みなさい。できる限りゆっくりと歩いてみなさい。いつもよりもゆっくり歩くと、あなたの古い習慣は存続できないからだ。あなたはそこに新しい何かを持ちこんでいるから、体は順応しなくてはならない。それには時間がかかるだろうが、その時間を気づくようになるのに利用すればいい。

煙草を吸うなら、とてもゆっくりと、時間をかけて吸ってみなさい。とてもゆっくりと煙草の箱をポケットから取り出してごらん、可能な限りゆっくりと、スローモーションでだ。そうしたら煙草をゆっくり取り出す。あたかも力がないかのように、非常にゆっくりと……あなたはいやでも気づくことになる！　それから煙草を箱の上でトン、トンとやってみる。可能な限りゆっくりと、ほとんど死んでいるかのように、それを長い時間やり続け、ゆっくりと煙草を口に差す。ちょっと待ちなさい！急ぐことはない。そうしたらライターを持ってくる。同じようにゆっくりと、時間をかける。一時間で一本の煙草を吸うようにしなさい。あなたは、自分にどれほどの気づきが生まれるかに驚くことだろう。また、気づきを失うと、いつものせっかちな動きに逆戻りすることにも驚くだろう……のんびりするといい。

これがヴィパサナの全過程だ。ヴィパサナでは二種類の瞑想をしなくてはならない。ひとつは座る瞑想、座禅で、もうひとつは歩く瞑想だ。ゆっくり歩くこと……それはどんな風にもできる。ただゆっくりと呼吸する、するとその呼吸が瞑想になる。ゆっくりと、手をある位置から別な位置へと動かしてみると、気づくようになる。

あなたの活動を非自動化しなさい。気づきが増せば、必要性の法則もいっそう薄れていく。そして必要性の法則が少しも働いていなければ、もうひとつの法則、力の法則は自動的に、ひとりでに機能する。

このような言い伝えがある。


ある日のこと、カーシーから偉大な占星術師が戻って来るところだった。彼はカーシーで二十年にわたって占星術を学び、非常に有名になった。そうして彼は故郷に戻るところだった。

川を越えるとき、彼は柔らかいぬれた砂の上で、二、三の足跡を目にした。彼は我が目を疑った。「この足跡は、全世界の統治者のものでしかあり得ない！」。それは二十年間、彼の占星術の書物が語ってきたものだった。インドには、全世界の統治者に対する特別な名前がある。彼はチャクラヴァルティンと呼ばれ、その統治は六つの大陸すべてに及ぶ。「チャクラヴァルティンともあろう者が、こんな貧しい村で何をしているのか？　かんかん照りのなか、裸足で、こんなちっぽけで汚い川岸に？　そんな馬鹿な！」

占星術師は大変な疑念にさいなまれた。「私の書物が間違っているというのか？」。その足跡を入念に調べてみても、やはりそこにはあらゆる兆しがあった。彼はこの男を捜すべく、その足跡を追っていった……すると、木の下に座っている仏陀に出くわした。

さて、事態はますます厄介になった。その男は偉大な皇帝のようだった。優雅さ、美しさ、そして静寂が仏陀を取り巻き、あたりには喜びの雰囲気があった。彼がいるというだけで、その木は輝き、彼が座っている岩も輝いていた。「彼はまさしくチャクラヴァルティンだ！　だが彼は乞食椀を持っているし、乞食のようでもある」

占星術師は仏陀の足下にひれ伏し、こう尋ねた。「あなたのせいで、もうわけがわかりません。これらの書物は捨てるべきなのでしょうか？　私は二十年を無駄にしてしまいました。どうか、あなたの足を見せていただけませんか？」

彼は仏陀の足を見て、こう言った。「やはり絶対に間違いない。あなたはチャクラヴァルティンのはずです！　世界で最も偉大な、皇帝のなかの皇帝です。そんなあなたが、こんなところで一体何をなさっているのですか？　ひとりの召使いも見当たりませんし、おまけにこの乞食椀や、着ていらっしゃるそのボロ……いったい、どういうことなのですか？　あなたは乞食なのですか？」

仏陀は笑い、そして言った。「あなたの本を捨てることはない。その本は正しい、だがそれが正しいのは、必要性の法則の下で生きる人々、無意識に生きる人々に限られる。ひとたび意識的になると、人は占星術も占星術的予言も越えてしまう。もはや彼には必要性の法則は当てはまらない。彼は無限の力の一部になり、神の一部になる。彼は神なのだ。彼はまったく異なった生き方をする。あなたは彼を予測できない。彼は予測不能だ」

「本を捨てることはない。一生のうちに、再び私のような者に出会うことはないだろう。心配はいらない。こんなことはめったに起こらない。ごくまれにひとりがチャクラヴァルティンとして生まれ、ごくまれにひとりが覚者になる。そしてもちろん、チャクラヴァルティンが覚者になるというのは、本当にまれなことだ。チャクラヴァルティンそのものがまれなものだし、覚者自体がまれなものだ。そしてチャクラヴァルティンが覚者になるという組み合わせは、この上なくまれなことだ。もう今生では、あるいは何生であれ、こうした者に出会うことはないだろう。だから心配はいらない。私は例外だ。そして例外というものは、原則を証明するものだ。あなたは自分の本に従えるし、持ち歩いてもいい。あなたはいつも正しいだろう。あなたが間違ったのは、今回だけだ」

アヌラグ、意識的になりなさい。意識的になればなるほど、あなたはもっと予測を超える。そのときあなたは、一瞬一瞬を自由に生きるようになる。力とは自由を意味する。力とは過去のカルマからの自由であり、もはや過去に牛耳られないということだ。過去はもはやあなたに対する力を持たない。あなたの一瞬一瞬は、過去の瞬間から自由だ。その一瞬一瞬は新鮮で、若々しく、清らかだ。あなたはそれを全面的に、自由に生きる！　それが次に続く瞬間への束縛となることはけっしてない。その一瞬一瞬は汚れなく、純粋で、水晶のように透き通ったままだ。

必要性の法則に生きることは、束縛のなかで生きるということだ。束縛、投獄——それがサンサーラの意味するところ、カルマの法則が意味するすべてだ。実際、ピュタゴラスは必要性の法則という考えを、カルマの法則から得た。それは彼なりの表わし方だ。カルマの法則によると、あなたが過去に何をしたにせよ、それは今もあなたを支配している。人は死んだ過去に支配され、死んだ過去に操られている。昨日あなたが何を行なったにせよ、それはパターンになり、構造に、人格になる。そして今日もあなたは、それをただ繰り返している。繰り返すことで、あなたはそれを強化している。それは明日にはもっと強くなり、明後日にはよりいっそう強くなる。そして何生にもわたってあることを繰り返していくと、それはあなたの心に溝を作り出し、その溝が決定的な必然になる。あなたはただロボットのように生きる。

グルジェフは常々、人間は機械だと言っていた。それは本当だ。ブッダにならない限り、あなたは一個の機械だ。ブッダという言葉は何を意味するのだろう？　ブッダとは「目覚め、気づいている人」という意味だ。

気づきなさい。気づきの人にはどんな性格もない。驚くだろうが、私は気づきの人は没個性だと言う。あなたがその「没個性」という言葉に与える意味合いではなく、まったく別な意味において、彼は没個性的だ。というのも、彼には自分を支配するどんな過去も、構造も、パターンもないからだ。彼は純粋な自由であり、無垢だ。彼はその瞬間に応じ、どんな既成の応答も持たない。その応答が既成のものだとしたら、それはまったく応答ではない。それは反応だ。彼はその瞬間をありのまま映し出し、その反映のなかで行動する。

無意識の人は反応《リアクト》し、意識の人は行動《アクト》する。あなたが意識的に行動でき、全面的に瞬間にいられたら、あなたはどんなカルマも生まないし、どんな構造も作り出さない。あなたは常に自由なままに、過去を超えて進み続け、蛇が脱皮をするように過去から抜け出していく。

そのとき、生には途方もない美しさがある。そこに力があるからだ。そしてその力はあなたの力ではない、だからどんなエゴ・トリップの問題もない。エゴは過去から生まれる。それは必要性の法則の一部だ。エゴとはあなたの性格であり、良くも悪くも、あなたを捕らえている牢獄だ。エゴはあなたの過去全体から生じる。

ちょっと考えてごらん。もし過去がなかったら、あなたは何者だろう？　即座にエゴの宮殿全体が崩壊してしまう。力の人というのは、その人自身が力強いわけではない。彼は神の力の媒体にすぎない。彼にはどんな主張もなく、ただ全体の代理人として働く。彼は完全な自由、まったき喜びであり、どんな境界も知らない。彼は無限だ。空間や時間は、彼にはもはや関わりがない。彼は空間を越え、時間を超えている。

　これが光明を得ていることの意味だ。性格としては消え、人格、エゴとしては消えている、そして全体とひとつになっている。それは神秘なる合一《ユニオ・ミスティカ》だ。その神秘的な融合……もはやあなたはおらず、神がいる。そして神は力だ。

　必要性から力への架け橋が、意識だ。アヌラグ、自分が何をしていようと、もっともっと意識的でありなさい。その力の世界へと入り、放射する力の世界、輝ける力の世界へと入っていくことは、あなたの生得権だ。

四番目の質問

ＯＳＨＯ、私がサニヤシンとなる機は熟しているでしょうか？　いつ機は熟すのか、聞かせてもらえますか？

ある船旅での出来事だ。そのオウムはひどく退屈していたので、ある日船上に猿もいるのに気づくと大喜びした。退屈しのぎにオウムは言った、「かくれんぼでもしない？」「そんなゲームは知らん。どうやるんだ？」と猿。そこでオウムは説明した。「すごく簡単だよ、壁に向かって目を閉じて、百まで数えるんだ。その間に僕が隠れるから、百までいったら探し始めてよ」

そして彼らはかくれんぼをした。

だが猿が百まで数えたちょうどその時、船が爆発した。オウムはなんとか海に浮かぶ木片を見つけ出した。しばらくすると、へとへとになった猿が、木片の方に泳いでくるのが見えた。猿は木片によじ登ると、オウムを見てこう言った。「何てむかつくゲームだ！」

いつであれ、生はむかつくゲームだと感じたら、それがサニヤスを取る時機だ。

第五の質問

服従についてもう少し話していただけますか。
崇高な動機に従順に仕えるのは良くないのでしょうか。

私にとっては、気づきが唯一の徳だ。覚えておきなさい。あなたが気づきとともに仕えるなら、それはいいことだ。無意識な仕方で仕えるとしたら、それは良くない。問題は崇高な動機にあるのではない。あなたが無意識なら、崇高な動機でさえとても恥ずべきものになるだろう。大事なのはあなたが持ち込む意識だ。

歴史書を見てみるといい。あらゆる類の災いが、崇高な動機の名のもとに、地球上で続いている。キリスト教徒やイスラム教徒、ヒンドゥー教徒たちは、崇高な動機のために戦い合い、傷つけ合っている。共産主義者や社会主義者、ファシストたちは崇高な動機のために、さらなる暴力と、さらなる殺人を世界にもたらしてきた。

アドルフ・ヒトラーの動機は崇高ではなかったと思うかね？　それが崇高でなかったとしたら、ドイツ人のようなとても聡明な民族が、どうして彼に従ったりするだろう？　しかもドイツ人というのは、世界地図の上ではもっとも聡明な民族のひとつだ。現代において、全世界を支配した四つの偉大な精神《マインド》は、すべてドイツから来ている。フリードリッヒ・ニーチェ、ジークムント・フロイト、カール・マルクス、アルバート・アインシュタイン——これが私たちの時代の四大名士だ。彼らはみなドイツ人の精神から、ドイツ的な源泉から来ている。

どうしてこれほど聡明な人々が、この愚かな誇大妄想家、アドルフ・ヒトラーに従うことができたのだろうか。崇高な動機の名においてだ。その崇高な動機というのは、世界は混沌の渦中にあるから、高貴な人々であるアーリア人によって支配され、統治されなくてはならないというものだった。知っているかね？『アーリア』という言葉は、『崇高な、高貴な』という意味だ。世界は、もっとも崇高にして高貴なる者によって支配され、統治されなくてはならない。

アーリアというのはサンスクリット語だ。それは『もっとも高貴な』という意味だ。そう、この『高貴な』という言葉の裏に、アドルフ・ヒトラーはあらゆる類いの醜い物事を隠していた。そして無数の聡明な人々が、従順に、ヒトラーに従った。その動機が崇高なものだったからだ！　何百万というユダヤ人がその崇高な動機の名のもとに焼かれ、強制収容所でひどい目にあった。そのユダヤ人たちを拷問にかけていた人々は無学などではなく、きわめて有能で聡明な人々だった。そして彼らは自分の職務を、従順に、崇高な動機のために果たしていた。

ロシアでは何が起こっただろう？　ヒトラーと同じタイプの男であるヨセフ・スターリンが、無数の人々を殺し、虐殺した。やはり崇高な動機の名においてだ。共産主義は確立されなくてはならず、そのためにはいかなる犠牲もやむを得ない。共産主義が、楽園が、無階級社会が地上に到来し得るなら、いかなる犠牲もやむを得ない。

そうやって大昔からずっと、同じことが起こってきた。キリスト教の聖戦、回教のジハード、宗教を救うために宗教戦争が起こってきた。もちろん、イスラム教が危ないときはそれを救い、その危険を作り出している人々は、崇高な動機の名のもとに滅ぼされなくてはならない。キリスト教が危ないときは、あらゆることが許される。だがいったい誰が、いつイスラム教が危ないという判断を下すのか？　いったい誰が、いつキリスト教が危ないと判断するのか？　誰がアーリア人で誰がアーリア人でないか、誰が決めるというのか？

ユダヤ人は自分たちを神の選民だと考え、アドルフ・ヒトラーは北方人種こそがもっとも純粋なアーリア人であり、神の選民だと考える。さて、自分を神の選民だと思っている人たちがふたつあっては、生きてはいけない。一方は滅ぼされる必要がある。競争相手は滅ぼされなくてはならない。人類の非人道的な歴史全体を見てみれば、崇高な動機に従うことが、いつも計り知れない悲惨さの原因となり、人類の生全体を悪夢に変えてきたということがわかるだろう。

あなたは尋ねている。「崇高な動機に従順に仕えることは良くないのでしょうか」

そうではない。ただ気づきとともに仕えなさい。ただ気づきとともに従いなさい。服従は外面的なものであるべきではない。それは内面的な何かであるべきだ。何が問題なのかを見抜けなくてはならない。そうすれば自分自身の良心に従ってイエスとノーが言えるようになる。そうなってはじめて、世界は少しましになり、もう少し人間的になり得る。

広島と長崎に原子爆弾を落としたのは、たったふたりだった！　彼らはノーを言うこともできたはずだ。広島に住んでいた十万の人々、小さな子供や女性、老人たちにどんな罪もなかったのはまったく明らかだ。ではなぜ、彼らを瞬く間に滅ぼしてしまう原子爆弾を落とすのか？　十秒以内に、広島は死の街と化した。十秒前まで、街は生きていた。そのとき、人々は朝食を取り、歌を歌い、あらゆる類いのことをしていた。ほんの数秒前には、すべてに活気があった。そしてわずか数秒の後、広島全体は死せる人々の墓場でしかなかった。

爆弾を落とした人はノーと言うこともできた。だがその人は崇高な動機のために、従順に働いていた。その崇高な動機とは何だったのか？　民主主義だ。こういった大げさな言葉はとても危険だ。あなたはその裏に何でも隠せるからだ。さて、この民主主義という名のもとに、資本主義が身を潜めている。そして平等という名のもとに、共産主義が身を潜めている。あらゆる人言壮語に気をつけなさい。政治家がこういう大言壮語を用いるときは、いつでも用心しなさい。そこにはったんくさい何かがあるにちがいない。

そして従い続けないこと。死んだ方がましだ……爆弾を落とすはずの者がノーと言っていたら、軍法会議にかけられていた可能性はある。それがどうしたというのか？　彼は言えたはずだ、「私を殺すがいい、その方がまだましだ。私に死なせてくれ」。それこそは崇高な動機だっただろう！「私を撃てばいい、だが私は断るだけだ。こんな原子爆弾を、罪もない人々に落としたりはしない」かわいそうなベトナムを破壊していた人たちも、ノーと言えたはずだ。そうして同じことが、地球上のあらゆるところで絶え間なく繰り返されている。今こそ私たちは、もっと気づくようになるべきだ。

従順さは食い物にされてきた。従順さは、政治家や聖職者たちの、とても微妙な策略だ。もしそれがあなたの気づきから生まれ、良いと思えるなら、あなたたちの指導者や政治家、聖職者たちが良いと言うからではなく、自分で良いと感じるなら、それはあなたの応答でなくてはならない。そのときには、あらゆる手を尽くしてそれをやりなさい。あなた個人の良心が決めなくてはならない。それが私の要点全体だ。各々の個人は、自分自身の意識と良心を創造しなくてはならない。そうしてはじめて、私たちはより良い世界を創り出せる。さもなければ、この世界は二十五年のうちに自殺を図ることとなる。

今世紀の終わりまでに、崇高な動機への服従というこの愚かな考えが、全人類を滅ぼすことになる。そして人類ばかりではない――この地球上の全生命、すべての木々や鳥たちや動物たち、あらゆる種類の生命が、人類とともに滅びることになる。この地球上には何百万種もの生命がある。この地球はひとつの祝祭だ。

何世代にもわたってあなたの心に植えつけられてきた、この馬鹿げた考えを持ち続けるなら……あなたは母乳と一緒に、この「従え！」という考えを与えられてきた。私は気づきを教える。そしてもちろん、その気づきからは、まったく異なる類いの従順さが生じてくる。そのときあなたは、ハートがイエスと言うから、イエスと言う。ハートがノーと言ったら、あなたもノーと言い、自分のノーに対するあらゆるリスクを負いなさい。それが人間の尊厳だ。

アーサー・ケストラーがある実験について書いている。それに瞑想してごらん。

非常に独創的な一連の実験が、スタンリー・ミルグラム博士によって始められた。この実験の目的は、平均的な人間が崇高な動機のために、無実の犠牲者に対して激痛を与えるよう命令されたとき、どこまで権威に服従するかを発見するためのものだった。

その崇高な動機というのは教育だった。この実験には三人が関わっていた。一連の出来事を司る権威者としての教授と、学習者である犠牲者がいて、被験者は、教授から学習者が答えを間違うたびに罰を与える教師を演じるように言われた。罰はだんだん激しさを増す電気ショックによるもので、教授の命令によって教師が実行した。学習者、つまり犠牲者は電気椅子のようなものに拘束され、教師はものものしい電気ショックの発生器の前に座った。その機械には、十五ボルトから四百五十ボルトまでの、三十ものスイッチがある操作盤が付いていて、「軽度のショック」から「重度」、「危険／猛烈なショック」といった注意書きもあった。

実際には、この感心しない仕組みは、見せかけに基づいていた。犠牲者は役者だったし、ショックの発生器もたんなる模型だった。被験者である教師だけが、教授の命令で与えるショックや、痛みに悲鳴を上げ、許しを乞う犠牲者の叫びを現実だと思っていた。

それは基本的に、次のように進行していった。学習者は「青い箱」、「いい日」、「野生の鴨」といった、二語で一組となる言葉が記載された長いリストを読むよう渡される。そして試験中に、たとえば「青い」に続けて「インク、箱、空、ランプ」という四つの選択肢が与えられ、正しい答えを指摘しなくてはならなかった。教師は、学習者が誤答するたびに、教授からショックを与えるよう指示され、さらに間違った答えをするたびに、発生器のレベルを一段階ずつ高くしていく。各スイッチ間の増加量は十五ボルトだった。

教師が自分のしていることに気づくように、学習者を演じる役者は、電圧に応じてやかましくなる不平を口にした。七十五ボルトの軽い愚痴から始まって、だんだんと口調を強め、百五十ボルトで犠牲者は叫び声を上げた。「ここから出せ！　もう実験は終わりだ、続行は拒否する！」

また教師は、犠牲者も志願者だと信じていたことに注意しなさい。

三百十五ボルトで絶叫した犠牲者は、自分はもう参加者ではないとわめき散らした。彼は返答しなかったが、ショックが与えられるたびに苦悶し、叫んだ。三百三十ボルトを超えると、犠牲者は何も言わなくなったが、それでも教授は被験者に対し、無回答を誤答として扱い、予定通りショックのレベルを上げ続けるよう指示した。四百五十ボルトで三回ショックを与えた後、教授は実験の中止を命じた。

人口比率にして、いったいどれだけの人が命令に従い、四百五十ボルトぎりぎりまで犠牲者を拷問する任務を遂行したと思うだろうか？　答えは決まりきっているように思われる。たぶん千人に一人の、病的なサディストだろう。

この実験を始める前に、実はミルグラムはある精神医学者のグループに、結果を予測するよう求めていた。驚くべき類似性をもって、彼らは被験者のほぼ全員が、実験者に従うのを拒否するだろうと予測した。精神医学者たちの一致した見解では、ほとんどの被験者は、犠牲者が最初に解放を要求する百五十ボルトを越えないはずだった。彼らの予想では、そのうちの四％だけが三百ボルトを超え、約千人にひとりの病的な過激派だけが、操作盤の最高ショックを与えるはずだった。

現実には、六十％以上の被験者が最後まで教授に従い、四百五十ボルトぎりぎりまでいった——いいかね、六十％だ。

イタリア、南アフリカ、オーストラリアで再び実験が行なわれたときは、教授に従う被験者の割合はやや高く、ミュンヘンでは八十五％だった。

犠牲者にショックを与える行為は、破壊衝動によるものではなく、被験者が服従に基づく社会的機構に組み込まれたことによる——この点を証明すべく、ミルグラムはさらに一連の実験を続けた。そこでは、教師は学習者に対して任意のショック・レベルを選べるし、どのテストにおいても自由に罰を与えていいと言われた。充分な機会が与えられても、被験者のほぼ全員がもっとも低いショックを与えた。その平均ショック・レベルは五十四ボルトだった。

最初に犠牲者が軽い愚痴を言うのは、七十五ボルトだったのを思い出しなさい。

元の実験では、教師が命令に従って行動するとき、平均四十人いる被験者のうち二十五人が、最高の四百五十ボルトのショックを与えた。自由選択の実験では、四十人中三十八人が、犠牲者が最初に大声で抗議する百五十ボルトを越えなかった。そしてふたりの被験者だけが、それぞれ三百二十五ボルトと四百五十ボルトに達した。

被験者の大多数は、犠牲者へショックを加えることから何か快楽を得るどころか、感情的緊張や、苦痛を示すような症状を見せた。ある者は突然汗をかき始めたり、他には教授に止めるよう懇願したり、この実験は残酷で馬鹿げていると言って反対する者もいた。それでもなお、三分の二は最後まで従い続けた。

私たちは何世紀にもわたって、服従を教え込まれてきた。崇高な動機に従うのは美徳で、従わないのは悪徳であり、罪だというわけだ。どんな崇高な動機でも従わないと、それはあなたのなかに罪悪感を作り出し、従えば気分が良くなる。だからあなたは、自分の良心に目をつぶって従ってさえいるかもしれない。あなたにはその無益さや愚かさ、残酷さがわかるはずだ。

広島に爆弾を落とした男は、その晩非常によく眠り、朝になって気分はどうかと尋ねられると「最高です！」と言った。人々はその言葉が信じられなかった。人々は言った。「眠れたですって？　十万もの人々があなたに焼き殺されたというのに、その晩に眠れたんですか？」

彼は答えた。「よく眠れましたよ、自分の職務を果たしたわけですから。人は自分の義務をよく果たすことで、よい眠りを稼ぐものです」

原爆が落とされた当時のアメリカ大統領はトルーマンだったが、「どんな気分ですか？」と尋ねられると、トルーマンはこう言った。「とてもすばらしい気分です。崇高な動機が遂行され、民主主義がファシスト勢力に勝ったのですから」

いつも覚えておきなさい。大言壮語は非常に危険だ。大言壮語にはとても催眠的な力がある。民主主義、神、宗教、聖書……こういう大げさな言葉はとても催眠的な力をあなたに及ぼす。それらはあなたのなかに、ひどい無意識を生み出しかねない。するとあなたは、こうした大言壮語なしには夢にも思わなかったようなことをやり続けられる。

だから『崇高な動機』というのは、大変危険なゲームだと覚えておくことだ。何が崇高なのか、誰が決めるのかね？　個々人に自分自身の良心に従って決めさせればいい。

ではなぜミュンヘンでの割合は、八十五％ともっとも高かったのだろう？　それはドイツ人がとても従順だからだ。それが彼らのしつけであり、条件付けだった。そして彼らは従順であると誉められてきた。それは彼らの内的機構の一部になりきってしまったのだ。

責任感の消失というのは、人が権威に服従したために広く生じた結果だ。

自分の責任を無視するのはいたって簡単だ。あなたはいつでもこう言えるからだ。「どうしようもないだろう？　命令されたんだから」。より高い地位にいる人は、自分よりも上の権威者から命令されたからだと言えるし、大統領でさえ、「自分は軍事専門家によって助言を受けていた」と言える。かくして責任はぐるぐると巡っていく。本当は誰にも責任がない。責任はいつでも他人の肩に押しつければいい。

真に宗教的な人というのは、責任を負う人のことだ。彼は言う。「私には責任がある。私が何かをしていたら、私には責任がある。それをするかしないか、私は熟考しなくてはならない。自分の気づきが許せばそうするだろうが、さもなければ、結果がどうなろうと、私は服従するつもりはない」

だから私にとっては、服従には何の価値もないし、不服従が価値に反しているわけでもない。あなた自身の理解が価値基準だ。それから服従するのは良いことだし、それから服従しないのもまた良いことだ。

道徳が消えることはないが、それはまったく異なった意味合いを帯びる。従属する人が恥ずかしさや誇りを感じるのは、権威者が求める行為をどれだけ的確に遂行したかによる。忠誠、義務、規律、服従といった、この種の道徳を正確に指摘する言葉を、言語はおびただしく提供している。

大げさな言葉だ！　それらに気をつけなさい。常に、大げさな言葉に気をつけなさい。祖国、母国、故国、教会、寺院――あらゆる大げさな言葉に気をつけなさい！　それらはあなたを無意識へと導き、ロボットのような振る舞いへと連れていきかねない。

今や人類が生き残る上での最大の危険は、この自らの人間性を捨ててしまう能力、まさに不可避的に、自分だけの個性をより大きな社会構造へと没入させることにある。真の危機は怒りや暴力、侵略、破壊性にではなく、服従という高尚な理念にある。

皮肉なことに、私たちは忠誠や規律、自己犠牲といった美徳を個人の価値として非常に高く評価するが、それこそは戦争の破壊的な組織的勢力を生み出し、悪意ある権力機構に対して人の目をふさいでしまう特質なのだ。

いいかね、新たな人間性を生み出したければ、私たちは人間の精神《マインド》全体を再考しなくてはならない。過去は大変醜い精神《マインド》を生み出してきた。もちろんきれいなラベルに、きれいな作り物の笑顔を添えてだ。そしてその陰には、大変な獣性がある。

私が強調するのは個人であって、社会でも国家でも宗教でもない。私は個人を強調する。個人はあらゆる社会的束縛や隷属から自由でいなくてはならない。それがサニヤスのすべてだ。気づきなさい……その気づきからくるなら、服従するのもいいし、不服従なのもいいことだ。だがそれは、あなたの気づきに根ざしていなくてはならない。そのときにはすべてが申し分ない。だが気づきのなさからくるとしたら、服従は良くないし、不服従も良くない。

念を押すようだが、私は不従順であれと言っているのではない。気づきのなさから不従順が生じたためにノーと言うとしたら、それはイエスを言うのと同じくらい良くないことだ。私は不従順や無秩序、無規律を教えているのではない。私はまったくそんなことはしていない。私は誤解されかねないし、現に誤解されている。私が言っているのは、私はあなたたちを責任ある人にしているということだ。

個人は何をするにしても、全面的に責任を負う。だからあなたは考え、瞑想し、自分の瞑想から行動しなくてはならない。そうすればあなたが何をしようとも、それは徳になり、何をしようとも倫理になるだろう。そしてそれはまったく異なった種類の道徳になるだろう。

最後の質問

親愛なるOSHO、今朝あなたがしてくれた、八十四才の老夫婦が結婚式を挙げた翌朝のことを語っている話で、私は落ちのところで吹き出してしまいました。私は自制心を失ったのに気づき、手で口をふさいで自制しましたが、あなたのそういう話を聞くのがとても好きなんです。講話の間中、次のやつを楽しみにしているんですが、私は不真面目なのでしょうか、もっと真面目になるべきでしょうか。

アナンド・バリオ、真面目さは病気だ。真面目さは病的だ。誠実でいなさい、たがけっして真面目にはならないこと。誠実さというのはまったく異なったものだ。真面目さは見せかけの、うわべだけの現象だが、誠実さはハートのものだ。誠実さはあなたのあらゆる行ないにおける、一種の強烈さだ。大声で笑ったのはいいことだ！　さて、それを手で隠すのはまやかしだし、偽りだ。そのままにしておきなさい！　笑いはいいものだ。肉体的にも、心理的にも精神的にも、あらゆる面でいいものだ。それにこれは不真面目でいるのとは違う。私たちは間違ったことを教えられてきた。だから人々は、陰気な顔で世界を歩んでいる。私たちは完全に間違ったことを教えられてきた。キリスト教徒は、イエスは笑わなかったと言うが、なぜだろう？　私は彼が笑ったのを知っているし、彼のことならよく知っている。だがキリスト教徒は、笑っているイエスが不真面目に見えるのを恐れていた。どうして聖人が笑えるだろう？　聖人というのは仏頂面でなければおかしい、聖人は仏頂面で現れるものだ。だが実際には、仏頂面の人はけっして聖人ではあり得ない。

笑いには何か非常に優れた質がある。人間以外には、笑える動物というのはいない。道路で突然、バッファローが笑っているのを目にしたら……あなたはいかれてしまうだろう。二度と同じではあり得ない！　笑える動物というのは、人間以外にはいない。笑えるというのは人間の尊厳だ。それは人間の尊厳、栄光だ。

笑いというのは霊的なものだ。それは知性のより高次の段階にのみ属し、聡明であればあるほど、あなたは物事を笑うようになる。物事ばかりではなく、自分をも笑えるようになる。生のとてつもない不合理、この生のすばらしい滑稽さの全体を見抜けるようになる。

キリスト教徒はイエスの見かけをとても悲しそうにした。イエスの絵画や、彼の顔の彫刻がすべて少しばかり醜いのはそのためだ。それらにはクリシュナによって、彼のフルートや踊りによって表現されているような、あの喜びがない。それらには達磨や老子の絵に見られるような、あの笑いがない。荘子のような天才、不条理な天才という、あのすばらしい質が見受けられない。

イエスは笑ったに違いない。なぜならイエスはとてもざっくばらんな人だったからだ。美味いものが好きだったし、いい仲間が好きだった。彼は人々を愛していた。よく食べたし、酔っぱらいでもあった。さて、笑わない酔っぱらいだって？　それはあり得ない。ジョークも言ったに違いない。本当だ！　ジョークを言わない酔っぱらいだって？　福音書の著者が削ったに違いない。私の編集者でさえ、ときには「これは行き過ぎだ、印刷できないぞ！」と感じるものだが、私は何も削らせない。福音書はイエスの死後に書かれた。だからその後三百年にわたって、編集者には何でもやりたい放題の絶対的な自由があったわけだ。美しいジョークが削られているのを私は知っている。イエスはユダヤ人だったし、ユダヤ人には世界最高のジョークが付きものだ。

バリオ、不真面目さについて悩むことはない。たまには不真面目であるのもいい。ときには不真面目であることにさえ、そこからくる雄大さや、軽やかさや、美しさや、祝福がある。私は生のあらゆる色合い、不真面目さから誠実さまでの、虹の全体を受け入れる。

あなただけのために、ふたつのジョークだ。

フィンケルシュタインの父親は、自分の息子が良きユダヤ人にあるまじきふたつの行為を繰り返していたために、ひどく悲しんでいた。彼の息子はハムを食べ、ユダヤ人でない女性と付き合っていた。とうとう彼はラビに訴えた。

「ラビ様」、彼は泣きついた。「どうしたらいいんでしょうか。息子のエズラは、ハムを見れば即座にかぶりつき、ユダヤ人でない女性を見れば抱きついてキスをするんです」

そこでエズラはラビに会いに行かなければならなかった。「お父さんから聞いたが、これはどういうことだ？」とラビは大声で問いただした。「ハム・サンドにかぶりつき、クリスチャン・ガールにキスをするとは何事かね！」

「ラビ様、私にどうしようがあるんです？」、申し訳なさそうにエズラはこう言った。「私は狂ってます！」

「くだらん！」とラビ。「女にかぶりついてハム・サンドにキスするんならイカれとるが、今のところは万事順調、お前はまったく正常だ。ただこれ以上するんじゃないぞ！」

……お次だ。

あるバーのオーナー兼経営者が、男性の客たちから、娼婦の名前と居場所を教えてくれとひっきりなしにせがまれていた。

店主はある日、この収入源を利用しない手はないと、女の子を何人か引っ張ってきて、バーの二階にあるいくつかの部屋につかせ、女が欲しいという客がいると二階に上げた。

このニュー・ビジネスが始まって何日か後、ひとりの客がぷりぷりして二階から戻ってくると、さっきのフェラチオはひでえもんだったぜ、と店主に文句を言ってきた。

店のオーナーはその客に、後について二階に来るように言った。そして働いていた三人の女の子をベッド・ルームに集め、客にはベッドに戻るように言うと、女の子の方に向き直った。

「いいか、もう一回だけ、俺が手本を見せるからな！　しっかり覚えやがれ！」

不真面目さについて思い悩むことはない。それは生の一部だ。本物の生はすべてを包み込む。本物の生にはあらゆるニュアンス、あらゆる音色、あらゆる色彩がある。だからバリオ、思う存分笑うがいい。隠す必要などない。私はこのアシュラムが、笑いと喜び、祝祭の場所であってほしい。私はあなたの祝祭でありたい。

第４章

大まじめだ！

4

I MEAN BUSINESS!

——◆質問◆——

◆

このアシュラムも
ニュー・ビジネスの本店となるのでしょうか。

◆

あなたのサニヤスがわからないのです……。

◆

あなたの同性愛に関するジョークで、
私はゲイとして貶されたような感じがします。

◆

あなたの話している言葉が理解できないのですが。

◆

いつかあなたが肉体を離れてしまったら、
私たちはどうしたらいいのでしょう？

◆

どうしてあなたは学識ある人を、
馬鹿なオウムと比較するのですか。

◆

この絶えざる判断は、私の障壁でしょうか？

◆

最初の質問

ＯＳＨＯ、仏陀やマハヴィーラ、マホメット、キリストは光明を得た人たちであり、彼らは自らの弟子に光明を得るための技法《メソッド》を教えようとしました。彼らは光明を得た人によって無数につながる鎖を形作りたいと望んでいましたが、弟子たちのほぼ全員が、光明を得るどころか、こうした偉大な人々を後ろ盾にして大規模実業商会を作ることで、狡猾にも一般の人たちを騙そうとしました。このアシュラムもこうしたニュー・ビジネスの本店となる理由を説明していただけないでしょうか。そののでしょうか。

ジェームス・Ｐ・トーマス、生まれたものはみな死んでいく。朝は生気にあふれ、生き生きとしていた花も、夕方には散っていく。それは自然の法則であり、何ひとつ永遠には生きられない。時のなかで、物事は現れては消えていく。時のなかでは、すべてはシャボン玉にすぎない。あなたは朝咲いている花に向かって、夕暮れには花びらがしおれてしまうと咎めたりはしないだろう？　いったん日が昇れば日没が近づくからといって、日の出を咎めたりはしないものだ。

仏陀がいるときには、花が咲く。だが永遠に咲いたままではいられない。それは時の流儀ではない。花は散っていくだろう。だが人は狡猾で打算的だ。何人かの狡猾で打算的な人が集まり、そこからビジネスを立ち上げる。それもまた自然なことだ。そこに仏陀がいなければ、彼が何をしたにせよ、それがビジネスになっていくのは避けられない。だからといって、それは何であれ仏陀がしていることを止める理由にはならない。事態が悪化するのはよくわかっていても、仏陀はハートのすべてとともに試みる。彼は自らの光を生き、その光を分かち合い、自らの愛を生き、その愛を分かち合う。そして充分に受容的な人は光明を得る。知性ある人は仏陀のエネルギーを吸収し、それを通じて変容される。彼らは、この後どうなるのかと悩んだりはしない。悩むという問題はない。

ジェームス・P・トーマス、あなたはここにいながらサニヤシンになるよりも、その後で何が起こるかを心配している。「このアシュラムもこういったニュー・ビジネスの本店になるのでしょうか」――それは必ずそうなる。それは常にそうだったし、これからもずっとそうだ。このアシュラムがそうなる前に、サニヤシンになりなさい。私がここにいる間に、あなたを変容させてほしい。どうしてあなたが先のことなど心配しなくてはならないのかね？　未来にも覚者たちはいるだろう。彼らは常に生まれ続けている。

だから光明を得たいと思う人は、生きた覚者《ブッダ》を探し求める。そして彼らはいつでもそのあたりにいる。この地上に彼らが不足したことは一度もない。ときにはイエス、ときにはマハヴィーラ、ときにはマホメット、ときにはピュタゴラスというように、彼らはいつもそこにいる。渇いている人は、いつでも彼らを見つける。だが渇いていない人は何百万といる。

この渇いていない何百万という人たちもまた、自分は渇いていると装いたがる。この無数の人々は、渇いてもいないのに、自分は敬虔だとか、真実の探求者だと装いたがる。彼らは狡賢い人たちや、聖職者たちの餌食となる。

聖職者たちが搾取に成功したのは、搾取されたがる人々がいるからだ。それは完璧な取り決めだ。真の探求者がいたら、聖職者は宗教からビジネスを立ち上げることはできない。真の探求者はそれを見抜いてしまうから、騙すことはできない。だが実際には、何百万もの人々は真実など知りたがらないし、それどころか自分が真実を知りたくないということすら認めようとしない。真実は痛いものだ。彼らにはプラスチック製の真実が必要だ。彼らには造花が必要だ。そして造花のいいところのひとつは、絶対にしおれないということだ。

これは理解しておくべき何かだ。偽りは真実よりも寿命が長い。虚偽は時間の経過に順応するからだ。それは時間の一部だ。真理は彼方からやってくる。それは時間の一部ではなく、永遠の一部だ。それは時間には属していない。時間に入ってはいくが、それは部外者としてある。時間は真理を吸収できないし、真理も時間には順応できない。だから、覚者の光が見えるのはほんの一瞬だ……そしてそれは消えていく。本当にまれな瞬間にだけ、永遠なるものは時間の世界に一瞥を与える。

本物の花はそうやって死んでいくが、造花はそのままだ。実のところ科学者たち、とりわけ自然の汚染防止に関心を持つエコロジー志向の科学者たちは今、プラスチックについて非常に心配している。プラスチックはけっして死なないものだからだ。プラスチックが土に帰ることはない。プラスチックはいつまでも残る。ビニール袋やプラスチック製品を投げたり捨てたりすれば、それは残る。大地はそれを再吸収できないし、海も再吸収できない。それはあまりにも非現実的なので、永続してしまう。

嘘は何千年も永続する。嘘にはそれなりの留まり方がある。それは嘘が時間に順応し、時間の一部だからだ。だが真実というのは、時間の世界においては一風変わった存在だ。真実とは無時間性だ。

それがときに時間の次元に自らを現すのは奇跡だ――まさに奇跡だ。仏陀やキリスト……それらは奇跡であり、あるはずのない何かだ。必要性の法則に反し、力の法則、恩寵の法則に従う何か、彼方から訪れる何かだ。その光は現れては消えてゆく。

無数の人々が宗教的なふりをしたがる。こういう人たちが、教会やモスク、寺院やグルドワラに行く。この人たちは宗教を安く仕入れたがっている。彼らは形式的な類いの宗教、日曜宗教だけを欲しがる。本当に深入りしたいわけではなく、ゲームをしているだけだ。そのゲームは日常生活に役立っているようだ。教会に通う人は尊敬されるし、尊敬される人は誰よりもうまく人を騙せるものだ。教会に通う者は敬虔だと思われている。彼が人を騙すとは誰も思わないから、より簡単に騙せる。教会は市場にうってつけだし、市場の一部だ。

イエスは常に異端者だった。そうでもなければ、人々が彼を磔にしたりするだろうか？　人々は聖職者を磔にはしない。彼らが磔にするのは、きまって覚者たちだ。ソクラテスは危険で、目障りで、刺激的だが、聖職者はまったく申し分ない。人を慰め、嘘で生を楽なものにしようと手助けしてくれる。その嘘は緩和材、緩衝器として機能する。彼は今あなたがいるような偽りと見せかけの人生を送れるよう手を尽くし、真実のことなどすっかり忘れるように後押しし、まったく何のリスクもない安直なやり方で神や真実を授けてくれる。

キリスト教徒でいることで、あなたが危険を冒すことはないし、ヒンドゥー教徒でいて危険を冒すこともないが、イエスの信奉者でいることは、危険を冒すことだった。私といるのは危険を冒すことだ！　シャンカラチャリアといても危険はない。私と一緒にいるのは高くつくし、千とひとつの問題を生むことになる。本当に真実に関わり、本当に巻き込まれ、本当に神に飢え、渇くまでは、ここで私のまわりにはいられない。

だが無数の人々が造花を求めている。造花はとても便利だ。育てる必要はないし、面倒もかからない。本物の花を育てるのは厄介だ。土壌を考慮し、土を耕し、堆肥や化学肥料や水をやり、そして保護する。それでも何が起こるかは予測がつかない。

造花は実に手ごろだ。既製品が手に入るし、土壌もいらなければ、地ならしや造園の類いも必要ない。それでいてしおれることもないし、たまによく洗ってやれば、また元通りにきれいになる。埃が積もるくらいで、その埃も洗い流せる。

それが信仰というもの ―― 造りものの花だ。だが無数の人々が造花を欲しがるために、聖職者はあなたを食い物にできる。いつも覚えておくべき経済のもっとも基本的な法則のひとつは、需要があれば供給もある、というものだ。偽物が必要とされるから、偽造者たちがいるわけだ。

それは自然な成り行きだ。私は、いつか私の場所がビジネスにならないとは言わないし、言うこともできない。それはそうなっていく。そうなる前に、トーマス、もし本当に興味があるなら、私がいるこの機会を利用し、そんなことを気に病まないことだ。きっとあなたは、イエスの回りにもいたにちがいない。そこにはトマス（イエスの十二使徒）がいた……彼は疑い深いトマスとして知られており、その名は疑いの象徴となっている。あなたは覚者たちの回りにいて、同じ質問をしてきたにちがいない！　そしてまた同じ質問を繰り返している。

あなたは何を心配しているのかね？　何人かは騙されたくて、何人かは騙したい ―― まったく申し分ない！　何が悪いのかね？　誰も騙す人がいなかったら、騙されたい人たちはいったいどうなる？

彼らはとてもみじめになり、彼らが望むような生は送れなくなってしまう。だから何も問題はない。彼らはかくれんぼをしている。あなたがかくれんぼをしたければ、そこらじゅうに色々なビジネスがあるし、どこかの教会や宗教の一員、何らかの信条の一部としていればいい。

あらゆる真実は、遅かれ早かれ、組織化される。そして組織化された瞬間、それは死ぬ。

有名なひとつの物語がある。

ある悪魔の弟子が、悪魔に駆け寄ってきてこう言った。「こんなところで何をなさっているんです？ある男が――どうか地上を見下ろしてください――木の下に座っているあいつです。あいつが光明を得たんです！　彼は真実を見つけてしまいました。私たちのビジネス全体が危険にさらされているというのに、こんなところで何をなさっているんです、何か手を打たなくては！」

確かに、誰かが真実を見つけたら、悪魔の全存在は危険にさらされる。悪魔は嘘を糧に生きているからだ。だがその弟子は新参者か、ただの見習いだったに違いない。老悪魔は笑ってこう言った。「心配はいらん、見つけさせてやれ。我々は組織化するさ。いったん組織化してやれば、真実は死ぬんだ」

あらゆる真実は組織化される。それを組織化から守る術《すべ》はないし、予防手段を講じる道もない。その可能性はない。あらゆる真実は組織化される。そしてすべての真実は宗教になる。

だから感受性に富んだ人にとっての唯一の道は、覚者がそこにいる間に、可能な限り吸収し、その後どうなるかについては全部忘れることだ。それが唯一の聡明なやり方だ。

二番目の質問

あなたのサニヤスには、わからないことがたくさんあります。サニヤシンにはなりたいのですが、ジャンプする前に、それについて何もかも理解しておきたいのです。

ということは、あなたはジャンプしたくないのだ。ジャンプする前に何もかも理解しているとすれば、それはまったくジャンプなどではない。それは結論というものだ。あなたの頭《マインド》が納得し、論理的過程を通じて結論に至ったということだ。

ジャンプとは非論理的な何かを意味する。ジャンプとは『不合理ゆえに私は信じる』ということだ。論理にではなく、恋に落ちたということだ。論理的過程というのはエゴの過程だ。あなたは決断し、それからやっと、自分の決断に従う。それはジャンプではない。ジャンプとは暗闇に入り、未知へと入っていくことだ。既知を落とし、未知へと入っていく――それがジャンプの意味だ。それは大きければ大きいほどいい。まさにそのジャンプのなかで、あなたは生まれ変わるからだ。まさにそのジャンプのなかで、古きは消え、新たなるものが到来するからだ。ジャンプとは礫でなくてはならない。そうであってこそ、復活が後に続く。

論理的結論というのは、ひとつの連続体だ。それには隙間がなく、あることが別なことに通じていて、ともに一本の鎖に連なっている。三段論法とは一本の鎖だ。サニヤスについて全部理解した上でジャンプするとしたら、それはまったくジャンプではなくなってしまう。あなたは自分のマインドからけっして脱け出さないだろう。それはあなたのマインドの決断、マインドの働きになってしまい、その働きを通じて、それはより強まってしまう。

ジャンプというのは、自分のマインドにはもう疲れたということ、心底うんざりだということだ。その馬鹿げたゲームのすべてを見てきたあなたは、もうそれを落としたい。愛は結論ではない。それはマインドを落とすことだ。だから人は、それを『恋に落ちる』と言う――なぜ『落ちる』のだろう？　マインドはそれを転落と考えるからだ。それはマインドのあげる非難の声だ。ハートに問えば、ハートは『恋に落ちる』ではなく、『恋に昇る』と言うだろう。人は愛に昇るのであって、落ちることはない。だがマインドは、分別は、それを転落だと非難する。論理的明晰さや、論理的見識や技術から転落したといって、あなたを非難する。あなたは感情的に、感傷的になってしまい、後ろに転落してしまった。

論理というのは基本的に、あらゆる愛に対する非難だ。そしてサニヤスは恋愛でなくてはならない。それは師《マスター》と恋に落ちること、ひとつの恋愛関係だ。

そして第二に、サニヤスはあなたが理解できるような哲学ではないし、知的に入手できるような神学ではない。それは体験だ！　その体験を理解するには、それに入っていく必要がある。「まず理解して、それから入ろう」という条件はつけられない。それは「このお菓子を味わうのは、その味がわかってからだ。味がわかるまでは食べないぞ」と言うのと同じくらい馬鹿げている。あなたはどうやってそのお菓子の味を理解するつもりかね？　あなたの条件が「まずは味を知らなくては。それから食べよう」というものだったら、それを口にすることは永遠にないだろう。味わうための唯一の方法は、味わうことだからだ。

サニヤスとは体験であり、味わいだ。あなたは参加者にならなくてはならない。外からでは観察できないのだ。サニヤスというのは客観的なものではない。それは完全に主観的な何か、純然たる主観性だ。

それは科学のようではない。科学者が薔薇の茂みに行くと、薔薇を解釈し、理解し、分析し、実験しようとする。その薔薇を解剖し、多くの事柄を見つけるだろうが、薔薇とその美しさを見出すことはない。彼は他の要素を見つける。それに占める土の割合、水の割合、空気の割合、太陽の割合……そうしたあらゆる事柄を見出すだろうが、その薔薇だけは消えてしまう。

彼には一番大事なことがわからないだろう。それは薔薇の本当の意義だ。彼は薔薇にどんな美しさも見ない。どんな科学者も、薔薇にいかなる美も見出してはない。美について語ろうものなら、彼は笑う ―― 知ったかぶり、馬鹿を言うものではないと。美は成分ではまったくない。だがあなたはそこに美があるのを知っている、たとえそれが科学実験室で証明できないとしてもだ。ではどうやってその美を知るのだろう？

薔薇を解剖したり、薔薇について読むことからではなく、薔薇と分かち合い、薔薇とひとつになることによってだ。薔薇とひとつになる瞬間がある。観察者が観察されるものへと消え、観察されるものが観察者であり、観察者が観察されるものであるとき、そこには深い親密さと交感《コミュニオン》の瞬間がある。

詩人が薔薇の外に立つのではなく、そのなかへと向かうとき ―― 対象としてはそこになくとも、その薔薇が詩人の魂そのものを貫くとき、その出会いのなかで理解が生まれる。

そういう理解は科学的な知識ではなく、詩的体験だ。サニヤスは詩的体験であって、科学的な知識ではない。だからそういう条件をつけたら、けっしてサニヤシンにはなれない。ここで手にすべき、この詩的体験をけっして知ることがなく、この機会を逃すことになるだろう。あなたは無理を言っている。その欲望は叶えられない。


マンハッタン二番街、イレインズ・レストランは土曜の夜で混雑していた。通りがかりのひとりの客が、入ってくるなり「目隠しされたって、どんなワインでもわかるぜ」と豪語した。その場で挑戦は認められ、黒い布で男の目が覆われると、次々にワインが手渡された。

「ラフィット・ロートシルド、1958」、「ベルンカステラー・バードスチューベ、1951」といった具合に、彼は全問正解だった。

最後に、誰かがその男にも判別できないグラスを手渡した。ひとすすり、もうひとすすりすると、いきなり男はそれを吐き出すと、目隠しをむしり取った。

「馬鹿野郎、こいつは小便じゃねえか！　したばっかりの小便だろうが！」

「正解！」と後で小さな声がした。「で、誰のだい？」


そう、こういう無理は言わないことだ。

サニヤスは体験されるものであって、知的に理解されるものではない。あなたは無理を言っている。

その要求はいたって論理的に見える、少なくとも表面的にはだ。あなたは今まで、恋愛に踏み込む前に何が愛なのか理解しておかなくてはいけないとか、愛のすべてがわかるまでけっして愛に入らないといった条件をつけてきただろうか？　それでどうやって愛を理解するつもりだろうか？　ブリタニカ百科事典を調べるのかね？　愛についての学術記事や論文を読むのかね？　偉大な恋人たちや彼らの詩に耳を傾けるのかね？　あなたは愛について多くを集めるかもしれないが、『愛について』というのは愛ではない。愛について知るのと、愛を知るのはまったく違うことだ。実際には、愛について知りすぎている人の方が、愛を完全に知りそこなうかもしれない。そういう人は自分の知識に騙されてしまう。「自分はもう知っている」から、知るための別な方法を探すまでもないと思いこむ。

ふたつの知る方法がある。ひとつは観察者として外側に立ちつつ、超然と、よそよそしく、冷淡なままでいる科学的方法だ。もうひとつは神秘家のやり方であり、情熱的に巻き込まれることだ。冷たいまま、よそよそしくしていないで、関わり合いになることだ。構えていないでジャンプすること、量子的飛躍を遂げることだ。それには勇気とガッツがいる。

この世でもっとも偉大な勇気は、未知のために既知を落とすことだ。それは大胆な魂だけのものだ。サニヤスは万人向けではない。それはあり得ない。群集心理のものではなく、ほんの少数の、咆哮とともに既知から未知へと駆け抜けられる獅子たちだけのものだ。

そしてあなたは自分の臆病さを無数のやり方で正当化し続けられる。自分の臆病さを正当化する一番すばらしいやり方のひとつはこうだ、「どうしたらジャンプできるんだ？　わかってもいないのにジャンプするなんて非論理的だ。人は論理的であるべきだ」。論理的なままだったら、あなたの生はずっと浅薄なままだ。論理は深みを与えられない。深みは常に愛とともに生まれる。そして愛というのは狂気の沙汰だ。
サニヤシンのひとりに、アル・マスタがいる。アル・マスタとは狂気、愛に狂っているという意味だ。彼女は先日サニヤスを取ったばかりだ。今日彼女は、サニヤシンになったこの何日かは、最高に幸せで、歓喜に満ちていたと言っていた。彼女はクレッシェンドのなかをどんどん上昇している。そこに彼女のボーイフレンドがやってきて、「こんなものは全部商売だ！」と言った。彼女は私に尋ねてきた。「私はどうしたらいいのでしょう？　もう帰って欲しいと言う方がいいのか、それとも辛抱した方がいいのでしょうか？」

アル・マスタ、辛抱しなさい。愛は耐え忍ぶことを知っている。彼にあなたのエネルギーを感じさせてあげなさい。私には心を閉ざしているかもしれないが、あなたのことは愛している。あなたのエネルギーを感じさせてあげなさい。あなたのエネルギーはもう、私のエネルギーだ。心配はいらない。踊り、歌い、あなたのエネルギーを彼の実存に注ぎなさい。あなたに途方もなく重要な何かが起こっていることを、彼に感じさせてあげなさい。説得しようとはしないこと。こういう事柄は議論できるようなことではないからだ。

サニヤスは説得《コンヴィクション》によってはけっして起こり得ない。それは回心《コンバージョン》だ！　だから議論しようとはしないこと。議論したら、彼があなたの喜びを打ち壊すあらゆる可能性がある。あらゆる議論は、喜びにとっての危険だ。そしてひとたび彼があなたの喜びを壊せるようになったら、あなたはだんだんと、彼が正しいのかもしれないと思うようになる。彼はあなたのなかにたやすく疑いを引き起こすだろう。議論をしたら、あなたは負ける。議論しないことだ。回心のためにはもっといい方法がある——ダンスだ。彼が議論したら、踊り始めるといい。抱きしめ、愛し、キスの雨を降らせなさい！　議論を始めたら、引っかき回しなさい！　あなたはもうすっかり別人なのだと感じさせてあげなさい。

だから私は、あなたにアル・マスタという名前を与えた。狂った恋人のように振る舞いなさい。彼の議論は気にしないことだ。あなたが彼の議論にあまり関わらなくなれば、彼はあなたに起こった変化のことを心配するようになる。しかもその変化は毎日起こっているから、彼も自分の言っていることに疑いを抱くようになる。そのときには、あなたが彼のなかに疑いを引き起こしている。

そしてこの疑いは、彼があなたに引き起こせるものとはまったく異なるだろう。彼があなたに引き起こせるのは、たんなる知的な疑問であり、無力な代物でしかない。だがあなたが実存的な疑いを彼に引き起こし、あなたに起こった何かを生み出せれば、彼もまた、自分にもそれが起こるのを望むだろう。そうなれば仕事は終わりだ。

「もう帰って」とは言わないように。帰りたければ、彼は自分で帰るだろう。あなたが言うまでもない。彼を愛しているなら、これはあなたの喜びを分かち合う機会だ。彼には「こんなものは全部ビジネスだ」と言わせておけばいい。何も心配することはない。これはビジネスだ！　正真正銘のビジネスだ！

だが、これは普通のビジネスではない。これは何か神性なものだ。だがどうして彼にそれがわかるだろう？　彼は恐れているにちがいない。もう彼女は行ってしまった……すがりつき、議論し、なんとかしてあなたの気をそらそうとしているはずだ。あなたはもう彼のもとにではなく、私のもとにいるからだ。それゆえの恐れだ。彼は大変な嫉妬を感じているにちがいない。あなたを失ったと感じているにちがいない。彼はどうにかして説得しようとするだろう。彼の言い分に耳を傾けなさい。だが議論はせずに、楽しむがいい。彼が言い張ったら、もっと言い張るよう挑発してごらん。そのうち、言いたいことも尽きてくるだろう。論点などそんなにあるはずもない。ただ辛抱強く、愛情を持って耳を傾けてごらん。そうすれば、彼にも変化が起こっているのがわかるはずだ。

いったんサニヤシンになったら、あなたは私とつながっている。あなたが受容的なままなら、私のエネルギーはあなたを通じて、あらゆる人へと注がれる。そうやって私は働きかけている。私は部屋からまったく出ないが、私のワークは六つの大陸全部で続いている。私のサニヤシンたちを通じてだ。彼らは私の延長であり、私の手、私の目、私のハートだ。

質問者が尋ねているのは、まず知的な確信が必要で、それからサニヤスだということだが、それではけっして起こりはしないだろう。まずサニヤスで、確信はそれからだ。それはそういう風に起こるものだし、自然の成り行きだ。

サニヤシンになりなさい。この考えは、もうあなたのハートを揺り動かしている。さもなければ、その質問は生まれなかっただろう。すでにあなたのハートは、鼓動をわずかに早めているし、あなたの呼吸も、もうその香りを感じている。あなたはもう、この覚者の場《ブッダ・フィールド》の外周に接している。さあ、飛び込むがいい。

それに、確信と結論はそのうち自分からついてくるだろう。それらが体験から生じるとき、そこには途方もない正当性と真実がある。確かな真実というのは、体験を通じて到達したものだけだ。

三番目の質問

親愛なるOSHO、今日は同性愛について語り、全ての男たちが腕を組み「ダーリン」と呼び交わしながら通りを歩いていたらどうする、と言って私たちを笑わせてくれました。もちろん笑いは良いものですが、時には冷やかしの持つ鋭さがあります。そんなとき私はゲイとして貶されたような感じがします。ゲイや黒人、ユダヤ人、また他の少数派たちは、どうやってこういう笑いを受け止め、また受け容れられるのでしょうか？　このことについて話していただけませんか。

プラディーパム、ここにいるゲイはあなただけではない。たくさんのゲイもいれば、たくさんのレズビアンもいる。これは世界のミニチュアだ。私はここにあらゆる種類の人々を置いている。私の庭はありとあらゆる花、ありとあらゆる植物がある。それは庭というよりジャングルだ。野生の植物も何もかも、私はすべて受け容れるし、誰でも歓迎だ。

なぜあなただけが心をかき乱されたのだろう？　ここには非常に有名なゲイがいる。実のところ、プラディーパム、あなたもそのひとりだとはまったく知らなかった。どうしてかき乱されたのだろう？　どうして他には誰も腹を立てなかったのだろう？　彼らは受け容れることを学んだ。それが私の生涯を通じた教えだからだ！　自分が何であろうと受け容れなさい。非難せず、裁かず、評価せずにだ。同性愛だからどうしたのかね？　楽しみなさい！　神はそのようにあなたを作った。それがあなたを通して神が自らを表現するやり方だ。ソクラテスよりこのかた、偉大な同性愛者たちがいた。

同性愛者たちの長い歴史を見たら驚くことだろう。彼らには異性愛者よりも良い連れ合いがいた。実際、偉大な才能を持った詩人や画家、音楽家、芸術家といった人たちはみな、同性愛に向かう傾向があった。そこには何かがある。そしてその何かは理解されるべきものだ。なぜ芸術家や画家、詩人たちなのだろう？　それは彼らが創意豊かな人たちだからだ。彼らは物事に関して、見出したときのままでは満足せずに、新しいことをしようとする。

さて、異性愛は自然な現象だ。それは与えられた事実だ。創意ある人たちは新しい関わり方に挑み始める。彼らは想像力に富んでいる。ただ繰り返し、男や女と恋に落ちるのは型にはまっている気がして、何か新しいことを試みたくなる。同性愛を思いついたのはこういう人たちであり、彼らがその考案者だ。

そしてある者はもう少し踏み込んで、両性愛者になった。両性愛者の考えでは、同性愛はちょっと時代遅れだ。両性愛はもっと流動的だ。女にも合わせられるし、男にも合わせられる。愛を育むはるかに多くの機会があるから、がつがつすることがない。男性の恋人も、女性の恋人も、いつでも見つけることができる。

あなたは心の奥底で、何らかのやましさを感じているにちがいない。だから気分を害したのだ。さもなければ、笑ってジョークを楽しんでいたはずだ。だが実際には、こうした言葉を言う責任は、私にはない。では、誰に責任があると思うかね？　あなたにそれを言い当てられるとは思わない。それはローマ法王だ！

ローマ法王が聖地への旅行に出掛けた。最終日に法王はゴルゴタの丘に行き、祈りを捧げると、神々しくも厳かな様子で、つり下げ式の香炉を手に提げ、丘を下っていった。そこに遠くから見ていた同性愛の男性が、法王に歩み寄ると、とても上品に彼の袖を引っ張って言った。「ねえダーリン、ハンドバッグが燃えてるわよ」

こういう考えを得たのはローマ法王からだ。だが、プラディーパム、どうか気を悪くしないでほしい。私は誰に敵対しているわけでもない。黒人にしろユダヤ人にしろ同性愛者にしろ、誰に敵対しているのでもない。私のメッセージ全体は、完全な受容にある。

だが私がこういうジョークを考案しているのではない。私のサニヤシンたちがずっと送ってきているのだ。だから異性愛をひやかすジョークがあれば、私のところに送ってほしい。どんなものであれ、受け取ったジョークは、私は使うことにしている。

ときには何人かの女性が、「あなたのジョークは女性をひやかすものばかりです」と書いて寄こすが、私にどうしようがある？　男をこきおろすジョークを送ってきなさい！　私はジョークの考案には何の興味もない。みんなが送りつけてくるのだ。どういうジョークでも使うから、送ってきなさい。

だがこのやましさはよくない。奥深くであなたは、何か悪いことをしたような気がしている。だから傷つくのだ。あなたの内側には傷がある。覆い隠しているかもしれないが、傷はそこにある。私の言うことがわかるなら、その傷をさらしなさい。あなたがそれをさらしてはじめて、その傷は癒える。

太陽に、風に、その傷を癒させなさい。それをさらしなさい！

あなたがどうあろうと、それは完全に正しい。誰が口出しするようなことでもない。ふたりの男が一緒にいて幸せなら、それは誰が横から口をはさむことでもない。どんな法律も、政府も、宗教も、教会も介入すべきではない。両者が幸せなら、それは彼ら自身の決めることだ。私たちは世界が幸せであってほしい。そしてこのふたりも、一緒にいて幸せになることで、世界にその幸せを寄与している。

ふたりの女が一緒にいて幸せなら、それによって世界はより幸せに、よりすばらしくなる。不必要な罪悪感を抱かせてはいけない。だがやましさは消えない。それは何世代にもわたって、同性愛は罪だと言われてきたからだ。あなたは、これは最大の罪のひとつだと言われてきた。

知れば驚くかもしれないが、アメリカにはほんの何百年か前まで、同性愛だと終身刑になる州があった。それどころか、どんな同性愛関係でも、捕まったら斬首刑になる国さえあった。

これまでの人類は、本当に愚かだった。私たちは全員、集合無意識の奥深くに、こうした条件付けを抱えている。

ひとりの腹話術師が――もしかしたらサーベッシュだったかもしれない――ある大農場に興味を抱いて、車で郊外を旅していた。彼は頼んで農場を案内してもらった。

納屋を見せてもらいながら、腹話術師はちょっと悪ふざけをしようと思いつき、納屋にいる馬の一頭が話をしているように思わせた。

するとその雇われ百姓は、目玉が飛び出すほど仰天して、納屋から農場主のところに駆けこんだ。

「サム！」と彼は叫んだ。「あの動物ども、しゃべってるぞ！　あの子羊が俺のことをなんと言おうと、絶対デタラメだからな！」

こういう風にして、罪悪感は生まれる。それは隠せない。それには独特な現れ方がある。あなたは自分の同性愛を非難している。だからその質問が出てきたのだ。さもなければ、あなたは笑っただろうし、それを楽しんだはずだ！　自分自身を笑えるようになるまでは、人は笑いの何たるかも、笑いの美しさも知ることはない。他人を笑うのは実にたやすい。それは暴力的だし、残酷なことだ。自分自身を笑うことには、それに伴う精神的《スピリチュアル》な何かがある。だが私たちは、正当化の背後にそれを隠し続けている。

今あなたは、少数派である同性愛者が気を悪くしたと思っている。あなたはひとつ知っておくべきだ。それは、私は異性愛者でも、同性愛者でも、両性愛者でもないということだ。だから私は、あれこれに賛成も反対もできない。私はもう性の世界には属していない。もう性には意味がないから、私はあなたたちを全員受け容れられる。

あなたたちのいわゆる聖者には、あなたたち全員は受け容れられない。彼らは性の世界に属しているからだ。彼ら自身がいまだに性的な存在だ。性を抑圧し、取り憑かれ、おそらく敵対してもいる。だがその敵対は、あなたがまだ取り憑かれているということを示している。私は賛成でも反対でもない。これに賛成でも、あれに賛成でもない。それはたんにどうでもいいことだ！　それは人々が楽しんでいるゲームにすぎない。ただおもしろい、それだけのことだ。何も深刻なことはない。それは子供っぽい。異性愛も、同性愛も、両性愛も、どれも子供っぽい。

いつの日か、あなたがこうしたすべてを超えて成長していくことを私は願っている。そのときには、まったく異なった現象が起こる。東洋では、その現象をブラフマチャリアと呼んだ。西洋にはブラフマチャリアに相当する語がない。それは、西洋の意識が、まだその高みに達していないためだ。『禁欲』という言葉は貧相な翻訳だし、言外に醜い意味を含んでいる。

『禁欲』が意味するのは、たんに『性に関わらない』ということであり、それは否定的な言葉だ。禁欲者は性を超えてはおらず、ただ抑えているだけかもしれない。ブラフマチャリアというのは、実際には「神のように生きる」という意味だ。文字通りの意味は、神のように生きることだ。神のように生きるというのは、どういう意味だろう？　その意味は、性はただ消え去ったということ、もうどんな性の煙も実存の炎を取り巻いていないということだ。あなたの実存の炎に煙はない。性が完全に消え去ると、性的関心に含まれていた全エネルギーが、愛へと、慈悲へと解き放たれる。

だが気を悪くしたことで、あなたは自分自身をさらけ出した。ある意味、それはいいことだ。もうこれ以上やましくなることはない。何ひとつまとわずに自分をさらけ出すのは、常にすばらしい。恐れてはならない。自分自身をさらけ出すことは、自分を知る唯一の方法だからだ。

伝え聞くところでは、ジグムンド・フロイトとカール・ユングは、一度列車で一緒に旅をしたことがあるそうだ。旅行中、ユングはフロイトの精神分析を始め、彼のノイローゼの原因を正確に把握しようと、その心理をより深く探っていった。だがフロイトは彼の自己を回避していた。だからユングがフロイトの本質にあと一歩まで迫ったとき、彼はじりじりしながら、フロイトに内奥の実存を、その真実を、真の自己を明らかにするよう求めた。

「私にはできない」とフロイトは拒んだ。「そんなことをしたら権威の失墜だ」

ユングはそこでシートにもたれると、ため息をついた。「だとしたら、あなたはもうそれを失っていますよ」

本物の人間はいつでも、自分をまさに核心までさらけ出す用意がある。彼に恐れはない。フロイトはこう言った、「私には本当の自分はさらけ出せない、そんなことをすれば権威の失墜だ」。彼は自分の周りに偽りの自己を持ち運んでいると言っている。フロイトはその偽りの自己を一生抱えていた。精神分析の創始者ではあっても、一度も分析されたことはなかった。何度もフロイトの門下生たちは「私たちはあなたを精神分析できますよ」と持ちかけたが、彼は一度も受け付けなかった。彼は恐れていた。

この伝説はとても象徴的だ。フロイトはありのままの自分をさらけ出すのが怖かった。そしてその恐れとは、権威を失うことだった。だが本物の人間は、権威の失墜など恐れない。それを失う術《すべ》はない。これが『権威の人』と『威張り屋』の違いだ。威張り屋には真の権威がない。彼は偽善者だ。権威の人は自分をすっかりさらけ出せる。彼の権威は、外から押しつけられたものではない。それはまさに彼の核そのものであり、彼の体験、彼の真正さだ。

シートにもたれて、「だとしたら、あなたはもうそれを失っていますよ」と言ったユングはよくやった。

その日を境に、ユングとフロイトの間には亀裂が生じたと言われている。そしてその亀裂は二度と埋まらなかった。ユングだけに亀裂の責任があるとは言い難い。実際には、根本的な責任はフロイト自身にある。フロイトはノイローゼといってもいいほど、様々な物事に苦しんでいた。それでもフロイトは、自分のことを分析させなかった。

私のここでのワークはすべて、あなたを手助けして、何ひとつまとうことなく自分自身をさらけ出せるようにすることにある。あなたがどんな人でも、どんな場所にいようと、私はあなたを探し求め、そして光のなかへと連れていくつもりだ。ときには痛みやショックを受けることもあるし、腹立たしくなったり、傷ついたと感じることもある。だがどうか辛抱してほしい――これは手術であって、痛みは避けられないのだから。

四番目の質問

愛するOSHO、あなたの話している言葉が理解できないのですが。

ラリット、何を言っているのかね？　私が今までに一言でも話したかね？　私は沈黙の人だ。かつて話したことはない。それに、私があなたに語る言葉は、真実を表現するためのものではない。真実は言葉では表現できない。

私があなたに語る言葉は、あなたの心《マインド》を引きつける仕掛けにすぎない。真のワークはまったく異なったものだ。あなたの心が私の言葉に引きつけられているとき、私の手はあなたの実存をより深く貫いている。頭が引きつけられれば、あなたはもっと私に向けて開かれている。頭が引きつけられていないと、頭はあなたを閉ざし続ける。

私はあなたに語り続けている。こうした言葉は、ただのおもちゃだ。あなたがおもちゃで遊んでいる間に、その下では大手術が行なわれている。

だが真実は語り得ないから、それを語るどんな言葉もない。真実が言葉で語れないとすれば、何が語られてもそれは語られたことにはならない。だから私は、一言も口にしたことがないと言ったのだ。私は何も言っていないし、あなたは何も聞いていないのだから、どこに言葉の理解という問題があるだろう？　それは理解という問題ではまったくない。それは交感《コミュニオン》の問題だ。

あなたがここにいるのは、私を飲み、私を食べるためだ。弟子は人食い人種でなくてはならない！弟子は師《マスター》を吸収し、消化しなくてはならない。言葉は表面的なものだし、問題ではない。だから私は気軽に矛盾したり、一貫することなくいられる。言葉は問題ではない。私は言葉では何も伝えてはいない。ただあなたを引きつけ、あなたの頭が言葉のどこかにあるようにしているだけだ。そのときあなたの実存全体は私に対して開かれ、私のエネルギーにさらされる。

あなたは言う、「あなたの話している言葉が理解できないのですが」

そんな必要はない。

ヤトゥリからのリメリックだ。

プーナにひとりの師がいると聞いた《ハード》
そいつが誓うには一言《ワード》だって話してない
何千人もがそこ《ゼア》に来て
見とれるのは彼の椅子《チェアー》
彼はそこにはいないのに……馬鹿馬鹿しい《アブサード》！

五番目の質問

ＯＳＨＯ、いつかあなたは、私たちは死んだ師《マスター》にはついていけないとおっしゃいました。だとしたら、いつかあなたが肉体を離れてしまったら、私たちはどうしたらいいのでしょう？　あなたの信奉者たちはどうなってしまうのですか？　私たちは生きた師を探すべきなのでしょうか？　どうかご説明ください。

バリー・ブドロー、あなたはまだ弟子でもないのに心配している。生きた師はここにいる！　まだ弟子でもないのに、私が肉体を離れたら生きた師を探さなくてはならないのかと心配している。ちょっと、ぐるぐる回っている頭《マインド》と、そのナンセンスを見てごらん。たとえ師を見つけたところで、あなたはまた同じ質問をするにちがいない！

そう、あなたは死んだ師にはついていけないというのは本当だ。だから私が生きている間に、弟子になりなさい。そして生きた師を見つけるには、ふたつの方法がある。

よりたやすいのは、生きた師がいるとき、その中に溶け入っていくことだ。あなたの側からは一％の努力が要るだけだ。そのワークの九十九％は師によって為される。だが生きた師がいなければ、それはきわめて難しい。そのワークの九十九％は、あなたによって為されなくてはならない。一％だけがもう生きてはいない師によって為され得る。

たとえば、キリストを信奉したり、仏陀を信奉することはできても、そのワークの九十九％はあなたによって為されなくてはならない。仏陀によって為され得るのは一％だけだ。それほどの強烈さと情熱を生み出さなくてはならない。あなたは燃え立たなくてはならない。燃え上がり、真実への途方もない切望になることで、あなたは再び仏陀に命を与える――その強烈さを通じてだ。彼はそこにいる！　存在に溶け入り、もう体のなかにはいない。彼がそこにいないということではない。体なしに、そこにいる。キリストは体なしにそこにいる。

途方もない切望を生み出せれば、まさにその切望が、キリストにとっての体の役割を果たす。彼はあなたにとって生きた存在になる！　本当にキリストを愛し、彼のために死ぬ用意があるなら、彼はあなたにとっては生きている。それは、あなたがキリストの体になるからだ。あなたは彼の体として機能し始める。だがそれは途方もないワークだ。きわめてまれな人だけが、それを為し得る。聖フランシス、聖テレジア、エクハルト……本当にまれだ。時代を経て、キリストから二千年このかた、このワークを為せたのは五人に満たない。四世紀でたったのひとりだ。それは本当にまれだ。

多くの人が仏陀に対して同じことをしてきた。二十五世紀が経ったが、多いとはいっても指で数えられる程度だ。彼らは本当に多いとはいえないし、きわめてまれだ。

あなたの強烈さが完全で、自分の愛には疑いも付きまとう影もない、どんな翳《かげ》りもないと言い切れるなら、死んだ師はあなたのなかで生きた存在になり、あなたは彼についていける。そのときには、あなたの内奥の核が死んだ師の媒体となる。

それよりも簡単なのは、まだ肉体にいる、生きた師を見つけることだ。師の体になる必要はない。目に見えるのだから簡単に接触できる。そしてイエスはといえば、かつてこの男が現れたのかどうか、本当に史実なのかどうかさえ疑わしい。彼が歴史上の人物だったという証拠も、確かさもない。あなたはどうやって疑いを落とすのだろう？

しかもキリスト教徒たちの言い草は、彼の存在をさらに疑わしくしている。彼らは役に立っていない。イエスは処女から生まれたと彼らは言う。この愚かしさを見てごらん。そのおかげで物事はよりややこしくなっている！　こんなことを思いつくには、よほど間抜けな頭がいるだろう。これはまさしくたわ言だ。子供は処女からは生まれない。これは彼の存在をさらに疑わしくしている。まるで神話か物語、あるいは伝説にしか見えない。また実際には、何人かの学者によれば、これはただの演じられた芝居、キリスト物語であり、実際にあったわけではない物語にすぎないという。それは古き時代における、シェークスピアのような知られざる人物によって書かれた芝居だという。

キリスト教徒が言うには、彼は磔にされ、死体となってから三日後に、再び復活したという。さて、彼らは物事をいっそうややこしくしている。そしてあらゆる奇跡の逸話……キリストは歴史上の人物ではなくなっている。

仏陀の方が、まだ史実に基づいているようだ。キリストよりは歴史的だ。もちろん、彼はキリストより五百年前だが、それでもまだ史実に基づいているように見える。処女から生まれてはいないし、死後に復活もしていない。だが仏教徒たちも、彼ら独自のやり方で、その物語を怪しくしている。彼らが言うには、仏陀は立った母親から生まれたという。そして彼が最初にしたことは、立ったままでの宣言だ。仏陀が生まれて最初にしたことは、七歩歩いて、それからこう宣言することだった。「天の上にも天の下にも、自分より優れた者はいない！」

さて、新生児が七歩歩いて、「ここにも、他のところにも、自分より優れた者はいない」と宣言している。こんな馬鹿な宣言をするには、七十年は経験がいる。七歩では不充分だ！

老子は母親の子宮で八十二年生きたと言われている。さて、ちょっと母親のことも考えてごらん。かわいそうな母親だ。九ヶ月でもたくさんだというのに、八十二年だ！ 彼は白髪頭で、老人として生まれてきた。

こういう人たちは、物事をあり得なくしてしまう。どうしてこんな話が信じられる？ 信じられるわけがない。またこういう話のせいで、たとえ生きた覚者に出会っても、彼を信じることもない。あなたは「処女の母親から生まれたのですか？」などと馬鹿げた質問をすることだろう。そして生きた覚者には、イエスとは言えない。イエスと答えれば事実に反する。「では生まれてすぐ七歩歩いたのですか？ 宣言はしたのですか？ 母親の子宮に八十二年いたのですか？」。だがもちろん、答えは全部ノー、ノー、ノーだ。すると疑問が生じてくる、「これでもこの人は覚者なのだろうか？」

こうした物語は、あなたが昔の覚者を信じることを許さず、生きた覚者を信じることも許さない。こうした物語は猛毒であり、大いなる災いだった。あなたにとって、死んだ師とつながるのは難しいだろう。もう体がないという意味でだけ、彼は死んでいる。その他の点では、彼はそこにいる！　何ひとつ失われてはいない。香りはあるが、花はなくなっている。花があるうちにその香りがわからなければ、花がなくなってからその香りをかぐことは、何千倍も難しい。

それが私が言わんとすることだ、ブドロー。

あなたは言う。「あなたは、私たちは死んだ師《マスター》にはついていけないとおっしゃいました」

もう一度繰り返そう。あなたたちには、死んだ師に従うのはまず不可能だ。死んだ師に従うには、あなたがその師の媒体にならなくてはならない。それにキリストの媒体になれるのであれば、あなた自身がキリストになれないはずがあるだろうか？　二十五世紀前に消え去った仏陀と接触できるなら、自力で仏陀になろうとするあなたを誰が妨げられるだろう？

だからあなたが死んだ師に従うのは不可能だろう。この二十世紀、あるいは二十五世紀、五十世紀が経つうちに、無数の学者や聖職者たちが、原点を破壊し、歪め、汚し、自分の考えを投影し、解釈を押しつけてきた。あなたはイエスがどんな姿をしていたかを知らない。あなたが知っているすべては、キリスト教徒のこしらえた似姿だ。キリスト教徒とキリストは、ちょうど仏教徒が仏陀とは関係ないように、何の関わりもない。

あなたは死んだ師を探せはしないだろう。生きた師を見つけることは、より簡単かつ実際的だ。だが生きた師の難しいところは、あなたが明け渡さなくてはならないという点にある。エゴが抵抗するのはそのためだ。死んだ師となら、自分は従っていると言ってゲームを続けていられる。あなたをさえぎり、ゲームの邪魔をする師はそこにはいないから、あなたは続けていられる。それは一人芝居だ。自分で自分に、何でも好きなことを言っていられる。あなたは質問し、それに答える。そこに師はいない。

だが生きた師と一緒なら、師は絶えずあなたの傍らにいる。師は、エゴとしてのあなたをひたすら打ち砕こうとする。それはとても痛みに満ちている。それを避けようとして、私たちは無用な質問をし続けている。

あなたは言う。「いつかあなたは、私たちは死んだ師《マスター》にはついていけないとおっしゃいました。だとしたら、いつかあなたが肉体を離れてしまったら、私たちはどうしたらいいのでしょう?」

私はまだ肉体を離れていないよ、ブドロー。明日には肉体を離れるかもしれない。だから今日という日が唯一の日であり、この瞬間が唯一の瞬間だ。どうして明日が心配なのかね? まさにこの瞬間、あなたは光明を得られると私は言っている。完全に明け渡す用意があれば、まさにその明け渡しのなかで、光明は起こる。あなたは光明を得ている。ただエゴが取り去られるだけでいい。

エゴはあなたに要点を見させないようにする。あなたはすでに光明を得ているし、光明はあなたの本性だ。偽りのエゴは、あなたの真の自己をその背後に隠し続けている。エゴを明け渡しなさい。それがサニヤスであり、弟子になるということだ。するとあなたは光明を得ている。他に師を探す必要性とは何なのか？　その必要が生まれるのは、あなたが全面的に師といなかったからだ。今まで師と全面的にいなかったなら、別な師を見つけたとしても、その師とも全面的にはいないだろう。あなたは誰かと全面的にいる術《すべ》を知らない。いかに愛し、いかに信頼するかを知らない。

あなたは尋ねる。「あなたの信奉者たちはどうなってしまうのですか？　私たちは生きた師を探すべきなのでしょうか？　どうかご説明ください」

私はここにいる。私を食べ尽くすがいい。それ以外の説明は役に立たない。私を体験するのだ！　どうして説明などもとめるのかね？　体験が可能なのに、説明がいるのかね？

六番目の質問

どうしてあなたはいつも、学識ある人や知識人、パンディットや学者といった人たちを、馬鹿なオウムと比較するのですか。これは公平でしょうか？

公平ではない。オウムに関する限り、これは公平ではない。彼らははるかに知性的だ。

「姑がつらく当たるんです」とコーヘンがラビに泣きついてきた。「私にどんな敬意も払ってくれないんですよ」

「そりゃまたどうして」

「誕生日が来たときなんか、妻に悔やみ状を送るし」

「そりゃ姑さんのユーモアのセンスでしょ」

「夕食会の招待状が来れば、私の名前はたいてい漏れてるし」

「見落としですよ、たぶん」

「妻と話すときは私を指していつも『あいつ』って言うんです」

「それは間違いなく姑さんがよく使う表現です」

「遺言状を書いたときなんか、私に残してくれたのはたったの一ドルですよ」

「こりゃぁ、あなたの言う通りですな」とラビ。

「あなたは嫌われてます！」


こんなに時間をかけて……いわゆる学識ある人というのは、牛の糞でいっぱいだ。本や人からかき集めた、いわゆる知識であふれんばかりだが、ひとかけらの体験もない。あなたが本当に深く見入れば、彼らは地上でもっとも愚かな連中だとわかるだろう。彼らの知識は全部借り物だ。その背後にどんな意識もない。彼らはいいコンピュータだが、肝心な人間がまだ着いていない。彼らは人間ではない。たんなる機械だ。

ある天才学者が、隣人である農夫の側を通り過ぎた。農夫はちょうど農作業をしていた。学者は農夫に向かってこう叫んだ、「お百姓さん、お宅の牛は煙草を吸いますかね？」

びっくりして、農夫は答えた、「吸うわけねえべ！　どうかしただか？」

「私もそう思います」と学者。「ということは、お宅の牛小屋は燃えているにちがいない！」


オウムはとても賢い輩《やから》だ——。

最近のある朝のこと、ある若い女性がベッドを降り、ローブを着てブラインドを上げ、オウムの籠の覆いをはずし、レンジにコーヒー・ポットをかけて電話を取ると、男の声がして「やあハニー、いま船が港に着いたんだ、すぐ行くよ」と言った。

するとその若い女性は、レンジからコーヒー・ポットを降ろし、オウムの籠を覆い、ブラインドを下げ、ローブを脱いでベッドに入ると、オウムがもごもご言うのが聞こえた。

「くそったれ、何て短い一日だ！」

最後の質問

私にある、この「自分は非凡で他人とは違う」という気持ちは、私を人から遠ざけてきました。この絶えざる判断は、私の障壁でしょうか？　また、この劣等感への微妙な恐れは何なのでしょう？　どうして私は素直に、自然でいられないのでしょうか？　どうして私は、自分に惨めさをもたらす、この絶えざる判断を捨てられないのでしょうか？

ラキーブ、自分は非凡であり、並はずれていて、特別な存在でなくてはならないと思い始めたら、人は永遠に惨めさのなかにある。というのも、誰もがもう特別で、非凡で、並はずれているからだ。さて、どうやってあなたはその非凡な人間を、さらに非凡にするのだろう？　あなたは失敗することになる。

非凡さを得るのに人々が失敗するのは、彼らはすでに非凡だからだ。そうでなかったら成功したかもしれない。各々の個人が、独自で比類がない。かつてあなたのような人は誰もいなかったし、この先二度とあなたのような人は現れない。あなたはただあなた自身であり、あなた自身でひとつの類をなしている。

非凡になろうとするのは愚かなことだ。あなたはくつろいで、自分の独自さを自覚するだけでいい。独自になる必要はない。金《きん》を金《きん》に変えようとすれば失敗する。どうして成功できるだろう？　金は最初から金だ。卑金属を金には変えられても、金を金には変えられない。

これは理解すべきもっとも基本的なことのひとつだ。そしてこの世の誰もが惨めなのは、誰もが既定の事実を何とかしようとしているからだ！　やればやるほど、もっと失敗する。失敗が増えると、もっと努力しなくてはと思いこみ、がんばって努力すると、よりいっそう失敗する。そして少しずつ、少しずつ、人生全体はただの冗長な愚痴話以外の何ものでもなくなっていく。

比べることはできない。誰も優れてなどいないし、誰も劣ってなどいない。あなたの同類はあなたしかいないのに、どうして誰かが優れていたり、劣っていたりできるだろう？　比べれば問題が起きてくる。いったん比較が入りこむと、厄介なことになる。するとあなたは惨めになっていく。

また、あなたはこう尋ねている。「どうして私は、自分に惨めさをもたらす、この絶えざる判断を捨てられないのでしょうか？」

この判断は惨めさをもたらすが、ときには喜びももたらす。そこが問題だ。誰かと比べて劣等感を覚えるときは、惨めさをもたらす。そして誰かと比べて優越感を覚えるときは、喜びをもたらす。それは両刃の剣だ。それを落とせないのは、それがまったくの惨めさではなく、わずかに喜びの瞬間も混ざっているからだ。あなたはそのわずかな瞬間を逃したくない。実際、あなたが生きているのは、そのわずかな瞬間のためだ。そしてそのわずかな瞬間が元で、苦悩は続く。

あなたが理解しなくてはならないのは、自分で自分を優れていると思うときに感じる自尊心と、誰かが自分より優れていると思うときに感じる屈辱感は、同じコインの別々の側面だということだ。このふたつの面は表裏一体だ。まるごとならコインを捨てられるが、半分だけ取っておくわけにはいかない。比較というのは、ときには大きな自尊心をもたらし、あなたを上機嫌にさせる。

だから人々は劣った人と付き合う。人々は自分より優れていると思う人を避け、自分より劣っていると思う人と付き合う。そうすれば彼らは上位に立てるし、いつも気分よくいられるからだ。だがこれはとても複雑で、難しい問題でもある。というのも、人はある面では劣っていても、別な面では優れているかもしれないからだ。ある人は醜く、一方あなたはとてもハンサムかもしれない。だからあなたは優れていると感じられる。だがもう一方では、彼はあなたよりも知性的で、あなたはまったく

郵便はがき

料金受取人払

杉並南局承認

202

差し出し有効期限
平成18年9月
8日まで
切手は不要です

1688790

東京都杉並区
高井戸西2-12-20

市民出版社 編集部行

お名前《フリガナ》　男 女　歳

ご住所　〒
都道府県　郡市区

TEL　FAX

E-mailアドレス

ご職業または学校名

過去に弊社へ愛読者カードを送られたことがありますか
ある・ない・わからない

新刊案内のお知らせ（無料）
希望する・希望しない

ビデオ・オーディオ・ＣＤのカタログの郵送(無料)
希望する・希望しない

ご購入の本の書名　永久の哲学Ｉ

ご購入書店名

都道　　　市区
府県　　　郡　　　書店

お買い求めの動機

（イ）書店店頭で見て　（ロ）新刊案内を見て　（ハ）カタログを見て
（ニ）広告・紹介記事・書評を見て（雑誌名　　　　　）
（ホ）知人のすすめで　（ヘ）OSHOへの関心　（ト）その他（　　　　　）

●この本の中で、どこに興味をひかれましたか？

a.タイトル　b.著者　c.目次・内容を見て　d.装幀　e.帯の文章
f.その他（　　　　　）

●本書についてのご感想、ご意見などをお聞かせください。

●これから、どんな本の出版がご希望ですか。

●最近読んで面白かった本は？

書名　　　著者　　　出版社

●和尚関係の瞑想会、イベント等の案内をご希望ですか？

希望する・希望しない

ご協力、どうもありがとうございました

の白痴にすぎないかもしれない。そうなると問題はとてもややこしくなる。

　人というのは多くの事柄だ。たとえ頂点に到達しても、何かと煩わしいことがある。


　ナポレオンは背が高くなかった。一メートル六十五センチしかなかった。何も悩むようなことはない！　何の問題もないと思うが……というのも、私も一メートル六十五センチだが、問題を感じたことなど一度もないからだ。私の足は、六フィート、七フィートの人と同じように地についている。だから何が問題なのだろう？　私の足が地に着かなかったら問題だっただろうが。だがナポレオンは一生かき乱されたままだった。

　もちろん、ナポレオンの軍隊には背の高い人たちもいた。実際、軍人というのは背の高さと力の強さで選ばれる。ナポレオンは配下の軍人たちの前では、ピグミーのようだった。そして彼はいつも傷ついていた。

　あるときナポレオンは、カレンダーか何かが落ちたので、部屋で直そうとしていたが、釘まで手が届かなかった。そこでボディー・ガードがこう言った、「お待ち下さい、私の方が高《ハイアー》いので、おまかせいただければ……」

　するとナポレオンは言った。「貴様、言葉を変えろ！　貴様は偉《ハイアー》くなどない、背が高《トーラー》いだけだ！」。

彼のなかには大変な怒りがうず巻いていた。

　ナポレオンは、虎もライオンも恐れなかった。彼はライオンとも戦えただろう。だがナポレオンは猫を恐れていた――生はまったく複雑だ！　猫を連れてくると、ナポレオンは寒くても汗をかきだし、非常に神経質になった。

生後六ヶ月のナポレオンの胸に、あるとき野良猫が飛び乗ってからというもの、あらゆる手を尽くしても、彼にはどうにもならなかった。実際、ナポレオンが負けた最初の戦争は、猫が原因で負けたと言われている。イギリスのウエリントン将軍は、七十匹の猫を先頭に立て、その後ろに軍隊を従えた。ナポレオンはその七十匹の猫を見るなり、気絶してしまった。その戦いはウエリントンが勝ったのではない。勝ったのは猫だ。

さて、ただ猫の前にいるだけで、彼は大変な劣等感を感じている。

その比較という考え自体が問題を生み出す。あなたはあなただ。誰も優れてはいないし、誰も劣ってはいない。人々は同じではない。だから比較は不可能だ。比較を落としなさい。もちろん、優越感からくるわずかな喜びや、喜びの瞬間は消えるだろうが、それと一緒に、惨めに感じる無数の瞬間も消える。いわゆる誇り《プライド》の喜びや、劣等感の惨めさがすべて消えると、至福が生まれる。

至福というのは、幸福でも不幸でもない。それはあらゆる二元性が落ちている状態だ。幸福も不幸もない、その静寂、その穏やかさが至福だ。

物語をひとつ。

バーでドリンクを待つ間、ジョニーは脇にいる馬が、現ナマのつまったでかい壺の前に座って、ビールをちびちびやっているのに気づいた。目を丸くしたジョニーは、何事かとバーテンに聞いた。

バーテンはクールに説明した。「賭なんですよ。馬を笑わせられたら、この現ナマはそっくりお客さんのものです。でも失敗したら、あの壺に十ドル、というわけです」

「へえ、何てことないじゃん」と言うなり、ジョニーはすぐに馬に寄りかかると、耳元で何かをささやいた。すると馬は椅子から落ちて床を転げ回り、ヒーヒー言いながら足をばたつかせて爆笑し始めた。そこでジョニーは現ナマのつまった壺を手に、家に帰っていった。

翌日、ジョニーは一杯注文するときに、昨日の馬と、現ナマがつまった、別のでかい壺に気づいた。

「今度は」とバーテン。「馬を泣かせないとダメです」

「へえ、わけないね」とジョニー。彼は馬を外に連れ出し、しばらくしてから戻ってきた。馬は大声を上げて泣き叫び、完全に打ちのめされ、滝のような涙が頬を流れていた。

「ええい！」とバーテン。「金は持ってきな！　でもどうやったのか教えてくれよ！」

「え？」とジョニー。「簡単だよ。最初は『俺のナニはおまえよりデカイんだぜ』って言ったんだ。で、二回目はそれを見せたのさ！」

第5章

ビー、ビー！

BEEP BEEP!

——◆質問◆——

◆

今日はイエスについて

少し話していただけないでしょうか。

◆

関係性と独りあることの戦いが……。

◆

私は両性愛者ですが、男と女の両方に

まったくうんざりしています。どうか助けてください。

◆

なぜ人々は磁石に引かれるように

ここにいるのでしょう？

◆

私に望みはないのでしょうか。

◆

必要性の法則とは何なのでしょうか。

◆

最初の質問

OSHO、今日はイエスについて少し話していただけないでしょうか。

通行人たちは、市場のどぶに横たわって死んでいる犬に、嫌な顔をしていた。「気持ち悪い！」と言って顔を背ける者、「うっ、臭い！」と鼻をつまんで通り過ぎる者、「見ろよ、肋骨が飛び出してるぜ、もう吐きそう！」と言う者もいれば、「靴ひも一本作る皮もありゃしねえ」とか、「悲惨な末路だな」と言う者もいた。

すると穏やかながらも強く叱る声が、人々の悪口の輪を遮った。「真珠ですら、この犬の歯の白さには及ばない！」。するとそこにいた人々は、小声でこう言いながら遠ざかっていった。「ありゃ間違いなくイエスだ。あいつ以外に、死んだ犬相手にいいこと言う奴なんかいるか？」

これこそがイエスの精神《スピリット》だ。世界を全面的に愛するあまり、彼はどこにも、どんな罪も見出さなかった。あまりに世界を愛していたから、醜いものなど何ひとつなかった。すべては輝かしい美しさへと変容していた。

存在とは、あなたがその上に投影するものだ。存在はあなたを映す。ハートに醜さがあればあらゆるところに醜さを見るだろうし、ハートが無垢なら存在は純潔に見えるだろう。あなたは自分のこだまを聞き続けている。

真の聖者とは、この世に罪人を見出せない人のことだ。だが俗に言う聖者は、いわゆる聖者にすぎない。彼らからすると、世界は罪人だらけだ。彼らは非難の上に存在している。人を非難した分だけ偉くなったように感じ、人をやり込めた分だけ彼らのエゴはより満たされる。

いいかね、真の聖者はけっして罪人に出会わない。たとえ探してみたところで、罪人は見出せない。それが真の聖者の定義だ。その人は存在にどんな醜いものも見出せない。その人にとって全存在は変容されており、それに魅了されている。それは信じられないほどに美しい——完全な美しさ、まったき美だ。

あなたにとって存在が完全に美しくなる瞬間、あなたは神を知る。神は人物ではない。どこかで彼に会うことはけっしてない。彼には名前も形もない。神は臨在だ。だがその臨在は、この審美的感性、この審美的な気づきを持つ人にしか感じられない。

イエスは、死んだ犬にもとても美しい何かを見ることができた。彼は言った、「真珠もこの犬の歯の白さには及ばない」。その白さに神が現れていた。その白さに臨在が感じられた。あなたはそれを美しい日の出にさえ見出せないだろうか？　薔薇の花にさえ見出せないだろうか？　美しい男性や女性の顔立ちに、子供の無垢な目にさえ見出せないだろうか？　それなのにあなたは、教会や寺院、モスクのなかを探している。あなたの探求はまったくの無駄だ。

宗教とは、すべてが信じがたい美しさへと変容される、それほどの鋭敏な気づきに至ることに他ならない。美は神だ。

二番目の質問

先日こちらに着いて間もなく、セックスと沈黙、関係《リレーションシップ》と独り《アロンネス》の戦いが始まりました。その時は、〈総合《シンセシス》〉なんて不可能だと感じました。それはまるで二者択一を迫られながら、どちらを選んでも負けに終わるかのようでした。その時には、地を通り抜けずに、真っ直ぐ空に向かうことが可能であるようにも思えたのですが……。

プレム・ハリッシュ、これは、長きにわたる最大の問題のひとつだ。瞑想と愛、独り《アロンネス》と関係《リレーションシップ》、セックスと沈黙——名前が違うだけで、問題はひとつだ。そして人が大変長いこと苦しんできたのは、この問題が正しく理解されてこなかったからだ。人々は選んできた。

関係を選んだ人は世俗的と言われ、独りを選んだ者は僧侶、超俗的と言われる。だがそのどちらも苦しんでいる。彼らは半身のままであり、半身でいることは惨めでいることだからだ。全体であることとは健康であり、幸せであることだ。それが完全さだ。半身のままでいることは惨めでいることだ。それは、他の半身が妨害を続け、復讐に備え続けているからだ。その半身はけっして打ち倒されない。

なぜなら、それはあなたの半身だからだ。それはあなたの本質的要素であり、捨てられるような偶然の産物ではない。それはちょうど、山が「もう自分の周りに谷はいらない」と決心するようなものだ。さて、谷なしには、山はあり得ない。谷は山という存在の一部だ。山は谷なしには存在できない。彼らは互いに補い合っている。山が谷抜きでいることを選んだら、もうどんな山もなくなるし、谷が山抜きでいることを選んだら、どんな谷もなくなるだろう。あるいは、あなたは偽善者になる。谷などないふりをしても、谷はそこにある。その谷を隠し、自分の無意識の奥深くに沈めることはできても、谷はそのままだし、生き残る。それは実存的なものであって、打ち倒す方法などない。実際には、山、谷は一体であり、愛と瞑想、関係と独りもそうだ。独りという山は、関わり合いの谷にしか生じない。実際、あなたが独りを楽しめるのは、人との関わりを楽しめるときだけだ。その関わりが、独りの必要を生み出す。それはひとつのリズムだ。

誰かとの深い関係に入っていくと、どうしても独りになる必要が生じる。あなたは消耗し、へとへとになり、疲れたと感じ始める。嬉しくて疲れたのだし、楽しくて疲れたのだが、興奮というのは疲れるものだ。人と関わるのは本当に美しかったが、今は独りになりたい。そうすれば、再び自分を取りもどし、活気にあふれ、自分の実存に根づくようになる。

愛のなかで、あなたは相手の実存へと入っていき、自分自身とのふれあいを失った。あなたは溺れ、酔ってしまった。今あなたは、もう一度自分自身を見つける必要がある。だが独りになると、あなたはまた愛の必要を生み出す。すぐにあなたは満たされるから、分かち合いたくなる。どんどんあふれてくるから、誰かに自分を注ぎこみたくなり、自分を与えたくなる。愛は独りあることから生まれる。

独りはあなたをいっぱいにし、愛はあなたの贈り物を受け取る。愛はあなたを空っぽにするから、あなたはまたいっぱいになれる。愛によって空っぽになると、そこにはいつでも独りがある。それはあなたを育み、統合してくれる。それはひとつのリズムだ。

このふたつの事柄を別々にとらえる愚かしさは、もっとも危険な愚かしさだった。それによって人は苦しんできた。何人かは世俗的になる。彼らはただ消耗し、疲れ果て、空っぽだ。少しも自分の空間がなく、自分が誰かもわからず、自分に出会うこともない。彼らは他人と生き、他人のために生きる。彼らは群衆の一部であって、個人ではない。そして覚えておくべきなのは、彼らの愛の生活は満たされないということだ。それは半身だろう。どんな半身も、満たされることはない。満たされるのは全体だけだ。

そして、もうひとつの半身を選んできた僧侶たちがいる。彼らは僧院で暮らす。『僧侶（*monk*）』という言葉は、『独身』を意味する。『僧侶（*monk*）』は『一夫一婦（*monogamy*）』、『単調さ（*monotony*）』、『僧院（*monastery*）』、『独占（*monopoly*）』と同じ語源から来ている。その語源の意味は『ひとつ』、『独り』だ。

僧侶とは独りを選んだ人だ。だが彼はすぐにいっぱいになり、熟し、どこにも自分を注ぐ場所がないことを知る。いったいどこに自分を注げるだろう？　彼は愛を許せないし、関わりを許せない。彼は出歩けないし、人と出会い、交わることができない。すると今度は、彼のエネルギーは発酵し始める。どんなエネルギーでも、流れが止まれば苦くなる。甘露も淀めば毒になるし、反対に、毒でも流れていれば甘露になる。流れることは甘露とは何かを知ることであり、淀むことは毒とは何かを知ることだ。

毒と甘露はふたつの事柄ではなく、同じエネルギーのふたつの状態だ。流れていれば甘露だし、凍っていると毒だ。エネルギーがあっても出口がないと、そのエネルギーは必ず腐ってしまう。苦くなり、くすんで、醜くなる。全体性と健康を与えるどころか、あなたを病気にしてしまう。

僧侶たちはみな病気だ。あらゆる僧侶たちは不健全になる定めにある。

世俗的な人たちは空虚で、退屈し、疲れ果てながら、どうにか自分を引きずっている。義務や家族、国家といった、あらゆる聖なる牛《ホーリー・カウ》の名のもとに、死に向かって自分を引きずっている。死がやってきて、彼らを救ってくれるのをただ待っている。そして墓場のなかで、やっと彼らは休息を知る。生きているうちはどんな休息も知らない。そして休息を知らぬ生というのは、本当の生ではない。

それは休止のない音楽のようなものだ。休止がなければ、音楽はただの吐き気を催す雑音だ。そういう音楽はあなたをむかつかせる。すばらしい音楽というのは、音と沈黙の総合だ。その総合がすばらしいほど、音楽もより深く達する。音は沈黙を生み出し、沈黙は音を迎え入れる受容性を作り出す。このように、音は音楽へのより大きな愛と、より静かになる能力を生み出す。

すばらしい音楽を聞くと、あなたはいつも敬虔さや、全体なる何かを感じる。自分のなかで何かがまとまるのを感じ、中心が定まり、根づいている。天と地は出会い、もうそれらは分かれていない。肉体と魂は出会ってひとつになり、それらは各々の境界を失う。

それは偉大な瞬間、神秘的合一の瞬間だ。

ハリッシュ、あなたは言う。「先日こちらに着いて間もなく、セックスと静寂の戦いが始まりました」

これは大昔からある、馬鹿馬鹿しい、本当に愚かな戦いだ。どうか気をつけてほしい。セックスと沈黙の間に、どんな戦いも作り出さないように。戦いを作り出したら、あなたのセックスは醜く病み、あなたの沈黙は退屈で死んだようになる。セックスと沈黙が出会い、溶け合うのを許しなさい。

実際、沈黙の最高の瞬間には愛が、すばらしい愛、愛の頂がつき従う。そして愛の頂には、常にすばらしい沈黙の瞬間と、独りあることがつき従う。瞑想は愛へと導き、愛は瞑想へと導く。彼らは伴侶であり、分けることはできない。

だからそれは〈総合〉を生み出すという問題ではない。分割は不可能だからだ。それは理解の問題であり、それらは分割不能だと見抜くことだ。


あなたは言う、「間もなく、セックスと沈黙、関係《リレーションシップ》と独り《アロンネス》の戦いが始まりました。その時は〈総合《シンセシス》〉なんて不可能だと感じました」


〈総合〉は不可能だ。というのも、それらはひとつだからだ。あなたがそれを〈総合〉する必要はない。あなたの〈総合〉はたんなる子供だましになるだろう。あなたの〈総合〉が根本的におかしいのは、どんな〈総合〉もいらないところに、偽りの〈総合〉を押しつけるからだ。

その〈総合〉はもうそこにある。それはすでに事実だ。それらはひとつだ！　それは同じコインの表裏だ。あなたが〈総合〉する必要はない。今までそれらが別々に存在したことはない。だが人は努力に努力を重ね、そして常に失敗してきた。

いまだに宗教は、地球の『精神圏《ヌースフィア》』にはなっていない。いまだに宗教は、世界に躍動する力の潮流にはなっていない。何がその理由なのだろう？　この分割のせいだ。あなたは世俗的か超俗的か、そのどちらかにならなくてはいけない。選ぶのだ！　そして選んだ瞬間、あなたは何かを失う。どちらを取っても、あなたは敗者になる。

私は言う──選んではならない。その一体性のなかで、両方を生きなさい。もちろん、両方を生きるには技《アート》がいる。選び、一方に執着するのはたやすい。そんなことならどんな愚か者でもできる。実際には、愚か者しかそういうことはやらない。少数の愚か者は世俗的でいることを選び、また少数の愚か者は超俗的でいることを選んだ。だが聡明な人は両方を欲する。

そしてそれが私のサニヤスに関するすべてだ。あなたはケーキを手にしながら、それを食べることもできる。それが知性だ。気をつけて、醒めていなさい、聡明でありなさい。リズムに目を向け、そのリズムとともに、何も選ばずに進みなさい。無選択に気づいたままでいなさい。両方の極を見てごらん。表面上は相反し、矛盾しているように見えても、それらは矛盾していない。深いところには相補性がある。それは左右に揺れる、同じ振り子だ。それを右や左に固定しようとしないことだ。それを固定してしまったら、あなたは時計を丸ごと壊してしまう。それこそが今まで行なわれてきていることだ。

生を、そのあらゆる次元において受け容れなさい。

あなたの問題はわかる。それは単純だし、よくあることだ。あなたは関わり始めるものの、どうやったら独りになれるかがわからない。それはたんに知性のなさを示している。関係が悪いのではない。

それはたんに、あなたがまだ充分聡明でないことを示している。だから関係性が重荷になり、独りになる空間が見つからずに、疲れてへとへとになる。するといつしかあなたは、悪いのは関係であって、無意味だと決めつける。「私は僧侶になりたい。ヒマラヤの洞窟で、独りで暮らそう」と思う。そして独りでいるというすばらしい夢を描く。それはどんなにすばらしいだろう……誰もあなたの自由を侵害しないし、誰もあなたを操ろうとはしない。他人のことなど、まったく気にしなくていい。

ジャン・ポール・サルトルは「他者は地獄だ」と言う。それが示すのは、たんに彼が愛と瞑想の相補性を理解できないでいるということだ。他者は地獄だ……そう、あらゆる類いの関係のなかにあって、ときには独りになることができなければ、他者は地獄となる。相手は地獄になる。単調で、退屈で、疲れさせ、うんざりさせる。相手があらゆる美しさを失うのは、その人がおなじみになってしまったからだ。あなたは知り尽くしているし、もうどんな驚きもない。その領域はすっかり知ってしまった。あなたはその領域をずっと旅してきたから、もうどんな驚きもなくなっている。もうあなたは、事の全体に飽き飽きしている。

だが、あなたは愛着しているし、相手もあなたに愛着している。相手も惨めな思いをしている。というのも、彼や彼女があなたの地獄であるように、あなたも彼や彼女の地獄だからだ。双方が互いに地獄を作り出し、しかも互いにしがみつき、いなくなるのを恐れている。何もないよりはましだからだ。少なくともすがりつける何かがあれば、明日には物事は変わるという希望を抱いていられる。今日はうまくなかったが、明日はきっとうまくいく。そうやって希望を抱いたままでいられる。人は落胆を生きながら、希望し続ける。

そして遅かれ早かれ、あなたは独りがいいと感じ始める。だが独りに入っていくと、何日かはとてもすばらしいだろう――ちょうど他者といて、何日かはすばらしいように。ちょうど関係にも蜜月《ハネムーン》があるように、瞑想にも蜜月はある。何日かはとても自由な感じがする。ただ自分自身でいて、誰も要求したりしないし、あなたに何かを期待する人もいない。朝早く起きたければ起きられるし、そんなに早く起きたくなければ、眠っていられる。したいことができるし、何もしたくなくても誰もいない……。

何日かは、この上もなく幸せな気分になれる。だがそれも二、三日の間だ。すぐにあなたは、それに飽きてしまう。あなたはあふれているのに、誰もあなたの愛を受け取る人がいない。あなたは熟したから、そのエネルギーは分かち合われなくてはならない。あなたは身重になり、自分自身のエネルギーが重荷になってくる。誰かに自分のエネルギーを迎え入れてほしくなり、受け取ってほしくなる。あなたは重荷を下ろしたくなる。

もうその独りは、独りというよりも寂しさのように見える。今や変化が生じている、蜜月は終わっている。独りは寂しさに変わっていく。誰か相手を見つけたいという、大変な欲求が生まれる。あなたの夢には、他者が出てくるようになる。

僧侶のところに行って、何を夢に見るか聞いてごらん。彼らが夢に見るのは女ばかりで、それ以外の夢は見ない。彼らが夢に見るのは、その重荷を下ろせる誰かだ。尼僧に聞いてごらん、彼女が夢に見るのは男のことばかりだ。そして物事は病的になりかねない。あなたのキリスト教の歴史は承知しているはずだ。

修道女や修道士たちは、目を開けたまま夢を見始める。その夢があまりに現実的になるために、あなたは夜を待つ必要すらない。日中でさえ、修道女は座ったまま、悪魔が来るのを見、悪魔が彼女に愛を交わそうとするのを見るようになる。

あなたは驚くだろう。中世において幾度となく起こったことだが、多くの修道女が、悪魔と愛を交わしたと告白したために火刑に処せられた。彼女たち自身がそう告白したのだが、彼女たちは悪魔と愛を交わしただけでなく、妊娠さえしていた。想像妊娠といって、お腹に熱気がたまるだけなのだが、そのお腹はどんどん大きくなっていった。それは心理的な妊娠だ。しかも彼女たちは、その悪魔について非常に事細かに述べた。それは彼女自身の創造物だった。そしてその悪魔は、日夜彼女につきまとっていた。そして同様のことは、修道士にもあった。

これはひとつの病だ。人は長い間、そのために苦しんできた。その他の、いわゆる宗教家が非難している諸々の病は、僧院で生み出された。その責任は、この同じ聖者たちにある！ 同性愛の最初の事例が発生したのは僧院だ。それはそれ以外の場所では起こり得なかった。それは、男はある僧院で暮らし、女は別の僧院で暮らしていたので、そこに出会いが起こるはずもなく、エネルギーが煮えたぎっていたからだ。

女性なしで非常に多くの男性が一緒に暮らす場合、異性愛が転じて同性愛になり、あるいは尼僧がレズビアンになったりするのは、自然な成り行きだ。

この独身という選択は、非常に病んだ人間性を生み出した。世間で暮らす人たちは幸せでないし、僧侶たちも幸せではない。誰も幸せには見えない。世界全体が、ひとつの絶え間ない苦悩だ。あなたはある不幸から別の不幸を選べるし、世俗的な不幸や超俗的な不幸も選べる。だがみな不幸には違いない。気分がいいのは数日だけだ。

私はあなたに新しいメッセージをもたらしている。そのメッセージとは、これ以上選ばないということだ。あなたに新しい生に対し、無選択に気づいていなさい。状況を変えようとするよりも、聡明になりなさい。あなたの心理を変え、もっと聡明になりなさい。至福に満ちているには、より知性がいる！そうなれば、関係を保ちつつ、独りでいられるようになる。

あなたの彼女や彼氏にも、そのリズムに気を配らせなさい。人々が教わるべきなのは、一日二十四時間愛せる人はいないということだ。休息期間が必要だし、命じられて愛せる人など誰もいない。愛というのは自発的な現象だ。起こるときには起こるし、起こらないときには起こらない。それについてはどうしようもない。何かをするとしたら、あなたは偽りの現象、演技を生むことになる。

真の恋人たち、聡明な恋人たちは、その現象に互いの注意を促し合う。「独りになりたいからといって、あなたを退けているわけではない。それどころか、あなたの愛のおかげで、私は独りでいられるようになったのだから」。そしてあなたの彼女が一晩、あるいは二、三日独りでいたいと言うとしても、あなたは傷つきはしない。拒まれたとか、自分の愛を受け取ってくれないとか、喜んでくれなかったとは言わないだろう。二、三日独りでいるという彼女の決意をあなたは尊重するし、むしろ嬉しいと感じさえするだろう。あなたの愛がたくさんありすぎて、彼女は空っぽになったように感じている。今彼女には、またいっぱいになるための休息がいる。これが知性だ。

普通、あなたは拒まれたと思う。彼女のところに行って、彼女があなたといたくなかったり、あるいはそれほどあなたを愛さなかったりしたら、あなたは強い拒絶を感じる。あなたのエゴは傷つく。このエゴというのは、あまり知性的な代物ではない。エゴというのはみな愚かしい。知性はどんなエゴも知らない。知性はただその現象を見て、どうして彼女があなたと一緒にいたくないのか、理解しようとする。彼女は拒絶しているわけではない。彼女はあなたを本当に愛してきたし、あなたをとても愛しているのはわかっている。だがこの瞬間、彼女は独りでいたいのだ。彼女を愛しているなら、あなたは彼女を独りにしておくだろう。彼女を苦しめたり、無理に愛を交わさせたりはしないだろう。

また、彼氏が独りでいたいと言うにせよ、女性の側も、「彼はもう私に関心がないのね、きっと他の女に興味があるんだわ」とは思わないだろう。聡明な女性は、彼氏を独りにしておく。だから彼はもう一度実存をまとめられるし、分かち合うエネルギーを得る。このリズムは昼と夜、夏と冬のように変わり続けている。

ふたりが本当に敬っていたら——そして愛はいつでも敬っている。愛は相手を敬愛する。それはとても敬虔で、祈りに満ちた状態だ。ゆっくり、ゆっくりと、あなたは互いを深く理解していく。あなたは、相手のリズムと自分のリズムに気づくようになる。そしてすぐに、あなたは愛から、尊敬から、自分たちのリズムがより近づいているのを見出す。あなたが愛を感じているとき、彼女もまた情愛を感じている。このリズムは、自ずと定着していく。それは共時性だ。

あなたは見たことがあるだろうか？　ふたりの真の恋人に出会えばわかるが、彼らには似たところがたくさんある。真の恋人たちはまるで兄弟か、姉妹のようになる。驚きなのは、兄弟や姉妹でもそれほど似通ってはいないということだ。言い方や歩き方、しゃべり方、ちょっとした仕草——恋人たちはよく似ている。それでいて、まったく異なってもいる。自然とそういうことが起こり始める。一緒にいるだけで、ゆっくり、ゆっくりと、彼らはお互いに波長を合わせるようになる。真の恋人たちは何も口に出して言う必要がない。相手はすぐに理解する——直感的な理解だ。

悲しんでいても、彼女はそうは言わないかもしれないが、彼氏にはわかるし、彼女をそっとしておく。彼氏が悲しんでいたら、彼女はそれを理解して、彼をそっとしておいてあげる。何か彼を独りにしておけるような口実を見つけ出す。だが愚かな人たちは、まったく反対のことをする。彼らはお互いをけっして独りにさせない。いつも一緒に居るばかりで、互いに飽き飽きし、うんざりしている。彼らは相手のための空間を少しも残さない。

愛は自由を与え、相手が彼自身、あるいは彼女自身でいるのを後押しする。愛はまさに逆説的な現象だ。一方では、あなたをふたつの体に宿るひとつの魂にし、また一方では、あなたに個性と独自性を与える。愛は、あなたが幾つもの小さな自分を落とすのを後押しするが、あなたが究極の自己へと至るのも助ける。そうなったらもう問題はない。愛と瞑想はふたつの翼だ。それらは互いに釣り合っている。そのふたつのはざまであなたは成長し、神へと到達する。

三番目の質問

先日、両性愛者について話されましたが、私はそのひとりです。ですが私は、男と女の両方にまったくうんざりしています。どうか助けてください……。

それは自然だし、明白なことだ。愛は、瞑想の仕方がわかるまでは、疲れるものだ。そして両性愛者はもっと疲れることになる。というのも、彼は行くところまで行き、男と女の両方を知ってしまったからだ。異性愛の男性には、同性愛がどんなものか知りたいという、潜在的な欲求があるかもしれない。「誰にわかるだろう？　このゲイの人たち、本当に陽気《ゲイ》で、本当に楽しんでいるのかもしれない。少なくとも、表面的にはそう見える」

同性愛の男性は、心の奥底で、異性愛の人が得ている何かを失っているのではないかとずっと考えている。そう見えるのも無理はない。彼は何か自然な喜びを逃しているのかもしれない。それに、異性愛の人たちが何かを得ているのは間違いない。さもなければ、どうして彼らはごたごたに巻き込まれるのか？　子供に、家族に、あれやこれやと、はまりこんだら厄介なことばかりだ。これは、そこから何かを得ているとみて間違いない。こんなに大勢の人たちが馬鹿であるはずはない。

同性愛の人は考え続ける。「自分はこんなリスクは負っていない。子供や家庭という問題はない。子供を育てて、学校に通わせたり、大学にも行かせたり……そんな一生の仕事はない」。異性愛の人は何かを得ているという疑いは必ず出てくる。彼はそれを表には出さないかもしれない。ことによると、それはとても大切なので、しまったまま、誰にも見せないのかもしれない。

そうなるのは避けがたい。隣の庭、垣根の向こうの芝生は青いものだ。そうではないかもしれないが、青々としているように見える。だが両性愛の人は、間違いなく心底うんざりする。なぜならもう望みはないからだ。そこにはどんな希望が生じる可能性もない。あなたはその両方を知ってしまった。

ある難破した船乗りの話だが、彼はある島に色情狂の女と一緒に打ち上げられたという。最終的に、長い月日の後、男が彼女から学んだことは、彼には充電のために週一日は休みがいる、というものだった。

ある日思いがけないことに、彼が海を眺めていると、明らかに難破者とおぼしき男がいかだに乗っていた。少なくとも、これでやっと色情女とのお勤めも軽減されると思い、男は新入りを迎えようと泳いでいった。その新入りは、実になよなよした見かけで、見かけ通りの黄色い声で叫んだ、「ハ～イ、お目にかかれてウレシイ！」

難破した船乗りはこう叫んだ。「ああ、何てこった、俺の日曜が！」

あなたがどれほどうんざりしていて、夢も希望もないか、私にはわかる。だがこの状態は祝福へと変容され得る。本当にセックスが終わっているなら、とても深い瞑想に入れるからだ。セックスでの欲求不満が深いほど、瞑想へ入っていく可能性も深まる。もはやあなたの助けとなるのは、瞑想しかない。

あなたはあまりにも一緒だった。あなたは強烈に関わって生きてきた。今あなたには、他人のことをいっさい忘れられるような、深いくつろぎが必要だ。あなたが自分の実存へと入っていくことは、どんな異性愛や同性愛よりも深く進めるのは間違いない。あなたの無力さも、希望のなさも、人の倍だからだ。

おなじみの古臭いゲームを続けようとするより、独りへと入っていきなさい。数日間、いっさいの関係を忘れてしまいなさい。生まれて初めて、自分自身と関係を持ちなさい。それが瞑想のすべてだ。ただ自分自身でいて、くつろいで、自分自身を楽しんでごらん。他人を楽しむのは試みてきたのだから、今度は自分を楽しんでみるといい。

瞑想とは自分を楽しむこと、何もせずにただ静かに座ることだ。幸せに、喜びにあふれていなさい、どんな理由もなしに！　あらゆる理由は外からやってくる。あなたは美しい女性に出会って幸せになり、美しい男性に出会って幸せになるが、瞑想者はただただ幸せだ！　その幸せには、どんな外界からの理由もない。それは自分の内側から湧き出てくる。

関係とは相手からやってくる幸せだ。だが、見守ったことがあるかね？　相手から幸せがやってくるとき、それは相手のなかで湧き出ているはずだ。さもなければ、どうしてそれがあなたに届くだろう？　そしてあなたの幸せは相手に届いている……あなたたちは互いの幸せを楽しみ、互いの井戸から幸せを飲む。だが井戸はすぐそこにある！　さもなければどうやってあなたは飲むのだろう？　あなたの愛する女性は、あなたの幸せを楽しんでいる。彼女を幸せにしているのはあなたで、あなたが幸せの原因だと思っている。そしてあなたは、彼女が自分の幸せの原因だと思っている。だがふたりが互いの幸せの原因になり得るなら、あなたは自分の幸せの原因になれないだろうか？

それが瞑想のすべてだ。静かに座り、自分を楽しみ、喜びに揺られ、内なる世界へと滑空していく……。

だから、あなたが本当に疲れているなら、その方が入っていきやすい。そして私は、それがあなたの生き方《ライフスタイル》になるべきだとは言っていない。そうではない。けっして固定した生き方は作らないようにしなさい。さもなければ、あなたはまたもや退屈してしまう。もう一度喜びにあふれ、エネルギーに満ち、流れ、若返り、自分自身のワインを飲み干して、分かち合う用意ができ、分かち合う必要が生まれたら、そのときにはまた関わればいい。関係へと入っていくがいい。

関係と瞑想、瞑想と関係……このふたつの間に、音楽を、調和をあらしめなさい。それはあなたを賢明にし、真のサニヤシンにする。古いサニヤスは放棄から生まれるが、私の教える新しいサニヤスは歓喜から生まれる。愛を祝い、瞑想を祝いなさい！　生のあらゆる物事を祝いなさい。神はすばらしい機会を与えてくれた――だから逃してはいけない。それを逃すことこそ、唯一の罪だ。

『罪（*sin*）』という言葉の本来の意味は、『失う（*missing*）』だというのを知っているだろうか？『失う（*missing*）』の語源は『逃す（*miss*）』から来ている。罪とは、あなたがしていることとは何の関わりもない。それはあなたが見逃しているものに関わっている。世俗的な人たちは瞑想を逃しているから罪人だし、僧侶たちは愛を逃しているから罪人だ。その両方、どちらもが罪人になる。どんなことも逃してはならない。それはすべてあなたのものだ――そう主張するがいい！　両方の翼を持つことは、あなたの生得権だ。片方の翼だけで、どうやって飛ぼうというのかね？

スーフィーの寓話がある。

ある師が弟子を川へ連れて行った。この弟子も、あなたのような質問をしたにちがいない――愛と瞑想について、人といるべきか独りでいるべきかといった質問だ。そして師は、弟子を川へと連れて行った。そうやって状況を作り出すのが、スーフィーの流儀だ。言葉では語らず、言わずに示す。

師は弟子を舟に乗せ、二本の櫂を手にすると漕ぎ始めた。川の真中で、師は舟を一本の櫂で漕ぎ出した。当然、舟はぐるぐると回り始めた。櫂が一本では、舟はぐるぐると回ってしまう。

弟子は笑って言った。「どうなさったんです？　何を見せようというんですか？　これではけっして向こう岸にたどり着きませんよ！」

すると師は尋ねた。「なぜだ？」

弟子は言った。「簡単でしょう！　櫂は二本なければ、舟を向こう岸にはやれません。一本しか櫂を使わなかったら、舟は堂々巡りを続けるでしょう」

師は言った。「なるほど、わかったようだな。これでやっと両方を使える。さあ、元の岸に戻ろう。私は向こう岸に行くことになど興味はない。だがお前の質問には答えたよ。愛と瞑想は二本の櫂だ。愛するだけの者は回り続けるし、瞑想しかしない者も回り続ける。そんなやり方では、誰も向こう岸に着かないし、彼方にたどり着ける者もいない。両方の櫂を使うのだ！　神はお前に、瞑想的な質と、愛する質の両方をお与えになった。どうしてお前は、愛と瞑想のふたつの可能性を授かったのだ？　神が間違いを犯したとでも思うのか？　もういいだろう。お前は今まで、一本の櫂しか使ってこなかったから、お前の舟は堂々巡りをしてきた。今こそ理解して、もう一本の櫂を持ちこむべきときだ」

ひとたび両方の櫂を一緒に使えるようになったら、その深い調和のなかで、あなたの生には、初めて祝福の質が宿る。そのとき、その祝福の質はあなたにとっての恵みになり、他者にとっての恵みにもなる。

四番目の質問

ＯＳＨＯ、なぜ人々は磁石に引かれるようにここにいるのでしょう？　どうして人々はここに引き留められているのでしょう？　それは私たちの必要なのでしょうか、それともあなたの磁力なのでしょうか？　ときには、あなたが私たちとたわむれる神様に思えて嬉しくなります。またときには、あなたが私たちを操る悪い魔術師のようにも思えて怖くなったり、憤慨したりします。
あなたの私心のなさを全面的に信じられたらいいのですが、これはたんに私がより多くのたわごとを作り出しているということなのでしょうか。

ジュリアン・ホールズワース、私はここにいない。だからそれは磁力だ。それは私の臨在の磁石ではない。私は不在だ。人が消え去り、不在になるときは常に、神がいるようになる。神がいられるのは、あなたがいないときだけだ。両方一緒には存在できない。あなたが入ってくれば神は出ていく。あなたが出ていく瞬間、神はやってくる。彼らはけっして出会わない。それは闇と光のようだ。
こんな古い寓話がある。

ある日、暗闇が神に近づくと、こう言った。「私は何も悪いことをしていないのに、いつも太陽がいじめるんです。まったく何の理由もないのに！　どうしてあなたの太陽は、こんなに私を目の敵にするのでしょう？　彼が追いかけてくるたびに逃げ出さなくてはいけないし、もう怖くてたまりません。

彼は私を殺そうと決めています。そうやって私は何百万年も苦しんできました。もうたくさん！　これ以上耐えられません。そのことを訴えに来たんです！」

するど神はこう言った。「なるほど！　どうして彼はお前をいじめているのだろう？」

そして呼び出された太陽は、どうして暗闇を目の敵にするのかと問われて、こう言った。「暗闇？何のことです？　彼女に会ったことなんかありませんよ。暗闇はどこにいるんです？　まず紹介していただけますか。いったいどうやったら、見たこともない人をいじめられるんですか？　彼女をここに連れてきてください。そうしたら私も彼女を見ることができますし、不満も解消することでしょう」

そして何百万年もの月日が流れた。神はふたりを一緒にしようとしてきたが、失敗に終わっている。神は全能だと言われているが、この件に関しては違った。どうやって闇と光を一緒にするというのかね？　それに、ふたりが一緒に出廷するまで、判決は下せない。

だから、その裁判は係争中だ。この事件はまだ裁判中だが、神はふたりを一緒に生み出せていない。召喚状は暗闇に届いているが、出廷は不可能だ……。


エゴと神の場合も同様だ。エゴとは闇以外の何ものでもない。あなたの臨在は闇で、神の臨在は光だ。人が消えると、必ず神が現れる。内側に無があれば、いつでも全体はあなたを通じて現れる。中空の竹となるとき、あなたは常にその唇にふれるフルートになり、すばらしい歌があなたを通じて流れ出す。

私はいない……それがその磁石だ。それは私の磁石ではない。イエスはいなかった……それはイエスの磁石だったが、本当にそうだったわけではない。ただそう見えるだけだ。イエスが「私は扉であり、道であり、真実だ」と言うとき、彼はヨセフとマリアの息子としてのイエスを意味してはいない。彼が「私は道だ」と言うとき、それはイエスの不在を通じた、神の宣言だ。「私を通らずして神の御許に来る者はいない」と言うとき、彼は誰もがイエスを通らなくてはならないと宣言したわけではない。

キリスト教徒たちは、それを世間に証明しようとしてきた。「イエスは言った、『やってくる者は誰でも、私を通じてやってくる』」――だから仏陀を通じたり、老子を通じてでは、神の許には行けない。イエスを通らなくてはならない！」。これはまったくのたわ言だ。イエスが「あなたは私を通じてのみやってくる」とイエスが言うとき、その『私』とは、イエスの『私』ではない。イエスは空っぽな乗り物として使われただけだ。

この『私』は、クリシュナが使った『私』と同じだ。クリシュナはアルジュナに言った。「私の足許に来るまで、到達することはない」。その『私』は同じ『私』だ。

仏陀は言った。「私のところに来れば、道を示そう」と。同じ『私』だ。これは神の『私』だ。キリスト教や仏教徒とは何の関係もない。

私が「おいで、私についておいで」と言うとき、これも同じ『私』だ。それは宇宙の『私』だ。いつであれ人が消えるときは、神の磁力が放たれ始める。

ホールズワース、あなたは私に尋ねる、「なぜ人々は磁石に引かれるようにここにいるのでしょう？」

磁石はある――だが私はその磁石ではない。私はあなたの目に映る人ではない。それ以上の何かが起こっている。目に見えるものを超えた何か――目には映らず、耳には届かない、触れることのできない何か……それがその磁石だ。
何千、何百万もの人々がやってくることになる。

「どうして人々はここに引き留められているのでしょう？」

誰もここに引き留められてはいないし、彼らを引き留めている者もいない。それは彼ら自身の選択であり、彼ら自身の愛からきている。インドには、この「非在となる芸術《アート》」以外に提供できるものは何もない。ここにいる人たちは、美しい家、高収入の仕事、近代的な設備、贅沢品、快適さ、便利さを後にしてきた。ありとあらゆる困難とともに、ここで暮らすためだ。インドというのは暮らす場所ではない！　誰も引き留めてはいないが、彼らは離れられない。ここにいる人たちにとって、世界全体は意味を失っている。彼らは何かを味わった。彼らにはその何かのために苦しみ、その何かのためにあらゆる法的、政治的、社会的、医療的困難を潜り抜ける用意がある。誰にも、いつ光明が得られるかは保証できない。保証できるのはたったひとつ、確実に肝炎になるということだ！

あなたは尋ねる。「それは私たちの必要なのでしょうか、それともあなたの磁力なのでしょうか？」

それはあなたの必要であり、神の磁力でもある。これかあれかという問題ではない。それはあなたの渇きであり、ここに流れ、ここに現れている神の川だ。渇きがなければ、あなたはここにいなかっただろうが、たとえ渇きがあっても、ここに川がなければ、やはりここにはいなかったはずだ。これかあれかという問題ではない。川はここにあり、あなたは渇いている。

「ときには、あなたが私たちとたわむれる神様に思えて嬉しくなります。またときには、あなたが私たちを操る悪い魔術師のようにも思えて怖くなったり、憤慨したりします」

それはたんに、あなたの愛憎関係を示している。それは私とは何の関係もない、あなたの投影だ。私はただの無、白いキャンバスだ。あなたはその上に何でも好きなものを描ける。これはあなたの二元性だ。あなたは分裂している。あなたは内側において、神と悪魔、善と悪、「すべき」と「すべきでない」のはざまで分裂している。それはあなたの分割であって、私とは何の関係もない。

だからあなたの実存の一面から見ると神が見えてとても嬉しくなるが、別な面を通して見れば悪魔が見えて憤慨する。そしていいかね、それは全部あなたの作り事だ。神も、悪魔も、どちらもあなたの作り事だ。

だがあなたは、そういう二元的なやり方を教わり、条件付けされてきた。あなたは全体ではない。そのために、それはそういう風に起こる。ある日あなたは私に恋をして、別の日には私を大嫌いになる。私はその愛にも憎しみにも責任はない。あなたが完全になれば、善悪という考えは消える。その時はじめて、あなたは私が誰なのかを見ることができる。実際、それは神の体験だ。だがそれは、悪に敵対するあなたの神ではない。超越がその神だ。あらゆる善悪の超越だ。

だから、私が神という言葉を使うのと、あなたが神という言葉を使うのでは、その意味合いが違うというのを覚えておきなさい。私が神という言葉を使うとき、それはあなたの神と悪魔を越えたものを意味し、あらゆる二元性が消えた、一なるものの地点を意味している。私が愛という言葉を使うとき、それはあなたの言葉ではない。あなたの言葉は常に憎しみの色を帯びているからだ。私が愛という言葉を使うとき、それは愛憎関係が消えている時点を指している。そのときには、まったく異なった類いの愛が生まれる。それは究極の愛、完全な愛、純粋な愛、無垢の愛、超越的な愛だ。

だからそれは何度でも起こるだろう。私はある意味の言葉を使い、あなたはまったく違ったやり方で理解する。だがそれは自然なことだ。始めのうちはそうならざるを得ない。ホールズワース、あなたはここに来て間もない。これは私の人々に、ここにいるほぼ全員に起こってきたことだ。心配せずに、両方とも楽しみなさい。私に恋しているときは喜び、楽しみなさい。私が憎いときは、その憎しみも楽しみなさい。その憤慨ぶりを楽しみ、本当の憎しみのなかにいなさい。

本当の愛と本当の憎しみのなかにいられたら、すぐにあなたは愛と憎しみの両方が消えていくのがわかるようになる。現実はその両方の橋渡しをしている。真正さがその橋だ。私を本当に好きになり、また本当に嫌いになれたら、そのときは両方のなかでひとつのことが似てくる。それは現実であり、真正さだ。それがその両方に橋を架ける。

そしてその橋を超え、ある日、太陽が昇る。そしてあなたは、私をただの純粋な無として見る。その無を通じて、神が流れてくる。神や悪魔を超え、善悪を超え、罪と徳を超えた神が――。

あなたは言う。「あなたの私心のなさを全面的に信じられたらいいのですが」

神はこの世に無関心だと思うのだろうか？　ではどうして神はこの世を作ったのだろう？　福音書

によれば、神は六日で世界を創造し、そしてその世界を見て、「すばらしい、美しい」と言った。神は世界を創造し、そして愛した。

あなたはどこから、この無関心という考えを得たのか？　神とは完全な関心だ。私たちは、神がこの世に興味を持っているとは言えない。そういう風に言うと、あなたは誤解してしまうからだ。神は完全な関心だと言う方が、関心がある誰かがいると言うよりもいいだろう。神の実存全体が関心だ。神は途方もない愛のなかにいる。神は愛だ。

イエスは「神は愛だ」と言う。神が愛だとしたら、どうして彼が無関心だったり、冷淡でいられるだろう？

私は何に対しても無関心ではない。そうではない！　そこにあるのは途方もない愛、あらゆるものへの途方もない関心だけ——木々や人々、鳥たち、太陽や月、星々への関心だけだ。だが私にはわかる。

あなたたちの聖者が教えてきたのは、無関心になるまで敬虔にはなれない、すべてに無関心になれば敬虔になれるということだ。これは一種の収縮だ。無関心になるほど、あなたはどんよりと死んだようになる。

私は無関心を教えない。私が教えるのは、計り知れないほどの関心だ。広がりなさい、もっと愛しなさい。存在の限界ぎりぎりまで、あなたの愛のさざ波を届かせなさい——そこに何か限界があるとしたらだが。この全存在を、あなたの愛と関心で満たしなさい。巻き込まれるがいい！　この神秘に参加するがいい！

だが、それは自然なことだ。私のもとに来るとき、あなたはありとあらゆる期待を抱いている。そうしてあなたは言う。

「あなたの私心のなさを全面的に信じられたらいいのですが」

なぜだろう？　どうして私や自分自身に、そんな要求をしなくてはならないのか？　あなたは無理な要求をしている。私がそれを満たせないのは、神がそれを満たせないからだ。神がこの世に無関心だったら、この世はとっくに消えているはずだ。

その美しい詩のひとつで、ラビンドラナートは言う。「新しく生まれてきた子供を見るたびに、私はこう言って神に感謝する——ということは、あなたはまだ望みを抱いておられる。まだ人を諦めてはおられないのですね」

ラビンドラナートは死の間際、最後にこう祈った。「神よ、私が何かのお役に立てたようでしたら、私を地上に戻してください。世界から出て行くことは頼みません。世界に投げ戻してほしいのです。あなたの世界は、本当にすばらしかった——私がそれに値するようでしたら、私を送り返してください」

これはとても風変わりだ。というのもインドの聖者たちは、ずっとこう祈ってきたからだ。「私たちは戻りたくはありません。どうか世界に送り返さないでください。世界に戻るというのは罰です」。それなのに、ラビンドラナートは歌い、祈っている。「私が何かに値するようでしたら、私を送り返してください」

私はラビンドラナートに同意する。私にとってラビンドラナートは、俗に言う聖者よりもはるかにすぐれた見者であり、はるかにすばらしい賢人だ。彼らはみな反生命だ。私は反生命ではない。神は反生命ではないからだ！　神は生命だ！　それなのにどうして私が反生命でいられるだろう？

私はこの世界を愛している。それも無条件に愛している。私はまったく無関心などではない。私は大いに関心を持っている。私は関心そのものだ。だからホールズワース、そのことはどうか忘れてほしい。あなたにはそれはやりくりできない。

それに、どうして自分にそんな無理な要求をしなくてはならないのかね？　どうやったら全面的な信頼のなかにいられるのだろう？　どうしてあなたの信頼や信仰が完全であり得るだろう？　あなたが全体になるまで、あなたは分裂している。そしてこの、関心や無関心というのも分割するやり方だ。関心があるのが罪で、無関心が徳 —— それらはあなたを分割しているものだ。こういう分割は全部落として、無垢でありなさい。打算的にはならないことだ。

その無垢のなかで、関心でありながら無関心でもある何かがわかるようになる。今のところ、それがとても理解し難いのは、それが大変な逆説だからだ。執着でない愛があり、しがらみでない関わりがある。人は池に咲く蓮の花のように生きられる……水中にありながら、水には触れられない。だがそれは、あなたの考える無関心ではない。

これが私のサニヤシンたちへのメッセージだ。世界にいながらも、超えていなさい。世界にあって、全面的にそこにいながらも、まったくそこにはいない。この逆説が成就されるとき、人は到達している。

五番目の質問

私は生涯にわたって自分を変えようとしてきました。ですが、まるで何も変わっていないように見えます。私は同じままです。もう私に望みはないのでしょうか。

そもそも、どうしてあなたは自分を変えたいのだろうか？
あなたはありのままで美しい。どうして自分を受け容れられないのだろう？　そして奇跡というのは、あなたが自分を受け容れると変化が起こるということだ。それは努力では起こらない。誰があなたを変えようというのかね？　その同じ心《マインド》が、それ自身を変えようというのかね？　暴力的な心が非暴力になろうというのかね？　どうしてそんなことが起こるだろう？　非暴力的なときでも、暴力は手つかずのままだ。

怒りっぽい心が、怒らずにいようとするのかね？　あなたはやりくりできるし、自分の周りに頑なさを育める。怒りを抑えることならできる。だがそれは同じ心であり、怒りはそこにある。あなたはその頂上に、火山の上に座っている。

愚かな心が、知性的であろうとするのかね？　まさにその努力によって、その愚かさはどんどん根深くなっていく。

だとしたら、何が解決策なのだろう？　それは受容だ。受容こそが魔法の鍵だ。あるがままの自分を受け容れるがいい！　するとその受容のなかで、知性が生まれる。その受容のなかで、どうして知性が生まれるのだろう？　受け容れるときはいつでも、あなたはもう分裂していないからだ。その分裂は消えている。その分裂は、あなたと「すべきこと」、あなたと義務の間にある。「自分は『これ』なのに、『あれ』でなくてはならない」――統合失調症の秘密はすべてそこにある。

だからふたつの物事しかない。『あれ』になることで自分を狂気に追いやるか……それはまるで犬が自分のしっぽを掴もうとするようなもの、あるいは自分の靴ひもで自分を引き上げるようなものだ。ちょっとなら飛んだり跳ねたりできるだろうが、たいして役には立たないだろう。それこそは、いわゆる敬虔な人たちがやり続けていることだ。ぴょんぴょんと、自分の靴ひもを引っ張って、自分を引き上げようとしている。一瞬、わずかに地面よりは高くなっても、どしんと音を立てて戻ってくる。

そうではない。分裂はよけいに深まってしまうだろう。やればやるほど失敗し、失敗すればするほど自信をなくし、自分自身への敬意がなくなる。そして失敗すればするほどやましさが募り、やましさが募るほど、自分を受け入れる可能性は、自分を愛する可能性は薄れていく。

自分を敬わなかったら、自分を愛さなかったら――そういう人は、好んで自分の実存に入っていこうとは思わない。そういう人は逃避するだろう。誰が、醜い実存に入っていきたいと思うだろう？　そういう人は自分自身から逃げようとする――あれこれの薬物や酒の類い、権力や金、市場――人々は自分自身から逃げるために、千とひとつのやり方を編み出してきた。それらを編み出さなくてはならなかったのは、彼らが自分自身に対する醜い考えを生み出してきたからだ。彼らに向かって、「汝自身を知れ！」と言うことは、彼らにとっては衝撃だ。彼らは自分自身を知りたくはない。

だから、ソクラテスのような人たちは「汝自身を知れ」と言い続けるが、誰も聞いてはいないし、耳を傾ける人もいない。誰も自分を知りたくはない。あなたはもう、自分は不快な存在で、病的で、醜く、異常であり、自分の内側にはありとあらゆる膿や傷があると決めつけている。誰がそんなところに行きたがるだろう？　そんな傷は見ない方がましだ。すっかり忘れてしまった方がいい。

それに、もし変えようとするにしても、あなたはどうするつもりなのか？　あなたはあちこち枝を剪定するだろうが、問題は根にあるのであって、枝にはない。刈り込めば木はもっと生い茂り、さらに多くの葉をつけるだろう。その木はあなたの挑戦を受けるからだ。あなたは木を打ち負かしたいのだろうか？　一枚取れば、葉は三枚生えてくる。それが木の答えだ。一本枝を取れば、三本が取って代わる。そう簡単には負けられない。木も生き残らなくてはならない。枝葉は刈り続けられるが、何も起こりはしない。奥深いところであなたが同じままなのは、根がそのままだからだ。

その日本人がギリシャ料理店の常連だったのは、ここの「*FRIED RICE*（焼飯）」が大変美味かったからで、彼は毎晩店に来ては、「*FLIED LICE*（飛び虱）」をオーダーした。

これが可笑しくて、店のオーナーはいつも、ほとんど床を転げ回らんばかりだった。ときには数人の友人をそばに立たせて、その日本人が「飛び虱」とオーダーするのを聞かせようとした。

そしてついに、プライドを傷つけられた客は、正しく「焼飯」と言えるようになろうと特別な発声レッスンを受けた。

次に彼がレストランに来たとき、彼は非常にはっきりと「*FRIED RICE*（焼飯）プリーズ」と言った。

耳を疑ったレストランのオーナーは「もう一度お願いできますか？」と言うと、その日本人はこう言い返した。

「聞こえただろ、この飛びギリシャめ！（*FLUCKING GREEK*）」

これではものごとは変わらない。単語のひとつなら変えられても、深いところではあなたは日本人のままだ。それは別なところで自分を誇示することになる。あなたは気が狂うか、偽善者になるしかない。あなたたちの社会、この狂った社会は、あなたにふたつしか選択肢を与えない。自分の靴ひもで自分を引き上げ、自分の上を行こうとしておかしくなるか、あるいはもう少し利口なら、偽善者になるだろう。あることを言いながら、まったく反対のことをし、人生の裏口を確保しておく。美しい正面玄関には、為すべきことや義務、理想を描いておいて、裏口で生きるわけだ。それも本当に自然に、裏口で生きる。

だがそれもまた分裂を生み出す。あなたはけっしてくつろげない。絶え間なく嘘をついても、何度も見破られてしまう。あなたはどれだけ装っていられるだろう？　あなたが装いきれないのは、隣人も装っているからだ。誰もが自分以外の他人を知っている。自分に裏口があるのを知っているから、あなたにも裏口があるはずだとわかる。

だからあなたは誰かの悪口を聞くと、たちまち信じるし、証拠を求めることもない。だが誰かのいい評判を聞くと、証拠を求める。誰かが「あの聖者はいんちきだ、本当の聖者なんかじゃない。それどころかあいつは人殺しだ、ケチで乱暴な放蕩者だ」と言うと、あなたはたちまち信じる！　だが誰かが「あの人は本物の聖者だ」と言うと、あなたは疑いを抱く。「わかるものか。よく見て、調べ上げる必要がある」と言う。

あなたは人間というもの、そして人々のやり口を知っている。なのにどうして人々が善良であり得ると安直に信じられる？　自分の善良さが偽りなのをあなたは知っている。それが、他人の善良さも偽りにちがいないという思いこみの元になる。この社会全体が、偽善者で成り立っている。

どうか、自分を改良したり、自分を変えようとするのは止めなさい。いったい何のために、どう変えるつもりなのかね？　それに、誰があなたのあるべき姿を決めるのだろう？　自分がどうあるべきか、その決定を誰かにゆだねると、それは外側からの押しつけになる。聖職者や政治家たちは、あなたに何かしらの理想を押しつけようとしている。そうした理想のせいで、あなたは自然に、素朴になれないし、自分に重荷を背負わせなくてはならない。だからあなたはいつも不自然で、自分勝手で、わざとらしい。あなたはどんな他人の真似もできない！


トマス・ア・ケンピスの有名な著書に、『キリストのまねび』がある。だがこれ以上に欺瞞に満ち、これ以上に醜い題名にお目にかかったことはない。キリストの真似だって？　しかもこの本は大変重視されている。それはキリスト教で最重視される書物のひとつだ。だがその考え方全体が間違っている。キリストを真似したところで、あなたは模倣者でしかないし、けっしてキリストにはなれない。そして模倣者でいることは、偽善者でいることだ。どうやってキリストを真似ようというのかね？キリストはまったく異なった人だった。彼はけっして誰の真似もしなかった。誰かを真似していれば、彼はユダヤ人たちに愛され、敬われただろう。モーゼやアブラハムを手本にしていれば、磔にはならなかっただろう。彼はけっして誰の真似もしなかった！　ただありのままの自分を主張しただけだ。

神が創ったままの自分に敬意を払っていた。彼は本物の人であり、誰かの写しではなかった。

このままでは、トマス・ア・ケンピスも複製になる。たとえ完璧にやってのけても、それでも彼は複製だ。そして複製というのは醜い。本物でいなさい。本物でいられるのに、どうして複製にならなくてはいけないのか？　仏陀を真似したり、イエスを真似したり、私を真似したりはしないことだ。誰も真似てはならない！　あらゆるところから学ぶがいい、だがけっして模倣はしないことだ。ただ自分自身でいなさい。自分自身でいるだけでいい。そして、自分が誰なのかをあらかじめ知る術《すべ》はない。内側に入り、自分が何者かがわからなければ、どうやって自分が誰なのかを決められるだろう？

だからまず必要なのは、変えようとする努力ではない。最初に必要なのは、自分の実存をよく知ろうとする努力だ。あなたのなかにいるのは誰だろう？　あなたを訪れた、この客に目を向けなさい。あなたの身体は、客をもてなす主人だ。その身体には、見知らぬ客が滞在している。彼方からの客が、身体に降りてきている。それがあなただ！　ただ目を向け、見守り、瞑想し、それに気づいていなさい。自分を変えようとする努力をすべて落としなさい！　あなたの全エネルギーを、自分自身を知ることに注ぎなさい。するとその知ることから成長が生じ、その成長があなたの本来の面目《オリジナル・フェイス》をもたらす。自分自身でいるだけでいい。あなたはすでに自分であるものでいればいいだけだ。

最後の質問

必要性の法則とは何なのでしょうか。

ピュタゴラスはふたつの法則、必要性の法則と力の法則について語る。必要性の法則とは、ロボットや機械のように、偶発的な生を送ることだ。必要性の法則とは、物事があなたに起こることを意味する。あなたは主人ではなく、主人でいるには意識が不充分だということだ。

力の法則とは、物事があなたに起こっていないということだ。あなたが物事に対して起こる。あなたはたんなる偶然ではなく、力そのものだ。意識は力をもたらす。すると生はただの流木ではなくなり、方向を持つようになる。そのとき生には、ある種の統合と連続性がある。あなたには確かな何かがある。そしてその非常な力強さゆえに、あなたは人々に対して起こるようになる。あなたには臨在がある。そして何をするにせよ、それをやるのはあなただ。それは無意識な反応ではなく、意識的な応答だ。あなたは物事や成り行きのなすがままではない。あなたのなかには統御力が生まれる。

そのために、東洋ではサニヤシンは『スワミ』と呼ばれる。『スワミ』の意味は、自分自身の主人になった者、必要性の法則から力の法則に進んだ者だ。必要性の法則とは、あなたが眠っている人のように歩いていて、あちこちにつまずき、そこら中で転びながら、暗中模索しているということだ。あなたの生は無意味なままだ……「愚者が説く物語、けたたましくも狂おしく、何ひとつ意味もない」。あなたの生は、狂人の無意味なおしゃべり《ジベリッシュ》のようになる。あなたにはどんな詩も、どんな歌もなく、自分のなかに生まれるいかなる音楽もないだろう。それらはすべて、あなたの無意識が消え、意識的になったときにしか起こらない。瞑想は意識的になる鍵だ。瞑想は力の法則への扉だ。

あなたは尋ねている。「必要性の法則とは何なのでしょうか？」

あなたはその影響下に生きている……。

私はある男の自伝を読んでいた。その著者の父親が旅行中に、乗っていた電車が遅れたことがあるという。目的地に着いたので、彼は電車を降りたが、電車が大幅に遅れたために、すでにタクシーは全部出払っていた。真夜中だったのでとても寒かったし、タクシーも見当たらないので、彼はレストランに入ることにした。閉店間際だったので、カウンターにいた女は帰り支度を終え、ちょうど出ようとしていたところだった。男が入ってきたのを見た彼女はコーヒーを用意してくれたので、彼はそれを受け取った。他には誰もいなかったから、ふたりは話し始めた。すると女がこう言った、「タクシーを捕まえるのは難しいわよ。ねえ、私の車に乗っていかない？　途中で降ろしてあげるから」

こうして彼がその女とともに出かけたのが、お互いのなれそめだった。そしてその女性は、この自伝の著者の母親になった。

そして著者は言う、「もし電車が遅れなかったら、自分はこの世にいなかっただろうし、タクシーが捕まっても自分はこの世にいなかった。その女が父親に車に乗るよう勧めなかったら、自分はこの世にはいなかった」

すべては偶発的だ。人々はこの無意識のなかで生きている。あなたの愛は偶発的で、あなたの憎しみも偶発的だ。友も、敵も、何もかもが偶発的だ。

偶発的でいるのは止めなさい！　自分自身を取りまとめ、もう少し意識的になりなさい。起こっていることに目を向けなさい。そしてゆっくり、ゆっくりと、自分の意識から行動し始めれば、途方もない力があなたのなかに生まれるのを見るだろう。そのときあなたの生全体には、まったく異なった味わいがある。

物語をひとつ。


八十才の億万長者が、田舎育ちの十四才の娘と結婚した。億万長者はこの結婚にいたく満足していたが、何週間かして、この娘は、もういいかげんにアレをしてくれないなら出ていくと言った。

彼は運転手にリムジンを廻させると、高給取りのお抱え専門医のところに出向いて、精子を一発注射してもらった。

「いいですか」とドクター。

「アレをおっ勃《た》てるには『ビー』と言い、フニャマラに戻すときは『ビー、ビー』と言うんです」

「おお、素晴らしい！」

「ですが警告すべきことがひとつあって」とドクター。「こいつは死ぬ前に三回しか効かないんですよ」

帰る途中で、老人はどうせ三回分も命はもたないと思い、試しに一回無駄にしてみることにした。

「どれ、本当に効くかどうか試してやろう。他に確かめようもないし、ドクターが騙していないともかぎらん。なんせ信じがたい話だからな」

そこで老人は「ビー！」と言ってみた。するとその言葉が効いて、老人のアレはビンビンになった。

「こりゃすごい、信じられん！」。若かったときでさえ、これほどのは一度もなかった。

満足して老人が「ビー、ビー」と言うと、アレはたちまち元に戻った。老人はくすくす笑いながら、嬉しさと期待に胸をふくらませた。

まさにその瞬間、黄色い小さなフォルクス・ワーゲンが、リムジンを追い抜きざまに「ビー」とクラクションを鳴らし、あわてた反対車線の車も「ビー、ビー」と返してきた。

それが意味する危険を察した老人は、運転手に飛ばすよう指示し、人生最後のチャンスとばかりに、全力疾走で家に駆け込んだ。

「ハニー！」老人は大声で言った。「何も聞かずに服を脱いで、すぐベッドに入るんだ！」

老人の興奮につられて、彼女は服を脱いでベッドに入った。老人も不安を押さえて服を脱ぐと、あわてて後を追い、ベッドに這い上がりながら「ビー」と言った。すると、やさしい若妻はこう言った。

「なに、その『ビー、ビー』って？」

第6章

ロゴス：力と必要性

6

LOGOS:POWER:NECESSITY

それでも、
それはあなたに与えられる。
闘い、あなたの愚かしい熱情に
打ち勝つために、
それらを征服することを学びなさい。

真面目で、勤勉で、純潔でありなさい。
あらゆる憤りを避けなさい。
公にも、内密にも、
あなたにどんな悪も許してはならない。
そして他の何にもまして、自分自身を敬いなさい。

あなたが熱慮するより前に、語ったり、為してはならない。
公平でありなさい。

無敵の力が死を定めていることを覚えていなさい。

たやすく得られた富と名誉は、失うのもたやすい。

運命にともなう災難については、
それをありのままに評価し、すべてに耐え、
そうした裏切りが和らぐよう、可能な限り励みなさい。
神々は賢者を悲惨の極みにさらしてはいない。

真実と同様に、過《あやま》ちを愛する者もいる。
哲学者は慎重に承認し、あるいは咎める。
過《あやま》ちが勝つようなら、彼は旅立って待つ。

ピュタゴラスは、初めて『哲学《フィロソフィー》』と『哲学者《フィロソファー》』という造語を用いた人だった。『哲学』は知恵への愛を意味し、『哲学者』は知恵の友を意味する。ピュタゴラス以前には、別の言葉が同じ目的で用いられていた。哲学には『知《ソフィア》』という語が用いられていた。『知《ソフィア》』の意味は知恵だ。そして哲学者には『知者《ソフォス》』が用いられていた。『知者《ソフォス》』とは賢い人、賢者を意味する。それらは美しい言葉だったが、それは堕落し、間違った人たちを連想させるようになった。悪い時代に、それらは堕落してしまった。言葉にも良い時代と悪い時代があり、栄光と屈辱の日々がある。

『知者《ソフォス》』とは賢人——美しい言葉だ。いいかね、賢人とは聖人を意味しない。聖人は罪人に反対する。そこには対極がある。聖人とは、罪人でない人、悪徳に反対し、有徳であることを選んだ人だ。罪人とは、有徳に反対して悪徳を選んだ人だ。彼らはプラスとマイナスのような両極だ。聖人は罪人なしには存在できないし、罪人は聖人なしには存在できない。彼らはパートナーであり、共存しかできない。聖人のいない世の中は、罪人のいない世の中でもあるだろう。本当に世の中から罪人が消えてほしければ、まず聖人が消えるにまかせなさい。そうすればたちまち、どんな罪人もいなくなるだろう。聖人という存在が罪人を生み出している。聖人をより敬うほど、あなたは罪人をとがめるようになり、その亀裂はどんどん深まっていく。そして皮肉なことに、彼らはともに存在する、同じコインの両面だ。彼らに違いはないし、その論法にも差はない。違うのはその選択だけだ。一方は生の夜の部分を選び、他方は昼の部分を選んでいる。しかし生は昼夜の両方から成り立っている。昼だけでも、夜だけでもない——どちらも全体の半分だ。だからどちらも惨めなままだ。

あなたの罪人は惨めだ。彼らは徳の持つ美しさ、罪人が選ばなかった方の美しさをずっと逃しているからだ。そしてあなたの聖人も惨めだ。彼らは壊せない何か、彼らの実存のもっとも本質的な部分を抑圧してきたからだ。

あなたの聖人に深く見入れば、その無意識のどこかに罪人が隠れているのがわかるだろう。罪人の場合も同じだ。深く見入れば、その無意識のどこかに聖人が隠れているのがわかる。聖人の意識は罪人の無意識であり、罪人の意識は聖人の無意識だ。

賢人は、これでもなく、あれでもない。ネティ、ネティ――これでもなく、あれでもない。選ばずに、自分の全体性を受け容れている。彼は全体であり、同じだけの昼と夜がある。彼は絶えずエゴを選ぶことを落とし、どんな事実もただ受け容れている。彼は真実を生きる――それが何であろうと、まったくありのままに生きる。生の流れに干渉するのは賢人の仕事ではない。

賢人が途方もなく美しい現象なのは、その全体性ゆえだ。賢人は完全な円であり、すべてを含み、何ひとつ拒まない。それが『ソフォス』という考えだった。それは美しい言葉だったが、その名声から転落してしまった。

それが転落したのは、それが危険な言葉でもあるからだ。ずる賢い人々もたやすく利用できる。賢人が全体であり、両方であるなら、罪人もそれを使えるわけだ。「私は両方だ。事実がどうあれ、選んだりはしない」。今やその罪人は、賢人を装える。彼はこう言える、「自分がこうなのは、この瞬間には、それがありのままだからだ。それは起こっている――私にどうしようがある？　私は選ぶのを落としたし、生を全面的に受け容れている」

賢人は、こういうずる賢い人とはまったく異なった現象だ。こういうずる賢い人が『知者《ソフォス》』という言葉を使ったために、それはこの狡猾な精神《マインド》を連想させるようになった。『知者《ソフォス》』はやりたい放題やるための偽装《カムフラージュ》になってしまった。奥深くには選択がありながら、表面上は、自分は選ぶ者ではないし、無選択の気づきに生きているというふりができる。それはとても微妙なずる賢さだ。

こうして『知者《ソフォス》』という言葉はその台座から転落し、『詭弁家《ソフィスト》』となってしまった。『詭弁家《ソフィスト》』という言葉は醜い。それは偽善者を意味する。賢人でないのに賢人のふりをする人、聖人でさえないのに賢人のふりをする人だ。彼はたんなる罪人だが、罪人のままでいられるすばらしい正当化を見つけだした。

人殺しは「どうしようもないさ、神様が俺を通じて人殺しをさせたんだ」と言えばいいし、泥棒なら「どうしろっていうのさ、そう神様が俺に命令したんだ」と言えばいい。そして彼と議論するのはとても難しい。彼にはすばらしい正当化がある。

こうして『知者《ソフォス》』は転落し、『詭弁家《ソフィスト》』になった。そして同じことが『知《ソフィア》』にも起こった。知恵は知識ではないが、見た目は似ている。知識は知恵のふりをするだけで、知恵とはまさに正反対だ。知識は常に借り物だ。借り物だから、根本的に真実ではない。

知恵はあなたのなかに生まれる。それはあなたの開花、あなたの香りだ。知恵とは自己理解、自己知だ。あなたは光り輝き、確固とした臨在になる。中心があり、根づいていて、統合されていると感じる。あなたはもう断片ではない。あなたはひとつだ。

知恵はあなたの実存における革命であり、知識はただのがらくただ。それは他人から集められるし、あなたを変えることはない。あなたは同じままだ。もちろんあなたはきれいに飾り立てられるし、たくさんの美しい仮面も手にするが、あなた自身の顔は同じままだ。知識を蓄え続け、記憶はどんどん増えても、あなたの実存は相変わらず貧弱なままだ。だが知識は知恵のふりができる。それはどちらも同じ言語を用いるからだ。

たとえば、アル・ヒラジ・マンスールが「アナル・ハク――私は神だ！」と言ったとき、それは知恵だった。それはまさに彼の核から来ていた。それは彼が発した宣言ではなく、彼を通じて発せられたものだった。あなたはそれを習えるし、「アナル・ハク――私は神だ！」と宣言し始められる。だがそれはただの知識でしかない。あなたの生はそれを立証しないし、あなたの存在はその証明にならないだろう。それどころか、あなたの存在は、事あるごとにそれを反証するだろう。あなたの生は、まさにその正反対のものになるだろう。

それはインドで起こってきたし、ギリシャでも、中国でも起こってきた。時代を通じて、それは繰り返し起こってきた。ウパニシャッドは同じことを、独自の言葉で語る。それは「アハム・ブラフマスミ――私は神だ！」と宣言するだけでなく、「私は神だ――すべては神々だ」と宣言する。インドの聖職者であるバラモンたちは、このすばらしい声明を何千年も繰り返している。「アハム・ブラフマスミ――私は神だ、そしてすべては神々だ！」。それなのに、不可触賤民たちが存在する。それなのに、人間と呼ばれる価値さえない人々が存在している。

一方で、あなたはオウムのように、ウパニシャッドのすばらしい声明や、見者たち、賢人たち、知者たちのすばらしい声明を繰り返している。彼らは真のバラモンだ。バラモンとはブラフマンを知るに至った人、絶対なるものを知った人のことだ。人は生まれによってはバラモンにはなれない。生まれつきのバラモンというのがいたら、それは間違いなく偽善者だ。体験から、実存的な体験からしか、バラモンにはなれない。自己認識によってしかバラモンにはなれない。だがいったいどうして、自己を認識した人々と不可触賤民が一緒に存在できるだろう？　それはあり得ない。不可触賤民は現に存在している。

一方で人々は、「全てが神だ、神以外には何もない。全存在は神で充満している。ひとつひとつの原子が神で満ちている」と宣言し続けている。それにも関わらず、人間と呼ばれる価値さえない人々がいる。彼らが神だということに関してはどうなるのか？　彼らは不可触だ。彼らがあなたに触れば、それは犯罪だ。しかも触るだけが罪なのではない。過去には彼らの影でさえ……彼らの影があなたにかかっただけで犯罪だった。あなたに影がかかったというだけで、不可触賤民は火あぶりにされかねなかった。

それを昔の話だとは思わないように。彼らはいまだに生きたまま火あぶりにされている――それも毎日だ！　彼らの女たちは強姦され、彼らの家は燃やされ、彼らの子供たちは殺される。これが、世界一宗教的だと自称する国で起こり続けていることだ。これはどういうたぐいの知恵なのかね？　こうした強姦や殺人、放火といったすべての背後にいるのは、あなたたちのバラモン、主張屋たちだ。彼らはヴェーダやウパニシャッドを繰り返すが、それは彼らの頭にあるテープにすぎない。彼らは自分が何を繰り返しているかもわからずに繰り返している。

『知《ソフィア》』は知恵だ。知恵はあなたの実存の、最奥の寺院で起こる。それはけっして借り物ではなく、知識や情報にも関係はないし、聖典や教義、思想体系にも関わりはない。それはあなた自身の体験であり、個人的で真正なものだ。あなたは知り、到達した。そのとき、それは『知者《ソフォス》』であり、知恵だ。ただ他人の体験を繰り返しているだけなら、それは『詭弁《ソフィストリー》』、知識だ。死んでいて、無意味な、ジベリッシュ以外の何ものでもない。あなたはそれで自分を飾り立て、それを通じてエゴを強められはするが、真実を知ることはない。

『知者《ソフォス》』が転落すると、そこには醜い現象――『詭弁家《ソフィスト》』があった。『知《ソフィア》』が転落して存在に入りこんできたのは、『詭弁《ソフィストリー》』だった。『詭弁《ソフィストリー》』は、真実とは無関係な、純粋な議論のための議論のことだ。それはたんなる言語学上の分析であって、もちろん論理的だし合理的だが、直感的ではないし、経験的でもない。

　議論と推量なら続けられるが、たとえそうして千年議論したところで、真実に到達することはない。なぜなら、真実とはけっして結論ではないからだ。それはどんな論理的過程の結論でもない。真実は論理によって考案されるべきものではない。真実は愛によって発見されなくてはならない。真実への道は、論理ではなく愛だ。知恵は愛であり、知識は論理だ。

　そしていつであれ、論理が「自分は扉だ、真実への道だ」というふりをし始めると、真実は世界から消えていく。

　ピュタゴラスは新しい言葉を造らなくてはならなかった。そして彼は美しい言葉を造った。『哲学《フィロソフィー》』とは、知恵への愛という意味だ。知識への愛ではない。いいかね、知恵への愛だ。知識は知能的で、知恵は直感的だ。知識は頭のもの、知恵はハートのものだ。それゆえの愛――論理ではなく愛だ。計算ではなく無垢、ずる賢さではなく知性、知能ではなく知性だ。

また彼は『哲学者《フィロソファー》』――知恵の友という言葉も造った。観察したことがないかね？　誰かと議論を始めるとき、あなたはいつも、真実よりもエゴにこだわる。ときには自分の議論が誤っているのがわかっていても、エゴが傷つくからそれを受け容れられない。あなたが議論するのは、それがあなたの意見だからであって、それが真実だからではない。相手の意見に反論するのは、それが相手の意見だからで、それが真実に反するからではない。

議論が生じるのは真実のためではなく、自己満足《エゴ・トリップ》のためだ。だとしたらそれは詭弁《ソフィストリー》であり、とても醜い現象だ。

女性を愛する――それはすばらしい体験だ。男女間の愛には途方もない真実があり、真実そのものの香りと祝福がある。それはもっとも信じがたい、生の神秘のひとつだ。だが売春婦のところへ行くのは同じことではない。物理的には同じでも、精神的《スピリチュアル》にはまったく異なる。売春婦は醜い現象であり、恋人は神性なる何かだ。

哲学《フィロソフィー》はあなたの恋人のようだが、詭弁《ソフィストリー》は売春婦だ。そして詭弁家《ソフィスト》たちがしていたのは、まさしく売春だ。彼らは金さえもらえば誰のためにでも議論した。あなたが金を出せば、彼はあなたのために議論する。誰かがもっと出せば、彼はその人のために議論する。誰かがもっと出すつもりなら、詭弁家《ソフィスト》はあなたに反対しさえする。

こんな話を聞いたことがある。

毎週日曜、その牧師はある老人にひどく迷惑していた。その老人は、彼の集会に来るなかでも大変立派で、金もあり、裕福な人物だったのだが、牧師の真ん前に座っては、瞬く間に眠り、大いびきをかくのが常だった。目の前に座っていびきをかくのだから、当然たまったものではなかった。牧師は落ち着かなかった。どうしたらいいのか？　老人はとても裕福だったから「これは良くないことです」とは言えなかった。そこで彼はひらめいた。

老人にはいつも、彼のひ孫である少年がついてきていた。牧師はその少年を呼んで、こういった。「毎週日曜、四アナあげよう。おじいちゃんがうとうとし始めたら、肘でそっとついて、起こしてくれるだけでいい」。少年は大喜びでそれをやり、牧師のもくろみは成功した。

三度目の日曜までは、それで完璧だった。老人がいびきをかき始めると、少年は老人を揺すぶった。だが四度目の日曜は、老人はいびきをかき、牧師はじりじりしていたが、少年は静かに座っていた。説教が終わると、牧師は少年を呼んで尋ねた。「どうした、忘れてしまったのか？」

「ううん。忘れてないけど、今度はおじいちゃんが毎週日曜に一ルピー払ってくれるんだ。『わしの邪魔をしなかったら、一ルピーあげるよ』って」

これが詭弁家《ソフィスト》たちの実態だ。彼らは金さえもらえば、誰のためにでも議論した。彼らはすばらしい弁舌家だった。だが知恵は、議論とは何の関係もない！

仏陀は弁舌家ではない。彼は何かを体験した。彼が言葉や論理を使うとすれば、それはただ体験したものを表現するためであって、それを立証するためではない。彼は言葉や論理を通じて体験したわけではなく、まず瞑想を通じて体験し、それからその体験を表現するために、論理や言葉を用いている。

表現に関する限り、論理や言語はまったく正しいが、それらは創造的ではない。それらは表現に関係している。真実はまず表現されなくてはならない。そうしたら役に立つ。だが外側からは、誰が自分の体験を表現していて、誰がたんなる言葉遊びをしているのかは見分けにくい。自分ではまだ何も体験していない人には、それはとても難しい。

ピュタゴラスはインドを訪れ、偉大な賢人たちと出会った。彼は偉大な見者たち、偉大なバラモンたちに出会い、生まれてはじめて賢人とはどういうものなのかを見た。そして何年も瞑想し、自分の力で賢人になり、光明を得た。それから彼はギリシャに戻り、そこで起こっていたことを目にした。恋人は消え、そこにいたのは売春婦だけだった。

ピュタゴラスはこれらの新語を造った。それらの言葉は美しいが、それらは同じ罠にはまってしまった。今あなたが大学に行くとしても、それが東洋であれ西洋であれ、そこにピュタゴラス的な意味での哲学は存在しない。少なくとも大学には、ピュタゴラスが使う意味での哲学者というのはいない。大学では、それはまたしても詭弁になり、哲学者と大学の哲学教授は、またしても詭弁家《ソフィスト》になってしまった。そのために、哲学は息を引き取ろうとしている。どこかの大学に入ってみれば、それを目の当たりにするだろう。

何千という学生が、科学や数学、物理や化学、生物学や地質学を専攻しにくる。何人の学生が哲学を専攻しにくるか、ちょっと聞いてみるといい。指で数えるほどもいはしない。

私が哲学科の学生だったとき、そこには三人しかいなかった。一人は私で、後の二人は女子だった――たったの三人だ。しかも哲学科には教授が十人いた。生徒一人に、教授が三と三分の一人だ。しかもその二人の女子は、まったく哲学に関心はなかった。彼女たちの唯一の関心は、文学修士号を取ることだった。それがあれば、いい夫を得る足しになるからだ。それ以外の科に入る許可が得られなかったので、彼女たちは哲学を選んだ。だからどんな関心もなかった。

何度もあったことだが……教授の一人はきわめて禁欲的だったので、女性は見ないと心に決めていた。さて、クラスには女子が二人いる。そこで教授は目を閉じて授業をした。しかもその二人はほとんどいつも欠席していたから、席にいたのは私だけで、教授はといえば、目を閉じたまま立っていた。そういうわけで、私は目を閉じて聞くことを学んだ……実際には、教授はしゃべり、私は眠っていたのだが。

ある日、教授はそのことに気づいた。最初彼は、私も禁欲主義者で女性を見ないようにしていると思いこんで、少なくとも一人は同類がいたと大喜びだった。彼は学校中で馬鹿にされていたが、こう考えた、「これはじつにすばらしい、少なくとも一人はここにいるわけだ」。だがある日、教授は気づいた。というのも、その女子二人がいなかったので、彼が目を開けると、私がぐっすり眠っていたからだ。

彼は「何が問題なのかね?」と尋ねた。

私は言った。「問題なのは、あなたの講義にはどんな哲学も見当たらないことですね。気持ちよく眠る方がはるかにましだし、ためにもなります。あなたが教えていることは、ただのがらくたですね、腐ってますよ。あなたは何ひとつわかっていません!」

だが事実は正にその通りだったし、彼は正直だったので、最初はショックを受けたものの、すぐにその真実を認めた。というのも、彼はその日、パタンジャリとサマーディについて話していたので、私はこう尋ねたのだ。「あなたはサマーディが何だか知っていますか? それを体験したことがありますか？　あなたの言うことは全部学んだことであって、知恵ではありません。あなたの言うことはすべて機械的です。それならコンピューターでも、教授が教えるよりずっとましなやり方で、もっと能率的なやり方でできますよ。あなたはサマーディについて読みましたが、サマーディについて読むことと、サマーディを知ることは違います。それはちょうど、光にまつわる本をたくさん読んだ盲人が、光について話せるようなものです。光に関する高度な論文だって書けるかもしれませんが、彼はどんな光も知りません。まったく何ひとつ知らないんです。盲人には眼がないんですから」

　こういったことは世界中で起こっている。その理由は、人々の真実への関心が尽きたからではない——それは哲学が再び詭弁《ソフィストリー》となってしまったからだ。今世紀の偉大な哲学者たちは、言語学者、論理実証主義者、理屈屋に他ならない。バートランド・ラッセル、G・E・ムーア、ルードヴィッヒ・ヴィトゲンシュタイン——哲学の大御所たちは、そろいもそろって言葉に関心がある。彼らの関心は神がいるかいないかにではなく、神という言葉が何通りに使えて、その用法が妥当かどうか、神という言葉を用いてかまわないか、用いるとしたらどんな意味を持つかにある。彼らは神の真実には関心がなく、神という言葉にしか関心がない。そうやって彼らは分析し続ける。

『愛』という言葉を分析している人を思い浮かべてごらん。あなたは彼を愛の人と呼ぶだろうか？愛は体験すべき何か、生きられるべき何かだ。哲学が真の哲学であるためには、それは生の哲学でなくてはならない。哲学という名にふさわしい哲学とは、実存的、体験的でなくてはならない。哲学は議論にではなく、瞑想に基づく必要がある。

　再び、哲学《フィロソフィー》という言葉は評判を落としてしまった。新しい言葉が必要とされている。たとえば、これからは『フィロソフィー（*philosophy*）』を『フィロウジア（*philousia*）』に変えた方がいい。「オウジア（*ousia*）」の語源は『本質』だ。『フィロウジア』は本質を、あるいは在ることを欲する人、ただそのことを思うだけでなく、体験し、認識し、見てみたい人を意味する。

それが、哲学に相当するインドの言葉が持つ本当の意味――ダルシャンだ。ダルシャンとは『見る』という意味だ。ピュタゴラスが二十五世紀前にしたのとまったく同じことを、今した方がいい。彼は『ソフィア』を『フィロソフィー』に変えた。今、『フィロソフィー』はもう一度変えられる必要がある。私が提案するのは『フィロウジア』だ。それについて考えるだけで満足するのではなく、本質、あるいは在ることを見、体験したいという欲求だ。

さあ経文だ……第二部、浄化の続きだ。前回の経文はこうだった。

できるならこれだけでも。
この上なく厳格な法則が、「力」を「必要性」に縛りつけているのだから。

ピュタゴラスは人間の行動に関わるふたつの動機を認識した。一番目は低次の自然に由来する『必要性』と呼ばれるもので、二番目は高次の自然より発する『力』と呼ばれるものだ。だがそのどちらも、暗に示される根本的法則――タオ、ダンマ、トーラー、ロゴスに依存している。東洋では最初のものをプラクリティ、そして二番目のものをプルシュと呼んだ。

インドの賢人たちとともに座し、交感《コミュニオン》のなかにいたピュタゴラスが、このふたつの法則を学んだ可能性は充分にある。彼は自らの実存でもそれを体験したわけだが、その最初の一瞥は、東洋において、光明を得た師との深い交感《コミュニオン》のさなかに起こったのだろう。

プラクリティとは低次の自然、物質性、目に見えるものを意味する。プルシュとは意識、気づき、高次の自然を意味する。プラクリティは円周で、プルシュは円の中心のようだ。ピュタゴラスには彼独自の言葉がある。最初のものを、彼は必要性の法則と呼ぶ。低い方へ向かうほど、必要性の法則はより強く作用する。意識の高みへと向かうほど、必要性の法則は弱まり、力の法則、自由の法則が強まっていく。

最低の地点では、原因と結果が唯一の法則だ。そしてその因果関係しか認識しないために、科学は神を認識できず、意識を認識できない。まさにその方法論が妨げとなっている。科学は梯子の一番低い段につながれたままだ。存在は、多くの段からなる梯子だ。そしてその梯子は小さな規模で、あなたのなかに、そしてあらゆる人のなかにある。

あなたの肉体はプラクリティ、低次の自然だ。肉体は必要性の法則に従っている。仏陀の肉体でさえ、この法則に従っている。若さから老いへと向かい、老いれば死んでいく。仏陀に対しても、自然が変わることはない。それは非常に厳格な法則だ。そこにはどんな例外もない。

だから私は、イエスは処女の母親から生まれたのではないと言う。誕生というのは、もっとも低い必要性の法則に従うからだ。誰ひとり例外にはなり得ない。確かに彼は、とても無垢な女から生まれた。処女性が象徴的な事柄なら、それはまったくその通りだ。それがマリアの無垢の詩的な表現だというなら、まったく正しい。だが、それが生理学上の現象であり、マリアは処女だったと主張するとしたら、あなたはたんなる愚か者だ。誕生は必要性の法則に従う。

まったく同じことが、復活という考えにも言える。いったんイエスが死んだら、復活の可能性はない。必要性の法則は例外をいっさい認めないからだ。だが『復活』によって、真の生は不滅であり、あなたのなかの永遠なる何かはずっと続いていくということ、死ぬのは粗大な体だけであり、あなたの実存のもっとも微細な核は永遠だということを意味するとしたら……『復活』によって、霊的《スピリチュアル》な再誕生を意味するとしたら、それはまったくその通りだ。だが歴史的な意味での真実ではない。そしてそれはあらゆる人にとって同じだ。

ジャイナ教徒に言わせると、マハヴィーラは汗をかかなかったというが、そんなことはあり得ない。肉体の八五％は水からできていて、発汗は過度の熱を避けるために肉体が取る手段だ。汗をかくとき、体はある種の空調装置を生み出している。汗をかくと、水分が皮膚の表面に出てきて蒸発し始める。蒸発するには熱がいるので、その水分が体の熱を吸収する。そうすることで、体内の温度が涼しく保たれる。それはとても自然な現象だ。肉体がプラスチックや鋼鉄でもない限り――そうとなれば話しはまったく別だが。

またマハヴィーラは、裸で移動していた――しかもインドで一番暑い地域であるビハールの、埃まみれの道をだ。今日でさえ埃っぽいのに、二十五世紀も前だ……ちょっと考えてごらん。彼が汗をかかなかっただって？　彼は死んでいただろう。汗をかかずには生存できるはずがない。汗をかくことは生存機構の一部だ。

だがどの宗教も、その創始者が例外的であってほしい。ある意味では、彼らの考えは正しい。それはどういう意味において正しいのだろう？　彼らが正しいのは、マハヴィーラやキリスト、仏陀は別な法則にも到達してきたからだ。それが力の法則だ。だが彼らの肉体がそれに従うわけではない。肉体は大地に属している。それは地上の法則に従う。彼らの意識は今や力の世界に、プラクリティにではなくプルシュに属している。彼らの意識には完全な自由、絶対の自由がある。彼らの意識は、どんな制限も知らない。だが私たちには、彼らの意識は見えない。

私たちもその頂上に、その絶頂に、その歓喜《エクスタシー》に到達しない限り、見えるのは肉体だけだ。だから私たちは彼らの肉体に関する物語や神話を創作し、あたかも彼らの肉体が、高次な力の法則の一部になったかのような話をする。それはけっして起こらない。隠喩としてならいいし、神話としてなら美しい。だがそれを史実として立証しようとはしないことだ。

ジャイナ教徒が言うには、蛇がマハヴィーラのつま先を噛むと、血の代わりにミルクが流れ出したという。さて、これは実に危険なことだ。それは血の代わりにミルクがマハヴィーラの体内をめぐっていたということだ。それに、ミルクが長期間ミルクのままであることはあり得ない。それはヨーグルトになる。この蛇に噛まれる一件よりもずっと前に、マハヴィーラはヨーグルト臭くなっていたことだろう。

だが、詩的な表現としては美しい。それはただ、ミルクが愛の象徴であることを示している。子供が生まれると、女性の胸からはミルクが流れ出す。それは愛から流れ出す。ミルクというのは愛の象徴、詩的な象徴だ。この物語が言っているのは、たとえ毒蛇が噛んだとしても、マハヴィーラからは愛以外のものは得られない――ただそれだけのことだ。そのことを説くために、血は出てこなかったとか、血の代わりにミルクが流れ出たという物語が書かれた。だが真に受けたりはしないように。流れ出たのは本物のミルクだといって、それを生理学的に立証しようとはしないことだ。

肉体は大地の一部であり続けるが、あなたの意識は大空の一部になれるし、本来それは大空に属するものだ。


人は、このふたつの法則の出会いだ。必要性と力、プルシュとプラクリティ、束縛と自由、大地と大空、肉体と魂、目に見えるものと見えないもの、粗大なものと微細なもの――人は合流地点だ。それが人の栄光であり、そして不幸でもある。充分な理解がなければ、それは苦悩だ。自分は巨大なふたつの力、相反する二極が出会う地点なのだと理解するまで、あなたは不安で、苦悩に満ちた状態に留まることになるからだ。あなたは引き裂かれ、ふたつの力に引き離されるように感じる。これかあれか、どうしたらいいのか？ 生は大変な不安と化す。

大地はあなたを引き下げ、大空は上へと引きつける。肉体は「私に従いなさい」と言い、魂は「私と一緒に行こう！」と言う。その道は別々だから、両方同時にはついていけない。それはほとんど不可能に思える。肉体に従えばやましさを感じる。実存の最奥の声を聞かず、静かな小さい声に耳を傾けなかった。その静かな小さい声に従えば、自分の肉体に辛く当たっているように感じる。すると肉体は栄養不足で、愛されていないと感じ始め、反抗するようになる。

だから何を選ぼうと……肉体を選べば魂は息苦しく感じ、魂を選べば肉体は栄養不良で、顧みられず、無視されたと感じる。どちらにしても、あなたは緊張状態にあると感じる。それが人の苦悩だ。

だがこのふたつの法則が理解され、このふたつの法則のリズムを理解できれば、それらは対極に見えるが、深いところでは相補的だとわかる。あらゆる対極は常に相補的だ。生と死は対極だが、相補的でもある。男と女は対極だが、やはり相補的だ。善と悪も、対極でありながら相補性を見抜ければ、あなたのなかに超越が生じる。そしてその栄光は顕わになり、あなたは燦然と輝く。この相補性を見抜ければ、あなたのなかに超越が生じる。

それが仏陀の境地、キリストの境地だ。それをキリスト意識と、仏陀意識と、クリシュナ意識と呼べばいい。どう呼ぶかは問題ではないが、それはこういうことだ。あなたの緊張が解け、不安が晴れ、肉体と魂とともに調和していられたら――意識と肉体をいさかいなく同時に遊ぶ術《すべ》を学んだなら、あなたの生はすばらしい音楽を生み出す。その音楽が瞑想だ。するとあなたの生はとても意味深いメロディーになる。あなたは祭りに、祝祭になる。あなたは花開く。

あなたは肉体を礎として用い、意識を寺院を作るために用いる。肉体は礎になり、意識は寺院になる。あなたは肉体をフルートとして使い、意識はそのフルートを通じて流れる歌になる。肉体をシタールとして使えば、あなたの意識はそれから生まれる音楽になる。

見守ったことはないかね？　物としての楽器、物質的な楽器の上に、どんな物質も内に持たない、まったく霊《スピリチュアル》的な音楽が生じる。それと同じように、ピュタゴラスが言うのは、このふたつの根本的法則、必要性の法則と力の法則は、ひとつの原初の法則に根ざしているという。老子はその法則をタオと呼び、イエスはその法則をロゴスと呼び、仏陀はその法則をダルマと呼び、モーゼはその法則をトーラーと呼ぶ。その根本的法則においては、あらゆる二元性は消滅し、非二元的になる。その一なるものが神、その原初の法則が神だ。その原初の法則こそが真実だ。

真実には肉体がある。その肉体は必要性の法則からできている。そして真実には魂がある。その魂は力の法則からできている。人はその両方であり、ふたつの永遠のはざまに張られた一本の綱だ。フリードリッヒ・ニーチェはそのようにそれを表現した。ふたつの永遠に張られた綱、過去と未来、物質と意識のはざまに張られた綱だ。そしてこの綱渡りの綱の上を歩くには、大変な熟練がいる。あなたは綱渡り師にならなくてはならない。

それこそがサニヤシン、弟子であることのすべてだ。宗教的な人とは、この綱の上を歩く術《すべ》を学ぶ人のことだ。それは冒険に満ちている! そして非常に危険でもある。一歩でも踏み外せば転落してしまう。たった一歩間違っただけで、道を外れてしまう。ちょっとしたミスでも、真っ逆様に落ちることになる。

高みに向かうほど、生はより危険なものになる。だが危険が増す分、それを生きる価値もまた高まる。その意味が増すほど、それはより意義をもつ。


ニーチェは「危険に生きろ!」とも言っている。この「危険に生きろ!」によって、彼は何を意味しているのだろう? 安楽に生きてばかりいる人たちというのは、まったく生きてなどいない。そういう人たちの生はゆるやかな死、緩慢な自殺に他ならない。生がその鋭さと輝きのなかに存在するのは、あなたが危険に生きるときだけだ。そして最高の危険とは、必要性の法則と力の法則の間を進むことだ。それはあたかも、ふたつのヒマラヤの頂を渡るかのような、ふたつの頂に張られた綱の上を渡るようなものだ。落ちれば命はない。だがたどり着けば、最高の栄光があなたのものになる。神があなたのものになり、ニルヴァーナがあなたのものになる。

人はその両方だ。綱であり、梯子であり、大地と大空の出会いであり、肉体と魂、束縛と自由、サンサーラとニルヴァーナだ。それがわからなければ、あなたは苦悶したままだろう。それを理解すれば、歓喜が訪れる。その同じエネルギーは苦悶にもなれば、歓喜にもなる。無知のなかでは、その同じエネルギーが苦くなり、毒を持ち、地獄を作り出す。あなたが気づき、より油断なく見守り、観照者となったら、その同じエネルギーは変容され、楽園になる。

続いて今日の経文だ。

それでも、それはあなたに与えられる。

闘い、あなたの愚かしい熱情に打ち勝つために。

それらを征服することを学びなさい。

これらの言葉は瞑想される必要がある。二十五世紀が過ぎ、これらの言葉が発せられてから、それらの意味はすべて変わっているからだ。それらはフロイト以前に書かれた。それはまったく異なる環境、まったく異なる雰囲気のなかで書かれ、当時はまったく違った意味を持っていた。あなたは自分がそこから連想する意味合いではなく、その当時の意味を理解する必要がある。

それでも、とピュタゴラスは言う。難しくはある。きわめて厳格な法則が、力を必要性に結びつけているからだ。調和を生み出すのは危険であり、刃《やいば》の上を渡ることだ。だがそれでもそれは可能だし、やれなくはない。難しいが、不可能ではない。

それでも、それはあなたに与えられる。

それはあなたの生まれながらの権利だ！

闘い、あなたの愚かしい熱情に打ち勝つために。

この『闘い』は、あなたが『闘い』という言葉から連想するものを意味しない。ここでの『闘い』は、まったく異なった意味を持っている。ピュタゴラスのミステリー・スクールでは、『闘い』とは、摩擦を生むことを意味している。グルジェフも弟子たちにその同じ技法、摩擦の技法を授けていた。自分のなかに摩擦を生み出しなさい。なぜならその摩擦から、エネルギーが解き放たれるからだ。

たとえば、あなたが怒っているとしよう。大変な怒りが内側に湧いている。ピュタゴラスの技法では、怒りが生じたら、ただそれに直面し、大いなる慈悲を内側に生じさせる。それは難しいだろう。怒っているのに、どうやって慈悲深くあれるだろう？　だがそれは不可能ではない。

実際には、怒りと慈悲はふたつの別々なエネルギーではない。慈悲になるのは怒りであり、怒りのなかでくすぶっているのは慈悲だ。だから怒りがあるときに慈悲を生み出せたら、それこそが『闘い』、摩擦だ。あなたは二元性を、ふたつの項を生み出している。そしてそのふたつの項に張られた綱の上で、あなたは怒りから慈悲へと歩まなくてはならない。怒りから慈悲へとたどり着けたら、あなたは怒りに打ち勝ったことになる。

セックスが湧き上がったら、愛を生み出しなさい。それらは同じエネルギーだ。そしてセックスから愛へと歩む。最初のうちは難しいだろう。私たちは摩擦を生み出すやり方をすっかり忘れているからだ。だがやってみなさい！

たとえば、あなたは悲しみを感じている――そこで踊り始めてごらん。するとすぐにやってくる変化に、あなたは驚くことだろう。片隅には悲しみがあり、もう片隅、ちょうど反対の片隅には、かすかな喜びが生まれてきている。あなたは驚き、本当にびっくりするだろう。そんなことが起こるとは信じられないだろう。生まれてはじめて、悲しくもあり嬉しくもある、そのふたつが一緒になるとき、それこそが『闘い』、摩擦だ。そしてこの摩擦から大いなるエネルギーが解き放たれ、あなたのなかに燃えさかる火が生まれる――その焔が浄めるのだ。その火は摩擦から生じる。

最初に火を生み出した人は、摩擦によって、ふたつの石を打ち合わせることで生み出したにちがいない。その人が最初に火を思いついたのは、吹き荒れる風で竹などの木に火がつき、燃え出したのを見たからだろう――自然に起こる摩擦を見たにちがいない。強い風で火がつくというのは、竹林ではよくあることだ。あまりに風が吹き荒れると、竹どうしがこすれ合って熱を持ち、やがて火がつく。最初に火を思いついたのは、何か自然な摩擦状態を見たからにちがいない。

同じ事は内側にも当てはまる。摩擦を生み出しなさい。何があなたのなかで起こっていようと、常にその対極を生み出しなさい。最初は、それは無理だとあなたは言うだろう。今までやってみたことがないからだ。だが覚えておきなさい、あなたが感じるあらゆるものは、常にあなたのなかにある。ときには姿を現し、ときには眠った形で存在する。だから対極を生み出そうとするとき、あなたは眠っているものを起こすだけでいい。

愛したことがあり、慈悲を強く感じたことがあるなら、何が慈悲かはわかっているわけだ。今、そこには怒りがある。そしてどこか実存の一室には、慈悲がぐっすりと眠っている。それを起こしなさい。ひとたびそれが目覚め得ることがわかれば、あなたのなかに激しい摩擦が起こる。怒りと慈悲が闘い始める。

そして常に心に留めておきなさい。低次なものと高次なものの間に闘いがあるとき、勝つのは常に高次な方だ。低次なものは勝てない。低次なものが勝てるのは、高次なものがないときだけだ。高次なものの不在のなかでしか、低次なものは勝てない。ひとたび高次なものが現れたら、低次なものには何の力もない。

そのために、ピュタゴラスは高次なものを『力の法則』と呼ぶ。

それでも、それはあなたに与えられる。
闘い、あなたの愚かしい熱情に打ち勝つために。
それらを征服することを学びなさい。

あなたの熱情は愚かしい。いいかね、ピュタゴラスは熱情に反対してはいない。それはあなたにあるエネルギーをすべて含んでいる。彼が反対しているのは愚かしさだ。あなたの熱情が知性の色合いを帯びる瞬間、それは完璧に美しい。

セックスがたんなる無意識で、あなたのなかの機械的な衝動であるとき、それは間違っている。いいかね、セックスは悪くない。悪いのはその機械性だ。あなたの性欲に知性の光をもたらせたら、その光がそれを変容する。それはもはや性欲ではなく、まったく違ったものになる。あまりの違いに、あなたは何と言ったらいいかわからないだろう。

東洋にはそのための言葉として『タントラ』がある。西洋にはそのための言葉はない。セックスが知性とつながり、結び合わされるようになると、まったく新しいエネルギーが生み出される。そのエネルギーが、タントラと呼ばれる。

『タントラ』という言葉は、『膨張する能力、拡がり続けるもの』を意味する。セックスはあなたを収縮させ、タントラはあなたを膨張させる。それは同じエネルギーだが、変化している。それはもはや利己的ではないし、自己中心的ではない。そのエネルギーは広がり始め、全存在へと広がっていく。セックスでは大きな犠牲を払ってはじめて、つかの間のオーガズムを得られるが、タントラなら一日二十四時間、オーガズムのなかで生きられる。それはあなたのエネルギーそのものがオーガズムになるからだ。そしてあなたの出会いは、もはやどんな個々人との出会いでもない。あなたの出会いは、まさに宇宙そのものとの出会いだ。木を見、花を見、星を見れば、そこにはオーガズムのような何かが起こっている。

まったく聡明で、隙がなく、気づいている人は、オーガズムにあるかのように生きる。その人のあらゆる仕草は、オーガズム的な絶頂で満ちている。それは絶頂に次ぐ絶頂だ。タントラが起こるとき、セックスは消える。セックスは種で、タントラは木だ。その種を死なせてやれば、木が生まれてくる。

あなたのエネルギーは、それぞれふたつの形を取れる。ひとつは聡明さで、もうひとつは愚かさだ。ピュタゴラスはあなたの熱情には反対していない。あなたの熱情に反対できる賢人など、ひとりもいた試しはない。だが賢人はみな、無思慮や無知、邪悪や愚鈍さ、機械性に反対している。

セックスのなかで、あなたはロボットのように機能する。必要性の法則から生じた何か、プラクリティーから、低次の自然から生じた何かがあなたをつかまえる。するとあなたはもう自分自身ではなく、ひとりの奴隷だ。自分の実存の主人であるとき、世界は同じだが、あなたはまったく異なった目とともに生きる。その同じ世界が、神性になる。

それが禅師たちの宣言、『輪廻《サンサーラ》即涅槃《ニルヴァーナ》』の意味だ。まさにこの世界が光明だ。あなたのなかで、愚かさが知恵へ、気づきのなさが気づきへと変化するだけでいい。

それでも、それはあなたに与えられる。
闘い、あなたの愚かしい熱情に打ち勝つために。
それらを征服することを学びなさい。

それらは壊されるのではなく、征服されるべきものだ。そしていいかね、征服とは抑圧を意味しない。ピュタゴラスの方法論においては、それは違った意味を持つ。征服が意味するのは、あなたは気づけば主人になり、熱情はあなたの奴隷になるということだ。それは奴隷としては美しいが、主人としては危険だ。

自由とは自分自身への統御を意味し、束縛とは自分自身への統御のなさを意味する。気づいていないとき、あなたは無数の愚かしい熱情 ―― 怒りやセックス、貪欲、うぬぼれといった物事の犠牲者でしかない。あなたに油断がなくなり、熱情を見守り、自分に起こっていることを見守るようになり、自分の行動を非自動化し、機械的な反応に対して油断なくあることで、それらをより機械的でないものにしていくとき、ひとつの統御が起こる。すると、自分こそが主人だと言い張っていた貪欲やうぬぼれといった、あらゆる熱情はただの召使いになる。

それはちょうど小さな教室で、クラスの子供がみなけんかをしたり、お互いを追いかけたり、ものを投げたりしているときに、校長が入ってきたときに起こるようなことだ。たちまち全員が席に着いて、教科書を広げる。すぐさま静寂が打ち勝つ。校長は一言も口にしていない。ただそこにいるだけだ。

主人《マスター》が入ってくれば――『主人』によって、私はあなたの気づきが目覚めていることを意味している――あなたの熱情はたちまち整列する。彼らはもう主人を名乗ることはない。主人は到着した。彼らが支配権をめぐって争っていたのは、真の主人がいなかったからだ。

それが征服だ。あなたの熱情の観照者になりなさい。そうすれば征服は起こる。

真面目で、勤勉で、純潔でありなさい。
あらゆる憤りを避けなさい。
公にも、内密にも、
あなたにどんな悪も許してはならない。
そして他の何にもまして、自分自身を敬いなさい。

ピュタゴラス哲学の第一原理は、『自分自身を敬いなさい』だ。あなたたちの牧師は、自分を敬わないようにと教えてきた。彼らは誰か他人を敬うようにと説く。仏陀を敬い、マハヴィーラ、キリストを敬いなさい――誰か他人を尊敬し、自分は非難しなさいと説く。そこには巧妙なたくらみがある。他人を敬うには、まず自分を非難しなくてはいけない。そうしてはじめて、彼らを尊敬できる。自分を非難しなかったら、他人を敬う可能性も存在しなくなる。自分自身を敬えば、自分より上だったり下だったり、自分より優れていたり、劣っていたりする人はいなくなる。そうなれば、尊敬とは呼ぶことはできないような、まったく異なった現象が起こる。それは尊敬というよりも、愛に近い。

真の弟子は、師を愛している。彼は師のなかに、自分の実存にある何かを見、師を通じて明らかになった、未知なる実存の何かを見たからだ。弟子は自分自身を敬い、そして師を敬う。それは師も彼自身を尊敬しているからだ。だがその尊敬は、今や別な色を帯びている。それは形式的でも、押し着せでもない。それは愛の一部だ。愛は、誰も上ではないし、誰も下ではないことを知っている。愛は上下という観点からは考えない。尊敬というのは形式的な事柄だ。愛は形式にはこだわらない。尊敬だと、またしても培われたものになる。愛は培われたわけではなく、あなたに自ずと湧き起こる何かだ。

たとえば、キリスト教徒に生まれれば、あなたはキリストを尊敬するし、ヒンドゥー教徒に生まれればクリシュナを尊敬する。ヒンドゥー教徒がキリストに出会っても、尊敬はしないだろう。キリストに出会っても尊敬できないヒンドゥー教徒が、どうしてクリシュナを本当に尊敬できるだろう？彼はクリシュナのことも何ひとつ知らない。クリシュナを理解し、愛している人なら、キリストも愛するからだ。なぜならキリストは、別な形を取ったその同じエネルギーだからだ。

仏陀を愛したら、世界中のあらゆる覚者たちをも愛するだろう。どんな姿で現れようと、どんな風に見えようと、すぐにあなたは彼らを認識するだろう。だが尊敬するような人は、彼らを認識できない。それは、彼らの尊敬がたんなる形式でしかないからだ。彼らが仏陀しか尊敬できないのは、そのように教わってきたからだ。彼はマハヴィーラを尊敬しないいし、モハメットを尊敬することもない。それはあり得ない。どうしてジャイナ教徒がモハメットを尊敬できる？　不可能だ！　だがそれはただ、彼はマハヴィーラを愛していないし、マハヴィーラをわかってもいないということを示しているにすぎない。さもなければ、マハヴィーラを知ることで、彼はすべての光明を得た人の味わいを知っているからだ。

海はどこからでも味わえる。それは常に同じ味、塩の味がする。インド洋でも、太平洋でも、大西洋でも何の違いもない。それはどんな違いも生まないし、その味は同じだ。

まず最初は、『何にもまして、自分自身を敬いなさい』だ。自分自身を敬わない限り、自分自身を知ることは出来ないからだ。私たちは愛し、尊敬してはじめて知ることができる。自分は荘厳なるものへと向かっているときだけ、私たちは内側に向かう。自分は劣っていていやな奴だ、罪人だと思ったり、最初から自分を非難し、嫌っていて、無価値だと感じていたら、どうして内側に入れるだろう？　誰が地獄になど行きたがる？　あなたはそれを避け、けっして内側には入らないだろう。

また私がピュタゴラスに完全に同意するのは、瞑想においては、自分自身への深い敬意が基本的な条件だという点だ。いいかね、それはエゴイズムではない。自分自身を敬うことで、あなたは他のあらゆる人をも敬う。なぜなら、誰もがあなたと同じように自己を有しているからだ。自分の内なる実存を敬うなら、まさにその敬意のなかで、あなたは世界中のあらゆる実存を敬うことになる。自分自身を敬うことで、あなたは木や山をも敬うことになる。なぜなら、木や山にも独自の実存があるからだ。

自尊心はエゴイズムではない。それは正反対のものだ。それは、神が与えてくれたすばらしい贈り物への賛美であり、感謝だ。

それから『真面目で』だ。ピュタゴラスの原理は、中庸の原理だ。ピュタゴラスの言う『真面目』とは、生真面目にならず、かといって不真面目にもならないということだ。それが真面目であること、ちょうど真ん中だ。生真面目な人は病気だし、また不真面目な人というも病気だ。真面目でいなさい、ちょうど真ん中にいるのだ。ピュタゴラスによれば、行き過ぎは悪だ。真ん中にいることが、釣り合っていることだ。

それが仏陀の言う『マジム・ニカーヤ』、中道、孔子の言う「中庸が賢者の道」だ。きっかり真ん中にあることは、二元性を越えることだ。そのちょうど真ん中に、落ち着きと平静さ、平衡、そして超越がある。

真面目で、勤勉で、

もう一度、中庸を心に留めなさい。それがピュタゴラス哲学の基本だ。『勤勉』とは、行き過ぎた活動、熱狂的な活動ではない。それは違う。過度の活動でも、過度の無活動でもない。そのちょうど真ん中、活動と無活動との間にあるバランスが勤勉だ。活動で狂わんばかりになり、そわそわしたりしないように。西洋の二の舞は避けなさい。人々は少しも休めない。悪魔にでも取り憑かれているかのようだ。彼らは働き続けなくてはならない。ほんの少しも静かに座ってはいられない。

東洋はもう一方の極端に進んでしまった。東洋はけだるく、不活発で、運命論的になってしまった。誰もが何もやりたがらない。東洋人はみな仕事アレルギーだ。西洋が活動過多で狂っていく一方で、東洋はますます貧しくなり、病的になっていくのは、行き過ぎた無活動のせいだ。

私たちには新しい人間、ピュタゴラス的な人が必要だ。真ん中を歩く、東洋人でも西洋人でもない人が必要だ。いかに活動的でいるか、いかに非活動的でいるかを知っている人が必要だ。活動と不活動のはざまに調和をもたらせる人、仕事に従事しながらも、すっかりくつろいでいられる人、仕事アレルギーでも、暇アレルギーでもない人が必要だ。

『純潔でありなさい』……聖人と罪人は、どちらも極端に走っている。聖人も罪人も、純潔ではない。罪人は悪徳に深入りし、聖人は美徳へ深入りしている。聖人は正義に染まり、「自分は聖人だ！」という強い自負とエゴが生じる。そして罪人は、誤った道に深入りしすぎて、「自分は罪人だ、役立たずだ」という強い自責の念が生じる。

純潔な人とはどんな人だろう？　純潔な人とは、行き過ぎがない人のことだ。行き過ぎが不純だというのは、ピュタゴラスにしても、私にしても同じだ。行き過ぎは不純であり、行き過ぎないことが純粋さ、純潔であり、ちょうど真ん中にいることだ。あなたをあちらこちらへと引っ張る緊張はない。

純潔とは、自然でくつろいでいるということだ。あなたは自分用の決まった人格を選んではいない。あらゆる人格は不純だ。純潔とは、決まった道徳、もしくは不道徳を選んでいないことだ。あなたは何も選んでいない！　あなたは油断なくいて、瞬間瞬間に、その油断なき純潔から応じる。油断のなさが、純潔であることだ。それは清らかで、純粋だ。

覚えておきなさい。自らの実存の観照者になるとき、あなたは空のようになる。雲は来ては去る。黒い雲も、白い雲も、みな来ては去っていく。だが空は汚れないままだ。どんな跡を残す雲もなく、そこにはしみひとつない。それとまったく同様に、あなたには内なる空がある。その意識の空が、純潔なのだ。何かを選び、あの雲やこの雲を選んでいるなら、あなたは自分の純潔、その処女性から転落している。あなたは同化している。同化することは、汚れることだ。同化せずに留まることが、純粋なままでいることだ。


そして、『あらゆる憤りを避けなさい』。あらゆる癇癪《かんしゃく》を避けなさい。かっとしたり、乱暴になってすることは、いずれにせよ過ちにつながるからだ。

それはピュタゴラス自身の人生で起こった。この経文はその体験に基づいている。彼が東洋から帰ってくると、彼の周りには多くの探求者が集うようになった。彼は非実存の魅力をもたらした。途方もない価値のある何か、宝物をもたらし、探求にいそしむ人々が訪れ始めた。彼は大変熱心に、その持ち帰ったメッセージを伝え、宝を分かち合った。だが年老いた彼には、東洋から持ち帰った莫大な富、内なる富を分かち合えるかどうかが心配だった。彼は全生涯を探求に捧げてきた！　そうして急ぐあまり、最初に集まった弟子たちの一団に、彼はとても厳しく臨んだ。それは無理もないことだ。彼は弟子たちができるだけ早く成長してほしかった。誰にわかる？　明日にも彼は死ぬかもしれない。彼は年老いていたし、また危険はそれだけではなかった。群がる心理《マインド》、群集心理が彼に立ちはだかろうとしていた。

真実を求める人々はピュタゴラスと恋に落ちたが、虚偽にどっぷり浸かって生きている人もいて、そういう人たちは全員傷ついた。彼が殺される危険性は充分にあった。自然な死が訪れなくても、群衆が彼を殺す可能性は充分にあった。だから自然と、ピュタゴラスは急いでいたし、有能な弟子にはいっそう厳しかった。

あるもっとも有能な弟子が、何か過ちを犯し、無意識な行動を取ってしまった。そしてピュタゴラスは愛と慈悲心から、その弟子を折檻し、とても厳しく臨んだ。弟子からすると、師はまるで怒っているかのようだった。彼は怒っていなかったが、怒ったように見えたというだけで、その弟子には致命的だった。

その弟子は真に度量のある人だったにちがいない。彼は自殺してしまった。そしてその傷はピュタゴラスに深く刻み込まれた。それ以来、ピュタゴラスが弟子に厳しくしたという話は二度と聞かれなかった。師が怒っていると取られるような言葉を、彼は一言も口にしないようになった。その弟子は自責の念にさいなまれて自殺した。仏陀の言う、あの種類の人だったにちがいない――良い馬と悪い馬がいて、良い馬は鞭の影だけで事足りる。馬を打つまでもなく、ただ鞭の影だけで……。

その弟子は真実の瀬戸際にいたにちがいない。これほど偉大な質はまれなものだ。そんなにも落ち込んだのは、自分が師を裏切り、意識的になると約束したのに、意識から転落してしまったからだ。彼には他には何も考えられず、自ら命を絶った。

その日から、ピュタゴラスはこの点を強調した。『あらゆる憤りを避けなさい』。たとえその動機が善からであっても、怒ってはならない。怒りは毒のごとく作用する。たとえ善と関連しているとしても、怒りはその善を毒し、その美しさを破壊してしまう。

公にも、内容にも、
あなたにどんな悪も許してはならない。

悪とは何だろう？　無意識が悪だ。無意識に行動することが悪だ。では美徳とは何だろう？　意識的に行動することが美徳だ。ピュタゴラスはどんな道徳も世間に与えなかった。真の賢人で、世間に何か道徳を与えた人はひとりもいない。真の知恵からやってくるのは、常にたったひとつの声だ。何をしていようとも、もっと注意深くなりなさい。私的なところでも、公の場でも、意識的に働き、意識的に行動しなさい。

こんな話がある。

ある時、仏陀が弟子と歩いていた。それは彼が光明を得る前の話にちがいない。光明を得る前ですら、彼には数人の弟子がいた。ちょうど早朝のように、光が広がり始めていたからだ。まだ太陽は昇っていなかったが、空は赤く染まり、大地は光で満ちていた。その太陽はまさに地平線から昇っていくところだった。

光明を得る前、仏陀には五人の弟子がいた。彼がその五人の弟子と歩いていると、彼の頭に一匹の蝿がとまった。彼は弟子たちと話していた。たいして注意を払わずに、彼が機械的に手を持っていくと、蝿は飛んでいった。すると彼は立ち止まり、目を閉じた。弟子たちには何が起きているのか理解できなかったが、彼らも全員沈黙した。何か貴重なことが起こっていた。

彼の顔はまばゆいばかりに輝き、非常にゆっくりと手を上げると、彼はあたかも蠅がとまっているかのように、額の近くで再び手を動かした。蠅はもうそこにはいなかった。弟子たちは尋ねた。

「何をなさっているのですか？　もう蠅などいませんのに」

彼は言った。「だが今私は、意識的に手を動かしている。あのとき私は無意識に動かして、意識的になる機会を逃した。あなたたちと話すのに夢中になり、ただ機械的に手が動いた。それは意識的に動いているべきだった。今私は、それをそうあるべきだったように動かしている」

それが美徳の道だ。油断なくあることで、些細な行為、ちょっとした仕草や動きでさえ、すべてが気づきで満たされる。


あなたが熟慮するより前に語ったり、為してはならない。

公平でありなさい。


この『熟慮（*reflection*）』という言葉も理解しておかなくてはならない。それは辞書にある『思案』という意味ではない。それはまさに文字通りの意味、『映し出す（*reflection*）、反映する（*mirroring*）』ことだ。この経文、『あなたが熟慮するより前に語ったり』をあなたが読むと、まずよく考えてから行動すべきだと思うだろう。そうではない。あなたはそれを読み違えている。

人は鏡でいるべきだ！　思案は反映のまさに正反対だ。反映とは、考えなしにただ油断なくあること、鏡であることを意味する。その、映し出すことから行為を生じさせなさい。するとその行為は常に善いものであるだろう。考えるとしても、あなたは何を考えるだろう？　過去を持ちこみ、過去の体験や記憶を持ちこんで、過去から行動するだろう。過去から行動することは、無責任であることだ。それは行動ではなく反応であり、機械的な動きだ。瞬間に行動し、今ここで自発的に行動するのに必要なのは、反映であって考えることではない。

鏡になりなさい。行動する前、言葉を言う前に、瞑想的な状態にいなさい。そうすれば何もおかしくはならない。後悔する必要はいっさいなくなる。

それから『公平でありなさい』。ピュタゴラスの言う、公平であるとはどういう意味だろう　それは基準を二重に持たないということだ。自分にはある基準をあてはめ、他人には別の基準をあてはめるということをしないように。基準をひとつに保ちなさい。それが公平さだ。

私たちはみな、ずっと二重基準《ダブル・スタンダード》を持ち続けている。

ムラ・ナスルディンの息子が、彼に尋ねた。「ねえ、イスラム教徒がキリスト教徒になったら、お父さんはなんて呼ぶの？」

「そいつは背教者だ！」とムラ。

すると息子はじっと考えて、こう尋ねた。「じゃあ、イスラム教徒になったキリスト教徒は？」

すると彼は笑って言った。

「その人はよくわかっている！」

これが二重基準だ。ヒンドゥー教徒がキリスト教徒になれば、キリスト教徒は、ヒンドゥー教徒に理解が生じたと考える。キリスト教徒がヒンドゥー教徒になったら、それは裏切りになり、非難される。これらは二重基準だ。

公平な人は、自分にも、それ以外の人に対しても、ひとつの基準しか持たない。

無敵の力が死を定めていることを覚えていなさい。

死は迫っている。それはすでに、誕生とともにやってきた。誕生があなたの死を決定したのだ。それは避けられないし、避ける方法もない。死を避ける唯一の方法は、生まれないことだ。だがあなたはもう生まれてしまった。だから昼に夜が従うように、死は後に従っている。

それを覚えておくことだ。私たちは死のことをすっかり忘れている。まるで永遠にここにいるとでも思っているかのように、私たちは生き続ける。そうして真の自己を探求し、真の宝、神の王国を探求する機会をみすみす逃している。些細なことばかり気にして、考えてばかりいる。「私たちはここにいるんだから、何をそうあわてることがある？　神は明日探すことにして、今日はもうちょっと銀行に預金しよう」

たやすく得られた富と名誉は、失うのもたやすい。

死はあなたからすべてをさらっていく。あなたは空っぽの手でやってきて、空っぽの手で去っていく。内側を見るまで、あなたはずっと空っぽなままだ。内側を見てみなさい。するとあなたは皇帝になる。その乞食は、たちまちあなたから消え失せる。心《マインド》は乞食であり、魂は皇帝だ。自分自身を知るとは、必要なものは何もない、すべてはすでに与えられていると知ることだ。「私には最高の宝物がある、神の王国全体がある。何を付け足すことがあるだろう？　付け足せるものなど何もない。それはもう完璧だ」

だから探し求めるなら、真の宝を、死が持ち去れない宝を探し求めなさい。それが判断基準だ。死が持ち去れるものは偽の宝であり、死が持ち去れないものが本当の宝だ。

運命にともなう災難については、
それをありのままに評価し、すべてに耐え、
そうした裏切りが和らぐよう、可能な限り励みなさい。
神々は賢者を悲惨の極みにさらしてはいない。

また、生にはいろいろと厄介なことや、つらいことがたくさんある。それらは成長の一部だ。それらをそのまま受け容れなさい。それは病的になり、マゾヒストになれということではない。何があっても耐え忍びなさい。だが改善したり、和らげられるなら、和らげればいい。とても健全なアドバイスだ。

そこには危険がある。そのひとつは、人々が人生のあらゆる苦痛と戦い始めることだ。彼らはあらゆる苦痛を避けたいが、それでは成長も失われる。それがひとつの落とし穴だ。もうひとつの落とし穴は、人々が苦痛を受け容れ始めることだ。ただ受け容れるだけではなく、招き入れ、さらに苦痛を生み出す。まるで、苦しい思いをたくさんするほど早く成長するとでもいわんばかりだ。彼らは自虐的になり、自滅的になる。両方とも極端であり、どちらも避けなくてはならない。

生きていてつらいことがあったら、それを受け容れ、耐え忍びなさい。それをくぐり抜け、油断なく成長しなさい。そしてあちらこちらで少しでも、そのつらさを和らげられるなら、そうしなさい。それを和らげることも、成長の一部だ。そしていつでも覚えておきなさい。

神々は賢者を悲惨の極みにさらしてはいない。

賢人は、実際にはどんな苦悶や地獄にもさらされてはいない。賢人が何にさらされていようとも、それは成長している生の一部だ。挑戦なくして、生は育たない。そして痛みや悩み、苦しみは挑戦をもたらす。苦しみなしに悟ることはできない。苦しみはあなたのなかに気づきを呼び起こす。

真実と同様に、過《あやま》ちを愛する者もいる。
哲学者は慎重に承認し、あるいは咎める。
過《あやま》ちが勝つようなら、彼は旅立って待つ。

全世界が真実を愛しているわけではないことを覚えておきなさい。実際、大衆は真実に背を向け、それを受け容れるつもりはない。大衆はあまりにも嘘に投資してきた。彼らはあなたに逆らうだろう。だからピュタゴラスは言う。

真実と同様に、過《あやま》ちを愛する者もいる。

彼らに腹を立ててはならない、それは彼らの選択だ。彼らが過ちを愛し、嘘を愛するとしても、それはそれでまったく申し分ない。彼らには自由がある。彼らを怒ったり、非難することはない。

哲学者は慎重に承認し、あるいは咎める。

そしてときに哲学者が承認し、あるいは認めるとしても、それはいつでも大いなる油断のなさと気づきをともなう。それは誰かを責めたり、持ち上げたりするためではなく、皆を助け、祝福となるようにだ。

過《あやま》ちが勝つようなら、彼は旅立って待つ。

またそこには、真実があるからあなたが勝つというような必然もない。イエスは磔にされた。真実は磔にされている！　ソクラテスは毒殺された。真実は毒殺されている。だから自分には真実があるから勝つとは思わないことだ。群集心理は独自の無知を信奉し、無分別や迷信を信奉している。そして群集心理は強力であり、この地上の大半を占めている。

過ちが勝つようなら……。過ちが勝つことは充分あり得る。そのとき賢人は、哲学者は旅立つ――自分のなかへと旅立って　待つ。そして正しい瞬間を待つ。彼は怒っていないし、欲求不満でもない。真実が勝つとは期待していない。何があろうと、彼はそれを受け容れ、正しい瞬間を待つ。正しい瞬間がきたら、再び真実を宣言する。

だが彼はいつも待っている。自分自身を人々に押しつけることは、彼の仕事ではない。哲学者はけっして押しつけたりしない。彼は人々とその自由を、その尊厳と選択を敬い、愛している。人々を支配しようなどという考えはない。彼は待つ。

それはいつもそうだった。師は、弟子の訪れを待つ。真の師は常に弟子が訪れるのを待つ。実際には、師が弟子を探しに行くことはけっしてない。なぜなら、それは何らかの形で自分を相手に押しつけることになるからだ。渇いている者たちは必ずやってくる。彼らが来るなら、それでいい。師は持っているものを何でも分け与える。彼らが来なければ、それもまたいい。来るか来ないかは、彼らの自由だ。

第７章
気づきはマスター・キー

7

AWARENESS:THE MASTER KEY

——◆質問◆——

◆

罪の基準は、気づきの欠乏なのでしょうか。

◆

魅力的な人を怖いと思うのはなぜなのでしょうか。

◆

良い人生を生きようと必死に試みましたが、
至福の経験すらありません。何がいけないのでしょうか。

◆

そんなにいつもいつも美しく話ができる秘密は
何なのでしょうか。

◆

最初の質問

OSHO、今日語って下さった気づき（awareness）と意識というのは、唯一人間の行動の拠りどころとなるものという感じがしました。これは、気づきがなく無意識に行なわれる限り、殺人やレイプや盗みは悪でしかないという意味なのでしょうか。

プラディーパム、その通りだ。気づきのなさが唯一の罪であり、気づきこそが聖なる徳だ。気づきがあるとできないことが罪で、気づきを通さないとできないことが徳だ。気づいていたら人は殺せない。気づいていたら暴力的には絶対になれない。レイプも盗みも拷問も、気づきがあれば不可能だ。気づきのない闇の中で、ありとあらゆる敵が入ってくるのは、気づきのない状態が勝ったときだけだ。「家に明かりがついていれば、泥棒はその家を避けていく」と仏陀は言った。もし見張り人が起きていれば、泥棒は盗みを試みようとすらしない。中で人が歩き、話をしていたら、家がまだ暗くなっていなかったら、泥棒が家に入る可能性はおろか、泥棒に入ろうと考える可能性すらない。

これとまったく同じことがあなたにも言える。あなたは明かりのない家だ。人間の通常の状態は、機械が働いているのと一緒だ。言うなれば、それは人間機械だ。あなたが人間なのは名前の上だけだ。その点以外は、たんに訓練され、熟練した機械であり、何をやってもおかしくなっていく。覚えておきなさい、何をやってもだ。道徳にかなった行ないでも、気づきがなければ徳行にはならない。気づきがないのに、有徳になれるはずもない。徳行の裏には、大きくて巨大なエゴが生じる。それは避けがたい。苦労し、努力に努力を重ねて自らを律して培ってきた聖者らしさも、無益なものとなってしまう。そうした『聖者らしさ』は、純真さも謙虚さももたらさないいし、エゴが消えたときにしか起こらない、あの素晴らしい神の体験ももたらさないからだ。聖者として立派な生を生きても、他の人々と同じように貧しい。内面的には腐敗している、無意味な存在だ。そんなものは生ではなく、植物状態の生存にすぎない。あなたの罪は罪だろうし、徳行もまた罪だろう。あなたの不道徳は不道徳だろうし、道徳もまた不道徳だろう。

私は道徳を教えないし、徳行も教えない。気づきがなければ、徳も道徳も単なる見せかけであり、ただの偽善だと知っているからだ。それらはあなたを詐欺師にする。道徳や徳行が自由をもたらすことはない。それはあり得ない。逆に、あなたは拘束されてしまう。

必要なものはひとつだけ……気づきはマスター・キーだ。気づきは、ありとあらゆる存在の錠を開ける。気づきとは瞬間から瞬間に生きること、油断なくあること、自分自身を意識し、身の回りで起きているすべてを意識し、瞬間から瞬間へと応じていくことを意味する。あなたは鏡のようだ。

これこそピュタゴラスがあなたに理解して欲しいと望んでいることだ。あなたは反映する。余すところなく完全に反映すれば、その反映から生まれた行為は何であれ正しいものとなる。反映から生まれた行為は存在と一致し、存在と調和しているからだ。それが本当にあなたの内に生じるというのではない。あなたはその行為者ではない。それは状況全体のなかで起こる。あなたとすべてのものがそれに関わっている。その状況の持つ全体性から行為が生まれる。それはあなたの行為ではない。あなたがそうしようと決めたのではない。それはあなたの決断でも、思考でも、性格でもない。あなたがしているのではない。あなたはただそれが起こるのを許しているだけだ。

早朝の、まだ日も昇っていない時間帯に、道を歩いていて蛇に出くわしたとする。考えている暇はない……あなたは反映するしかない。何をしよう、何をしないようにしようと決めている時間はない。あなたは即座に飛び退く！　この『即座』という言葉を覚えておきなさい。それは一刻の猶予もないということだ。あなたは即座に飛び退く。その後で、あなたは木の下に座って考えられる。何が起こったか、どう対処したか……そして「よくやった」と自分をねぎらうこともできる。だが実際は、あなたがそれを行なったのではない。それは起こった。全面的な状況から起こったのだ。あなたと蛇、死の危険、自分を守ろうとする生命の努力……他にも無数の物事がその行為に関わっている。状況全体がその行為を引き起こした。あなたはたんなる媒体だった。

そうした行為は的確だ。あなたはその行為者ではない。宗教的な言い方をすれば、神があなたを通じて行為したとも言える。それはたんに宗教的な言い方であって、ただそれだけのことだ。全体が部分を通して行為した——これが徳行だ。あなたはそれをけっして悔やまない。

これが真に解放する行為だ。ひとたび起これればそれで終わりだ。あなたは再び自由に行為できる。あなたはその行為を頭に持ち運ばない。それが心理的記憶の一部になることはないし、あなたにどんな傷も残さない。あまりに自然だったので、何の痕跡も残さない。

この行為はけっしてカルマにならない。かすり傷ひとつ残すことはない。カルマになる行為というのは、本当は行為ではなく、過去から、記憶から、思考から来る反応だ。あなたは決める者であり、選ぶ者だ。それは気づきからではなく、気づきのなさから生じる。そのときには、それはすべて罪だ。

プラディーパム、私にとっては、気づきがすべてだ。私は気づきを教える。


プラトンは、啓発する過程の意味を伝える試みとして、洞窟のたとえ話をした。地下の洞窟の中で鎖につながれ、真の世界の幻影しか知らなかった囚人の一人が、枷を解かれ、光への旅に解き放たれた。

洞窟から出ると、太陽のまぶしさに目が眩んだ彼は、束の間、洞窟に戻りたいと思った。だが囚人は実感した――人間にとっての真の生とは、物事のありのままをはっきりと見る力をもって生きることに他ならないと。早くも光に目が眩み暗闇を欲していたが、囚人は影の洞窟とその幻の世界を後にしようと決心した。だが真の世界を見、気づき、はっきりと知覚した囚人は、戻って他の囚人たちを自由にしなければならないとわかった。彼らを鎖でつなぎ、非現実の世界に閉じこめている、あの幻のベールを見破れるようにと――。

あなたが気づく瞬間、あなたの生だけが変容するのではない。あなたは即座に新たな役割を果たすようになる。あなたは他の人が変容されるのを助け始める。ひとたび気づきの光を目にし、ひとたび無意識の心《マインド》という洞窟から外に出たら、それまで知っていたものは何ひとつ本物ではなかったということに驚くだろう。それは現実の影に過ぎなかった。あなたは現実という夢を見ていた。

ひとたび光を見たら、分かち合いたくなる。洞窟に戻って他の囚人たちを解放したくなる。これこそあらゆる偉大な師《マスター》たちがずっと昔からやってきたことだ。これこそピュタゴラスがやっていたことだ。ピュタゴラスは自由になった。洞窟から出て、自由になった。

あなたは初めて目が眩み、目の痛みを覚える。それは成長の痛みだ。そして初めて、暗闇に戻りたいという欲求、大変な欲求が生じる。というのも、あなたは暗闇に慣れてしまっているからだ。それは慰めだった。だがひとたび、わずかでも現実を目にしたら、もう元には戻れない。あなたは後戻りできない一線を越えてしまった。あなたは光のなかで生きなくてはならない。現実はあまりにも至福に満ちているから、まずあなたは、いかに光を吸収するかを学ばなくてはならない。その現実の体験から、生は宗教的になる。その現実の体験からは、昔のようには振る舞えない。

プラディーパム、私にはなぜその質問が生じたのかがわかる。それは、怒らないように努力し、数え切れないほど決心してきたにもかかわらず、いまだにそれが起こっているからだ。貪欲にならないように努力したのに、何度も罠にはまってしまう。自分を変えようとしてありとあらゆることを試みてきたのに、いっこうに変わる気配がない。あなたは同じままだ。

だから私が、気づきという簡単な鍵があると言っても、あなたには信じられない。何ひとつ助けにならなかったのに、どうして気づきが、ただの気づきが助けになる？　鍵はいつもとても小さい。鍵は大げさなものではない。小さな鍵は、とても大きな錠を開ける。ではなぜ気づきが鍵として機能するのか。

夢のなかで生きている人、すっかり眠りこけている人が、拷問され、殺されかけている悪夢を見ている。もちろんその人は、戦い、抵抗しながらも非常に恐れ、誰か助けてくれる人を求めている。だが逃げ道はない。まわりは抜き身の剣を持った敵ばかりで、死は免れないように思える。おののき、汗をかき、まさにその悪夢の痛みから、彼は目を覚ます。息を切らし、汗びっしょりで震えてはいるが、彼は笑い始める。問題はない……夢は消えている。敵や、抜き身の剣はみな、現実ではなかった。助けを求める必要もなかったし、守りを固めることもなかった。事の全体が、たんなる影の世界だった。

いったん目覚めれば、夢は全部消える。夢のなかで、彼はあらゆる方法で自分を守ろうとしたが、それは無理だとわかっていた。これはあなたの実状であり、すべての人の実状だ。怒りは影だ。影と戦うことでは勝利者にはなれない。貪欲は影だ。それらは現実ではない。現実とは、気づきが起こっても引き続き存在するもののことだ。気づきを知った者は、怒りや貪欲のことは何も知らなかった――これは奇跡だ。彼らがそれらを落としたというのではない。たんに見つけられなかっただけだ！　ひとたび光があれば、闇はない。

仏陀は、彼が光明を得たまさにその最初の瞬間に、笑みを浮かべてこう言ったと伝えられている。「信じられない！　では、私はそもそも最初から光明を得ていたのか！　あの鎖も、あの囚われも、すべてはただの夢だったのか！」

人々が「怒らないためには何をすべきですか、貪欲にならず、セックスや食べ物に夢中になりすぎないようにするには何をすべきですか」と仏陀に尋ねると、彼の答えはいつも同じだった。「気づいていなさい、生に気づきをもたらしなさい」

仏陀の弟子アーナンダは、あらゆる類いの人に何度も耳を傾けていた。問題は違うのに、医師の処方はいつも同じだった。彼は混乱してしまった。彼は言った。「どうしたのですか？　彼らは違った種類の病気を持ち込みます――ある者は貪欲を、ある者はセックスを、またある者は食べ物を、またある者は別のものと――なのに、あなたの処方はいつも同じではないですか！」

そこで仏陀は言った。「彼らの病気の違いは、ちょうど人々が違った夢を見られるのと同じことだ」あなたはここにいる。もしあなたたち全員、二千人のサニヤシンが全員眠ったら、二千もの夢を見ることになるだろう。いいかね、夢を共有しようと誰かを招くことはできない。夢はまったく私的なものだ。自分の妻や夫でさえ招けない。夢は誰にも共有できない。だから二千人が二千の夢を見る。だが私のところに来て、どうすればこの夢から抜け出せるのかと尋ねてみても、薬は同じままだ。目覚めなさい！　違いはないし、処方は同じままだろう。それを気づきと呼ぶか、観照と呼ぶか、想起と呼ぶか、瞑想と呼ぶかはあなたの自由だ。それは同じ薬の異なった呼び名だ。いっそうの気づきとともに行動しなさい。

はるばると仕事先から電車で帰宅する男がいた。出発後間もなくして、電車の揺れる音を子守歌に男は寝入ってしまった。すると駅と駅の間のどこかで、その電車は赤信号で急停車した。男は跳ね起きると、電車が目的地に着いたと思いこんで、足早にドアの外へ出ると、線路に落っこちて倒れてしまった。すっかり取り乱して気分を害した男は、他の乗客の手を借りて客車へと戻った。埃を払い、ネクタイを直し、鼻血を拭った彼は、「なんてバカなんだ、反対から降りちまったよ！」と叫ぶなり、反対側のドアから出て、近づいてきた特急電車の前に降り始めた！

人間の唯一の問題は、目を開けたまま、ぐっすり眠っていることだ！　自分が気づいていないことも気づかないのはそのためだ。目は開いているが、無数の夢、無数の欲望を夢見ている。あなたは今ここにいない。それが気づきのなさが意味するところだ。あなたは過去に、記憶のなかにいる――それが夢だ。あるいは未来に、想像のなかにいる――それが夢だ。

今に、ここに在りなさい！

過去があるなら、あなたは気づいていない。未来があるなら、あなたは気づいていない。気づきとは、現在にいることを指す。ただここに、この瞬間にいなさい。もしたったひとつでもあなたの内側に思考があれば、あなたは気づいていない。思考過程のなかにいるのは、眠っているということだ。思考過程のなかにいないことが目覚めていることだ。

そして、ここに在り、今に在ることの澄みきった純粋さ……あなたにどんな罪を犯せるだろう？その清澄さのなかでエゴは消えてしまう。生にありとあらゆる問題をもたらしているのは、エゴだ。エゴは暴力的だ。謙遜になろうとすればなれるかもしれないが、その謙遜さの陰に隠れて、エゴは残る。あなたが目覚めるまで、エゴは新たなゲームを続ける。ゲームは変わり、あなたはある牢屋から別な牢屋へと移るかもしれないが、それだけだ。あなたは監獄からは抜け出ないだろう。

まったく油断なく在ることだけが、監獄から抜け出す唯一の方法だ。その油断のなさにおいて、あなたは結晶化し、そのなかであなたは定まる。まさにその定まり《センタリング》が、あなたを現実の核心へと連れていく。そしてその体験があまりにも至福で満ちているために、あなたはこれ以上泥棒ではいられなくなる。あなたが必要とし、それまで望んできたものはすべて満たされたからだ。実際、今ひとりでに降り注いでいるほど多くを求めたことはまったくなかった。

誰が泥棒でいたがるだろう？　何のために？　誰が人殺しになどなりたがる？　何のために？　殺人など想像もできない。なぜなら、もう何も殺せない、すべては永遠だとあなたは知っているからだ。それは無駄な努力だ。あなたには何も殺せない。せいぜい、衣服を取り去れるくらいで、内なる実存は続いていく。ひとたび自分の内なる実存を見たら、その気づきの光のなかで、あなたはすべての実存を目にしている。それが永遠だ。死は偽りだ。死は夢のなかでしか起こらず、真実、現実のなかでは起こらない。

気づいていたら、どうして強姦などできるだろう？　気づきは、その目覚めのなかで途方もない愛をもたらす。愛している人は強姦などできない。まだ愛を何も知らない、そういう人しか強姦はできない。そしていいかね、強姦する人だけが強姦魔なのではない。あなたは良い夫であり、良い妻で、法的には結婚していて何も問題はないかもしれないが、その関係は強姦以外の何ものでもないかもしれない。気づいていなければ、それ以外のことはできない。その関係は強姦者のそれと同じだ。合法的な方法で、社会から認可を受けた、認定された方法で、あなたは強姦しているかもしれない。だがそれは問題ではない。夫が求めるときにセックスするのが妻のつとめだからという理由で、妻があなたとセックスしているとしたら、それは強姦だ。彼女は本当はそこにいない。それは強姦だ。彼女はただ妻のつとめを果たしているだけだ。女性と愛を交わしていて、その瞬間にトータルにいないなら、それは強姦だ。その女性はあなたを犯し、あなたはその女性を犯している。

愛が愛であるのは、それが瞑想的なときだけだ。愛が愛であるのは、両方の側からの深い気づきがあるときだけだ。ふたつの今、ふたつの「ここ」の出会い、ふたつの臨在が融合し、お互いのなかへと解けていく。そのときそれは愛だ。そうしてはじめて、愛にはその精神的な質がある。

だがあなたは、気づきなしに生きる術《すべ》を学んできた。あなたはどうやって気づきなしに動くかを知っている。家にあるドアや部屋を知っているし、あらゆる類いの技能に長けている。車でオフィスに行き来もできる。気づいている必要はない。あなたはこういったことをただ機械的にやり続けられる。

あらゆる罪はこの機械性から生じる。生は地獄となる。地獄とはたんに現在にいないことを意味し、天国とはただ現在に在ることを意味する。

父親に、偉大なフランク・E・キャンベルの指導の下で葬儀家業を学んでこいと言われ、アーカンサスから若い農家育ちの少年がニューヨークにやって来た。

数ヶ月後、父親は息子を訪ねて大都会にやってきた。「どうだ、たくさん学んだか」

「もちろん、」と息子。「たくさん勉強したよ、すっごく面白い」

「何が一番面白かった?」

ちょっと考えてから、息子はこう言った。

「んー、そうだね、教訓になったすごい体験がひとつあるよ」

「何だったんだ?」

「それはね、」と息子。「ある日タフト・ホテルから電話があって、そこの家政婦さんだと思うんだけど、部屋のひとつをチェックしたら、男女がベッドで素っ裸で死んでるのを発見したって言うんだ」

「ほう!」と父親。「で、キャンベルさんはどうしたんだ」

「キャンベルさんはタキシードを着て、僕にもタキシードを着せてから、彼のリムジンの一台に乗ってタフト・ホテルに向かった。それからマネージャーに連れられて、フロントで部屋番号を教えてもらってね、マネージャーとエレベーターに乗ったんだけど、僕らは無言なわけ。キャンベルさんが、物事はいつも品よく荘重にすべきだと信じているからさ」

「そりゃすばらしい！」と父親。「で、どうなったんだ？」

「うん、部屋まで来るとキャンベルさんは、先が金のステッキでドアを押し開けて、それからマネージャーと僕が静かに部屋に入っていったんだけど、そうしたら本当に裸の男女がベッドの上で仰向けになってたんだ」

「そ、それで？」

「キャンベルさんは、差し迫った問題は、大きく勃起した男のナニにあると見て取ったんだ」

「それはそれは」

「キャンベルさんはいつもの通り、やるべきことを心得ていたさ。金のステッキを振り上げると、彼はとってもおしゃれに、『ピシャっと』タマを弾いたんだ」

「で、どうなったんだ」

「そりゃもう」と息子。「マジ地獄だったね、わかる？　入る部屋を間違えてたんだよ！」


かくして物事は続いていく……あなたは部屋を間違えている。いつも間違った部屋にいる。その間違った部屋の名は、『気づきのなさ』だ。何をあなたが行なおうと、その良し悪しや、立派かそうでないかに関わらず、結局はすべて一緒だ。あなたは間違った部屋にいて、その間違った部屋では、何ひとつ正しいことはできない。間違った部屋で聖者になれても、あなたはまさにその同じ部屋に罪人としているだろう。とても道徳的にはなれる。あなたは泥棒ではないかもしれない、強姦魔や殺人者ではないかもしれない。だが部屋が間違っていたら、あなたがなんであっても正しくはなれない。

あなたの心理状態全体が変容しなくてはならない。それが気づきの意味することだ。過去に、未来に存在するというのは、マインドに存在するという意味だ。マインドとは、間違った部屋の名だ。マインドから出てきなさい！　現在《いま》にいなさい。現在にいるとき、あなたはマインドの一部ではない。そのとき、それぞれの行為には、途方もない清澄さがある。それは、あなたが鏡だからだ。思考が続いていないから、その鏡には塵ひとつない。


いかに気づくか、いかに意識的でいるか、いかにして在るか、思考なしに在るか――それがここで私が教えるすべてだ。すると生はひとりでに変わり始める。私は非暴力を教えない。この国では、ずっと昔から非暴力が説かれてきたが、人々はまったく非暴力的ではない。それどころか、この国以外ではこれより暴力的な人々を見つけるのは難しい。日々、あり得る限りのやり方で、暴力は噴出している。口実は何でもいい。バスが焼かれ、人々が殺され、そして警察は発砲せざるを得ない――毎日だ！　ニュースにさえならない。新しくもないのに、ニュースになるはずがない。それがこの国のどこかしらで起こっている、そのことは請けあえる。

マドゥーラが、どうしてインドはこんなに暴動が多いのかと質問したことがある。それは非暴力の教えのせいだ。五千年に渡って、人々は非暴力であれと教えられてきた。彼らは装ってごまかすやり方を覚えた。その結果起こったのは、暴力の抑圧だけだ。彼らは火山の上に座っている。どんな理由でも、どんな些細な口実でも暴力のきっかけとなり、それは野火のように広がっていく。

ヒンドゥー教徒とイスラム教徒との暴動の場ではいつでも、この国の人々の本当の顔――残忍な顔を見ることができる。つい一昨日前は、ヒンドゥー教徒たちは寺院で祈り、イスラム教徒たちはモスクで祈っていた。一方はヴェーダを、もう一方はコーランを読み、その様は非常に敬虔だった。暴動のひとつでもあれば、そうした敬虔さはみな、最初からなかったかのようにあっさりと消えてしまう。彼らは人を殺したり、強姦する気でいる――何でもする用意がある！

この教え、抑圧に基づいた間違った教えのせいで、この国ではこうした暴力が繰り返し噴出している。何かを抑圧すれば、それは何度も必ず浮上してくる。

私は抑圧ではなく、気づきを教える。私が非暴力について話さないのはそのためだ。私は「暴力的でいるな」とは言わない。私は「油断なくいなさい、気づいていなさい」としか言わない。何をやっていても、それを気づかい、まさに瞑想的にやりなさい。あなたは完全にそこに、そのなかにいて、それに関わっている。空ろな仕草をしているのではない。するとあなたの臨在、そのまさに臨在が、錬金術的変化をもたらす。もう抑圧も、火山の上に座ることもない。気づけば気づくほど、あなたの生は沈黙へと、平穏へと、愛へと近づいていく。これらは気づきの副産物だ。

二番目の質問

魅力的な人を怖いと思うのはなぜなのでしょうか。

デバ・ヴィラス、人は多くの理由で魅力のある人を怖がっている。まず、誰かがあなたにとって魅力的になればなるほど、その彼ないし彼女との束縛に陥る可能性も増してくる。それがその怖さだ。魅力、磁力、魔力――あなたは取り憑かれ、奴隷になってしまう。

魅力的な人は魅きつけ、かつ怖いものだ。彼らは美しい。彼らと関係を持ちたいが、それは自由を失うことでもある。彼らと関わることは、これ以上自分自身ではいられないということだ。そして彼らが魅力的であるという理由から、あなたは離れられなくなり、執着するだろう。あなたは自分がどうなるか知っている。魅力的であればあるほどより強い執着が生じること、もっともっとその人に依存するようになることがわかっている。それが恐れだ。

誰も従属的になりたいとは思わない。自由は究極の価値だ。愛ですら自由より高くはない。自由は究極の価値であり、愛はその次だ。愛と自由の間には絶えず衝突がある。愛は究極の価値になろうとする。だがそれはそうならない。だから愛は自由を壊そうとする。そうしてはじめて愛は究極の価値になれる。そして自由を愛するものは愛を恐れるようになる。

愛とは、魅力ある人に惹かれるという意味だ。その人が美しければ美しいほど、より強く魅了され、より多くの恐れが湧いてくる。それは気軽に抜け出せない何かに踏み込もうとしているからだ。普通の人、平凡な人からなら、もっと簡単に抜け出せる。ましてその人が醜かったりすれば、あなたは自由だ。その人に頼りすぎるようにはならない。

ムラ・ナスルディンが、町で一番醜い女と結婚した。誰もがそれを疑った。町の人々は「ナスルディン、いったいどうしちまったんだ?」と尋ねた。

「これには理屈があってね。おいらがいつでも逃げられるのは、この女しかいないのさ。実際、逃げないようにするのが難しいぐらいでね。この女は町で唯一信頼できる女さ。きれいな連中は信頼できんよ。男にゃモテモテだからあっさり恋に落ちるだろうし。その点彼女は信頼できる。いつでも誠実だし、何も心配しなくていい。町を数ヶ月出てたって、何も気にならんよ。彼女はずっと自分のもんさ」


ちょっと要点を見てごらん。相手が醜ければ、あなたはその人を所有できる。醜い人はあなたを頼る。相手が美しければ、その人があなたを所有する。美は力だ、途方もなく大きな力だ。

醜い人は奴隷に、召使いになる。醜い人は、自分にない美しさの代わりにと、あらゆることをする。醜い女性は美しい女性よりも良い妻になる。醜い女性はそうならなくてはならない。彼女は美しい女性よりもっと大事にしてくれるし、もっといい看護婦になれる。美が欠けているので、代わりに何かで補わなくてはならないのがわかっているからだ。醜い女性はとてもよくしてくれる。小言などけっして言わないし、あなたとは絶対に争わない。口論が絶えないということもない。彼女にそんな余裕はない。

美しい人たちは危険だ。彼らには争う余裕がある。これらがその理由だ。

あなたは尋ねている、「魅力的な人を怖いと思うのはなぜなのでしょうか」

彼らがそうだからだ。あなたが理解し気づくまで、この恐れはそのままだ。魅力と恐れは同じ現象のふたつの相だ。あなたはいつも大きな恐れを感じる、その同じ人に惹かれる。その恐れは、自分が二の次になるだろうというものだ。実際、人々は不可能を欲する。

女性は男性を欲する。もっとも美しく、もっとも力強い男性を欲するが、ずっと自分だけに関心を持っていて欲しがる。これは不可能な欲求だ。もっとも美しくて力強い人は必ず多くの人に関心を抱し、多くの人が彼に興味を抱く。

男性はもっとも美しい女性を手にしたいと思っているが、ずっと彼女が自分に忠実で、献身的でいて欲しい。だがそれは難しい。それは無理な要求だ。

そしてこれを覚えておきなさい。ある女性がとても美しく見えるなら、それが示すのはただ、あなたはとても美しくはないということだ。またあなたは怖がってもいる。その女性があなたにはとても美しく見えるとしたら、その反対側では何が起こっているだろう？　あなたはさほど美しくは見えないということだ。そこには恐れがある。彼女はあなたを捨てるかもしれない。

そこにはこうした問題のすべてがある。だがこういった問題は、あなたの愛が本物の愛ではなく、駆け引きだからこそやってくる。本物の愛なら未来を思うことはけっしてない。そのとき、未来という問題はない。真の愛に明日はなく、真の愛に時間は存在しない。

あなたが人を愛するなら、愛すればいい。明日どうなるかなど、誰がかまう？　今日は充分以上だ、この瞬間は永遠だ。明日何が起こるか、明日が来たら見てみよう。だが明日はけっして来ない。真の愛は現在《いま》のものだ。

常に覚えておきなさい。どんな本物も、気づきの一部であり、現在の、瞑想の一部でなくてはならない。すると問題は何もない！　魅力や恐れといった問題はない。真の愛は分かち合う。それは他者を利用したり、所有することではない。人を自分のものにしたいと思うと、問題が生じる。相手も自分を所有するかもしれないからだ。相手があなたより強く、より磁力的なら、自然とあなたは奴隷になる。あなたが相手の支配者になりたいとしたら、「自分の方が奴隷にされるかもしれない」という恐れが生じる。相手を所有したいと思わなければ、自分が所有されるかもしれないという恐れが生じることはない。愛はけっして所有しない。

愛はけっして所有しないし、所有されもしない。真の愛はあなたを自由へと導く。自由は絶頂であり、究極の価値だ。愛は自由にもっとも近い。愛の次の一歩が自由だ。愛は自由に反さない。愛は自由へと向かう踏み石だ。それが、気づきが明らかにすることだ──愛は自由への踏み石として用いられなくてはならない。あなたが愛したら、あなたは相手を自由にする。そして相手を自由にすると、相手もあなたを自由にする。

愛は搾取ではなく、分かち合いだ。実際、愛はけっして美醜という観点から考えない。あなたは驚くだろう。愛はけっして美醜という観点から考えない。愛はまったく考えることなく、ただ行動し、映し出し、瞑想する。

そう、時には誰かとしっくりくることはある。不意に、すべてが調和する。それは美しさや醜さの事柄ではなく、調和の、リズムの事柄だ。

かつてグルジェフは「すべての男には地上のどこかに調和する女が、すべての女には地上のどこかに調和する男がいる」と言っていたが、それについて質問した人がいる。一人一人が、対極の相手とともに生まれる。その相手を見つけられたら、たちまちすべてが調和する。彼らの全中枢は調和的に機能する。それが愛だ。これは非常に珍しい現象だ。本当に調和しているカップルはめったに見つからない。私たちの社会は、本物の仲間や友人を見つけるのがほとんど不可能なほどの、強い禁忌《タブー》や抑制とともに存在している。

東洋の神話にはこんな話がある。美しい神話だ。この世が創造された当初、子供はひとりではなく男女一組で生まれてきた。同じ母親から、男の子と女の子が一緒に生まれてきた。それはお互いに完全に調和した双子であり、一対だった。ふたりはあらゆる意味でお互いに調和していた。

そして、人間は堕落した。まさにこの原罪という考えによって人は神の恩寵を失い、その罰として、男女のペアは同じ母親からは生まれなくなった。それでも彼らは生まれている！　グルジェフは正しい。それは私自身の観察でもある。各人には、神性の仲間がどこかにいる。だが彼らを見つるのはとても難しい。というのも、あなたは白人で、あなたの対である人は黒人かもしれない。あなたはヒンドゥー教徒で、相手はイスラム教徒かもしれない。あなたは中国人で、相手はドイツ人かもしれない。より良い世界では、人は探し求めるだろう。あなたと調和できる本物の人が見つかるまで、あなたはある種の緊張と苦悩のなかにいる。あなたはひとりだと苦悩するし、しっくりこない人や、それほどではない人と出会っても苦悩する。このしっくりくる人とこない人がいるというのは、科学的な調査を通じても判明している。今は科学的な手配が可能だ。各人が自分の中枢《センター》や誕生図、リズムを公表できるので、今なら完全に調和する相手が見つかるあらゆる可能性がある。世界はとても小さくなったし、いったんその相手を見つけたら——美しい醜いということではまったくない。実際には、醜い人などいないし、美しい人もいない。醜い人が誰かとしっくりするかもしれない。その相手の人にしてみれば、その醜い人は美しい。美しさは調和の影だ。あなたは美しい人と恋に落ちるのではない。それはちょうど逆に進む。誰かに恋すると、その人は美しく見える。美しいという考えをもたらすのは愛だ。だがその逆はない。

しかし、完全に調和する人はめったに見つからない。充分な幸運に恵まれた人にとって、生はいつでも旋律とともに生きられる。ふたつの体にひとつの魂——それが本当のカップルだ。こういう類いのカップルを見つけられたら、そのカップルの回りにはすばらしい恩寵、すばらしい音楽、大いなるオーラ、美しい光、静けさがあるだろう。そういう愛は、自然に瞑想へと導いていく。

人は見出すために、出会い、交際するのを許されるべきだ。人は焦って結婚すべきではない。焦りは危険だ。焦りは離婚をもたらすだけ、あるいは長い長い不幸をもたらすだけだ。子供はお互いに出会うのを許されるべきだ。そして私たちは科学技術以前の禁忌や禁制をすべて落とすべきだ。それらはもう不適切だ。

私たちは科学技術が進歩した後の時代に生きている。人間は成熟してきた。だから、多くの物事を変えなくてはならない。多くの物事が間違っているからだ。それらは過去において発展してきた。以前ならそれは必要だったが、今はもう必要ない。例えば、もう男女は一緒に生活できるし、結婚を急ぐ必要もない。そして多くの男女を知れば、そのときはじめて、あなたは誰となら合い、誰となら合わないかがわかるようになる。鼻が高いとか顔立ちがきれいだというのは問題ではない。あなたはある人の美しい顔立ちに惹かれるかもしれない。その人のくっきりとした美しい目に魅力を感じるかもしれない。そして髪の色はと――だがそんなことは大事ではない！　二日も一緒に住めば髪の色など気づかなくなり、三日もすれば鼻の高さなど気にも留めなくなる。そして三週間後には、相手の体の物事はすっかり忘れてしまう。そして現実があなたを打ち破り、霊《スピリチュアル》的な調和が大事になる。

今日までの結婚は、大変醜い出来事だった。そして聖職者たちは結婚を喜んで認めた。喜んで認めただけではなく、それを発明したのは彼らだ。ある理由から、世界中の聖職者たちは、五千年もの間地上に存在してきたこの醜い結婚を支持してきた。その理由とは、人々は惨めなときにだけ教会や寺院に行き、悩むときにだけ生を放棄する用意があるからだ。人々が惨めであってはじめて、彼らは聖職者たちの手中にある。幸せな人類は聖職者などに用はない。言うまでもない！　あなたが健康なら、医者に用はない。あなたが心理的に完全なら精神分析医に用はないし、霊《スピリチュアル》的に完全なら聖職者に用はない。

そして最大の霊的不調和は、結婚によって作り出される。聖職者は地上に地獄を作り出した。それは彼らの企業秘密だ。そうなると人々は、どうしたらいいかと彼らに聞かざるを得なくなる――生きるのはあまりにも辛いと！　そうなれば、彼らは生から自由になる方法を語れる。諸々の儀式を、二度と生まれてこない方法だの、生と死の車輪から抜け出す方法だのといって授けられる。彼らは生を地獄のようにしておいて、それから抜け出す方法を教えるわけだ。

私の努力はちょうど正反対だ。私は今ここに天国を作り出したい。そうすれば何からも抜け出る必要はない。生死から抜け出そうと思うこともない。古臭い、いわゆる宗教なども必要ない。もっと必要なのは、音楽や詩、芸術だ。そしてもちろん、よりいっそうの神秘主義や科学が必要だ。そのとき、まったく異なった種類の宗教、新しい宗教が生まれるだろう。生に反する観念《イデオロギー》を教えるのではなく、より生と調和し、より芸術的で、より感受性に満ち、より定まり、大地に根ざすのを助けてくれる宗教だ。それは生の技法《アート》、生の哲学を教え、どうすればもっと祝えるかを教える宗教だ。

デバ・ヴィラス、あなたは尋ねている。「魅力的な人を怖いと思うのはなぜなのでしょうか」

それは、あなたの奥深くに、誰の内にもあるのと同じように、他の人たちへの探求があるからだ。自分の対極ではないかもしれない人とは関わり合いたくないとは思っても、たくさんの友達付き合い、たくさんの恋愛関係に巻き込まれる以外に、その対極の相手を見出す道はない。本当にあなたの最愛の人を見つけたければ、多くの恋愛を経なくてはならないだろう。それが学ぶ唯一の道だ。その恐れを落とすことだ。

美しい人たちへの恐れから醜い人たちと付き合い始めても、それはあなたを満足させはしない。

コーヘンの夫婦が家具付きのアパートを借りていた。夫の方は必要なものがすべて備わった家を見つけたと思ったが、妻の方は異論を唱えた。「気に入らないわ」

「何が気に入らないんだい、レイチェル。いいアパートじゃないか。洗面台、エッチなライト、セメント配管に冷温混合栓の水道、みんな最新式じゃないか。どうしたの？」

「言ってることはわかるわ、でも浴室にカーテンがないじゃないの。これじゃ、お風呂に入るたびに

「大丈夫だよ、レイチェル。君のことを見たら、お隣さんがカーテンを買ってくれるさ」
お隣さんに見られちゃうわ」

醜さも役には立つが、満足は与えないだろう。美しい人が怖いとしたら、あなたは本当は深く親密な関係に巻き込まれるのを恐れていて、間合いを取り、必要とあればいつでも逃げられるように距離を保っておきたがっている。だがそれは愛への入り方ではないし、愛の神秘を知るやり方ではない。人はまったく無防備に入っていかなくてはならない。鎧や守りはみな落とさなくてはならない。

怖くても、その怖さをそのままに、そのなかに入っていきなさい。その恐れは消えるだろう。どんな恐れであれ、それを落とす唯一の方法は、その自分が恐れているものへと入っていくことだ。たとえば、誰かが「暗闇が怖いのです」と言うと、私はいつもこう言う。「これが唯一の方法だ。真っ暗な夜に入っていき、どこか郊外の木の下にひとりで座りなさい。震えるがいい！　冷や汗をかき、びくびくしていなさい。だが、そこに座っていなさい！　いつまで震えていられるかね？　徐々に物事は落ち着くだろう。鼓動も平常になってくる。不意にあなたは、恐れの原因は暗闇ではないのもわかるだろう。だんだんとあなたは暗闇の美しさに、暗闇にしかない美に気づくようになる。その深み、静寂、なめらかな手触り、静けさ、虫たちの闇夜の音楽、調和に気づくようになる。そして徐々に恐れが消えていくにつれ、暗闇は暗くないということに驚くだろう。それには独自の輝きがある。はっきりとではないが、おぼろげにものが見えてくる。だが明晰さはものに深みを与えはしない。曖昧さは神秘と深みを与える。光はけっして暗闇ほど神秘的にはなれない。光はとても平凡だ。暗闇は詩的だ。光は裸だ。なのにいつまで興味を持ち続けられるだろう？　だが暗闇は覆われている。それは覆いを外したいという非常な関心や好奇心を駆り立てる。
暗闇が怖いなら、暗闇へと入っていくことだ。愛が怖いなら、愛に入っていくことだ。ひとりでいるのが怖かったら、ヒマラヤに行ってひとりきりになりなさい。それが恐れを落とす唯一の方法だ。さもないと、小さな物事が大変な重圧になりかねない。

つい二日前、若く美しいイタリア人男性がサニヤスを取った。彼の問題は、怖くて自分のへそを触れないということだ。彼は誰にもへそを触れさせることができない。当の本人が触れないのだから、そんなことは問題外だ。一度も指で触れたことがない。それは不可能だ。そんなことをしたら死んでしまう。彼はそこまで怖がっている。それは滑稽に思える。だがそれがあなたにしてみれば滑稽なのは、あなたの恐れはまた別物だからだ。これは彼の恐れだ。

さて、私はどうしたものだろう？　私は彼に言った。「ちょっとここで待っていなさい。何日かしたら、あなたに出会ったらへそに触るよう、皆に言っておこう」。最初はショックを受け、気を失うかもしれないが、誰も死んだためしはない。それはただ心理的なものだ。そんなにもたくさんの人たちにへそを触られるとき、彼は事の全体を笑うだろう。

それが唯一の方法だ！　そして時々、わざと何かをやれたら、それはすばらしい気づきをもたらす。

あるとき私のもとに若い男が連れて来られた。彼は大学教授だったのだが、彼の問題は女のような歩き方だった。大学にいること、教授であること、そして女のような歩き方は困ったものだった。彼は大変恥ずかしがっていて、ありとあらゆる方法を試していた。

私はこう言った。「ひとつやってごらん。というのも、君は不可能なことをやってのけているからね！　男は本当の女のようには歩けないんだから。君がしているのは奇跡的ことだ。女のように歩くというのは、お腹に子宮がなくちゃならないということだ。子宮が丸いから、女は違った歩き方をする。体の設計からして違う。男は本当にそんな風には歩けない。男にそれができるなら……」。私は言った。「これは自慢すべきことだ！　君は奇跡をやっているんだ。ちょっとそれを見せてくれないか？」

「奇跡ですって？　どういうことです？」

「ちょっとここで、私の前で歩いてくれないか。女のように歩いてみるんだ」

彼は試みたが失敗した。彼は歩けなかった。そこで私はこう言った。「さあ、これが鍵だ。大学に戻りなさい。今までは女のように歩かないよう努力してきたが、これからは、わざとあらゆる努力を払って、女のように歩こうとしてごらん。女のように歩くまいとする努力が、あらゆる問題の原因だったわけだ。それが強迫観念に、暗示力になっていた。君は自分に催眠術をかけた。催眠を解くには、わざと女のように歩くしかない。すぐ大学に戻りなさい」。私は彼に言った。「歩き回って、可能な限りのやり方で、自分は女だと示してごらん」

彼はやってみたが、失敗した。それ以来、彼は成功していない。

もしあなたが怖いなら、魅力的な人に対する恐れが内側に生じていたら、それは同じことだ。いいかね、ヴィラス。誰も自分のへそに触るべきでないと恐れていようが、暗闇が怖かろうが、女のように歩くのが怖かろうが、あれがこれがと怖がろうが、それは問題ではない。恐れは溶かされなくてはならない。それはあなたを不自由にし、麻痺させる過程だからだ。

それを溶かす唯一の方法は、それに入っていくことだ。体験は解放する。そしてここにはたくさんの美しい人たちがいる。他のどこにも、ひとところにこれほどは見出せない。もし、ヴィラス、美しい人たちが怖いのなら、あなたは自殺しなくてはならないだろう。なぜなら、ここにはもっともっと美しい人がやってくるからだ！

学んだ方がいい。恐れを落とす方がいい。人々と関わった方がいい。実際には、関わり始めれば、誰にでも何かしら美点があるのがわかる。美しさなしにやってくる人はいない。その美しさには異なった次元があるかもしれない。ある人の顔立ちは美しく、ある人の声は美しく、ある人の体は美しく、ある人の心《マインド》は美しい。美しさなしにやってくる人はいない。神は何かしらの美を全員に与えている。多くの美しさが、人の数と同じだけ存在している。

そして、ある人の美しさにふれあう唯一の方法は、親密になり、恐れを落とし、身構えを全部落とすことだ。するとあなたは驚くだろう。神は様々な形で表れている。神は美だ。

神を表す三つの言葉がある。サティヤム──真実、シヴァム──至高の善、スンダラム──至高の美。そして美はその最後だ。神は美しい、神は美だ。どこかで美を見つけたら、それは常に神の美の反映だ。その反映を恐れたら、どうやって実在と関わるのか？　その反映は、あなたがいつか実在と関われるように、課題として学ぶためにある。

三番目の質問

私の一生は地獄でした。何かが人生の初めから間違っていたかのような感じがします。正直に、道徳的で宗教的な人生を生きようと必死に試みましたが、あなたのいう至福の一瞥すらありません。何がいけないのでしょうか。

あなたが辿ってきた道は、偽者になる道だ。そこが間違いのもとだ。あなたは真正ではない。自分が自分であることを許していない。あなたは物真似屋だ。

何を言いたいのかね？

「何かが人生の初めから間違っていたかのような感じがします。正直に、道徳的で宗教的な人生を生きようと必死に試みました……」

どうしてあなたに宗教的な生が送れるだろう？　あなたにはどんな神の体験もない。あなたの宗教的な生はただの見せかけだろう。あなたは自分が宗教的だと思う人の真似をするだろう。またどうやって、宗教的かそうでないかを決めるつもりなのか。それも社会が決めることだ。

あなたは罠にかかっていた。あなたは群れに、群衆に従って生きてきた。群衆というのは、最低の意識状態だ。群衆に従って生きるのは、最低限の生を意味する。しかも群衆は神に興味はない。彼らの道徳は社会的便宜であって、真の道徳ではない。その道徳はちょうどある種の潤滑油であり、人々が一緒にいるのを助けてくれる。群衆の正直さは真の正直さではない。それはあり得ない。

「正直は最良の策」ということわざを知っているだろう。「策」という観点で正直を考えることが、不正直の始まりだ。正直さは策ではない、それは政治ではない。正直とは、自分の人生を自由に、誠実に、嘘偽りなく誠実に生きるということだ。結果がどうあれ、嫌われようが愛されようが、尊敬されようがされまいが、それは問題ではない。正直な人というのは、神が彼を創ったそのありのままに、何もまとわずに生きる人だ。彼は自分をとても尊敬しているから、そのためにすべてを賭ける用意がある。

あなたはとても苦労して生きてきたと言う。あなたには正直が負担だったにちがいない。苦労に見えるのはそのためだ。さもなければ、本当に正直な人はけっしてそんな風には感じない。何を正直のために犠牲にしなくてはならなくても、本当に正直な人は犠牲を払う。だがそれは犠牲に値する。彼の喜びは途方もない。彼の至福には限りがない。犠牲を払えば払うほど、彼はもっと喜びを得、もっと歓喜する。

あなたは言う。「正直に、道徳的で宗教的な人生を生きようと試みました……」

そう、あなたは困難な生き方、禁欲的な生き方をしてきたにちがいない。ある種の品性を養おうと必死だったにちがいない。品性を養っても、けっして至福は生まれない。培われた品性は偽物であり、まがい物、作り物だ。だからそれらに至福は起こり得ない。造花はどんな香りもしない。香りがするのは本物の薔薇だけだ。だが本物の薔薇は地に根づいていなくてはならない。本物の薔薇は本物であるためのあらゆるリスクを負わなくてはならない。

偽物は厳重に保護されている。本物は太陽に晒され、雨風に晒されている。本物は、そうして晒されなくてはならない。造花は雨風や太陽に晒さなくていいし、部屋にしまっておける。造花に大地はいらないし、根はいらない。偽物だから、何もいらない。それは不滅だ。

本物の薔薇は朝陽のなかで生まれ、夕暮れにはもうなくなってしまう。本物の薔薇は夕方までに落ち始める。その花びらは落ちていく。本物の薔薇は束の間だけ生き、そして消えていく。本物は生と死を知っている。本物は危険のなかに生きている。

あなたの道徳、正直、宗教は危険な生を送るやり方ではない。反対に、それは防衛策だ。あなたは自分のために安全な生、安心を作っていた。あなたが逃してきたのはそのためだ。

本当に生きたいなら、不安定に生きなさい。そして真実に満ちて生きなさい。私が真実に満ちてと言うとき、それはヴェーダやコーランや聖書によって教え込まれた真実という意味ではない。それはたんに、自分が何であろうと、自分自身であり、誠実であるという意味だ。隠したり、欺いたりはしないこと。雨風に、太陽に晒されなさい。危険はある――だが喜びはまさにその危険のなかにある。至福は、薔薇の香りは、まさにその危険のなかに生まれる。

あなたは教典を通して生きてきたにちがいない。無数の人が、道徳的な、宗教的な生を送ろうと必死に試みているのに、いまだに至福とは何かを知らないのはそのためだ。そういう人たちは本に従って生きていて、自分の良心の囁きに耳を傾けたことがない。彼らは自分を裏切り、自らの神を裏切っている。


十歳の息子ハービーに、クレムは新しい自転車を買ってやった。

「まかせとけハービー、すぐ組み立ててやるから」と父親。

ハービーはクレムが大きな箱から自転車のパーツを取り出すのをじれったく待っていた。

「これが説明書と……なになに、車輪AをXとZの穴に合わせて、それでYの穴にボルトのBを通す、ふむふむ」

「ほんとに大丈夫、パパ?」と急に冷や汗のでてきた父親の顔を見たハービー。

「これでも軍の機械工だったんだぞ」と言い返す父親。

五時間後、クレムは歓声を上げた。「ハレルヤ! 終わったぞ!」

出来上がった自転車をじっと見てハービーは言った
「どうすりゃ後向きに、逆立ちしたバイクに乗れるのさ」


本の指示に従って生を組み合わせれば、厄介な羽目になるだろう。自らの小さな光に従って生きなさい。充分な光は与えられてきた。あなたは自分自身とともに、その光を持ってきた。仏陀やマハヴィーラ、クリシュナに従って生きる必要はない。いいかね、彼らはけっして他の誰かに従って生きたりはしなかった。

禅師睦州のことを聞いたことがある。睦州は彼の師の誕生日を祝っていた。すると誰かが睦州にこう尋ねた、「師《マスター》を奉じていないのに、なぜ誕生日を祝うんですか？　師とは正反対なのに、なぜ敬意を表しているのですか？」

するとと睦州は言った。「私の師はけっして師を奉じなかった。だから私も同じことをしている。師は私に『奉じるべからず』と言った。それが私へのメッセージだ。私のなかにすばらしい光が生まれたのは、師を奉じたからではない。それゆえの敬意と感謝だ」

だが、人はとても愚かしく生きている。彼らは物真似屋だ。ピュタゴラスの死後、とんでもない迷信がピュタゴラスの信奉者の間に広まった。「豆を食うべからず」という迷信だ。豆だって？　かわいそうな豆！　そして人々は長いこと、どうしてピュタゴラスの信奉者は豆を食べないのか不思議に思ってきた。ピュタゴラスは菜食者だったが、豆は非菜食というわけではない。ピュタゴラスが肉魚を食べなかったのはまったく正しいが、なぜ豆はだめだったのか？　実のところ、彼には豆が合わなかった。理由はそれだけだ。豆を食べるとピュタゴラスは胃をおかしくした。そう、豆を食べるとピュタゴラスは苦しんだので、豆を食べるのは止めた。まったくもって正しい！　ピュタゴラスは自分の声に耳を傾け、気に病むこともなかった。ピュタゴラスはインドにいたので、この地で菜食を知った。仏陀はいつも豆を食べていたし、マハヴィーラも食べた。偉大な菜食者たちだ。ピュタゴラスは菜食者のことは気にしなかった。彼が豆を落としたのは、どうしても合わなかったからだ。

だが、愚かな弟子たちを見てごらん。時代を経ても彼らは豆を食べなかったが、それでいてその理由には答えられない。「忘れ去られた秘密がそこにはあるに違いない」と彼らは思っている。

ピュタゴラスはいつも裸足で歩いていた。それは大地とふれあうすばらしい運動だ。マハヴィーラもそうやって、素足で歩いた。柔らかな地面を歩くなら、靴を履かずに裸足で歩くのが一番いい。大地との途方もないふれあいがある。私たちは大地に属している！　私たちの半分は大地の一部で、半分は空の一部だ。早朝の陽の光を浴びながら、湿った大地の上を歩いているとき、あなたは天と地の両方を楽しんでいる。それはまったくもって正しかった！　だが今日、ジャイナ教の僧侶たちは、コールタールの舗装道を裸足で歩き続けている。だがこれはとても危険だし、神経系に有害だ。靴を履かずにセメントやコールタールの上を歩くのは、全神経系に極めて悪いし、特に脳細胞には良くない。それは脳細胞に影響する。湿った大地を歩くことは神経系に好ましい。それには鎮静作用がある。

マハヴィーラは裸足で歩いたが、それはまったく問題ない。ツァラトゥストラは裸足で歩いたが、まったく問題ない。ピュタゴラスは裸足で歩いたが、まったく問題ない。だがジャイナ僧たちはいまだにボンベイやデリーで、裸足で歩いている。さて、これは愚行だ。

いつでも覚えておきなさい。誰もが自らの光に従って生きなくてはならない。師《マスター》は文字通りに真似られてはならない。マスターは理解されなくてはならない。

あなたは死んだ規則や教義に従っているに違いない。それらがあなたにまったく合わなかったために、あなたの実存には大変な矛盾が生じてしまった。矛盾を作り出すことは地獄を作り出すことだ。

デイブとマーベルは二人乗り自転車で急な丘を登っていた。頂上に着くとデイブは勢いよく自転車を降りると芝生の上に横になった。
「いやはや、きつい丘だったよ！」
「そうね、」とマーベル。
「私がブレーキをかけてなかったら逆走してたわよ」

これは何百万という人々の生における物語だ。あなたは丘を不要につらく大変にしている。ブレーキがかかっているからだ。あなたは自分の生命力に矛盾を生み出している。誰かに文字通りに従ったら、矛盾を生むのは避けがたい。あなたは、自分自身の自己にしかなれない。ひとつの統一体、ひとつのハーモニーになりたければ、けっして模倣せず、理解しなさい。学びはしても、模倣はしないことだ。

人々は本当に慌てて真似をしている。どうして人々は真似をしたがるのだろう？　その方が簡単だからだ。真似るのに知性はいらない。どんな愚か者でも真似はできる。というより、真似るのは愚か者だけだ。聡明な人は学び、理解し、自らの理解から生まれる独自の光に従う。

あなたのいわゆる道徳や正直さ、宗教的な生を落としてごらん。どうか落としてごらん。まだ遅くはない。ＡＢＣから始めなさい。ここにいれば事は起こる。私はあなたに、自分自身でいるための絶対の自由を与えよう。あなたがその自由をものにできるよう手助けしよう。品性を養う手助けはしないが、意識を生み出す手助けをしよう。そうすればその意識が独自の品性をもたらしてくれる。だがその品性は流動的な現象だ。それに堅さはない。

最後の質問

ＯＳＨＯ、どうすれば毎日、そんなにいつもいつも美しく話ができるのですか。その秘密は何なのでしょうか。

秘密など何もない――。

暗い嵐の夜、キャプテンが航海士にこう言った。
「何か話をしろ」
そこで航海士は話し始めた。
「暗い嵐の夜、キャプテンが航海士にこう言った。
『何か話をしろ』
そこで航海士は話し始めた。
『暗い嵐の夜――』」

私は同じことを何度も言わなくてはならない。毎日、何も新しいことなど言っていない。真実というのはとても単純だし、数行で言い表わせる。だがそれが聞こえないとなれば、何度も話さなくてはならない――。

それをニシーマが素晴らしいリメリック（韻を踏んだこっけいな五行詩）で表現してくれた。

プーナから来た狂ったブッダがいた
熱狂的にエゴを刈る人《プランナー》だった
だが脅かす《フライテン》のは気が進まずと
永遠に《インフィニテン》人をからかい続け
遅かれ早か《スーナー》れみな捕まった

いつの日か、あなたが私に起こった静けさに耳を傾けるよう説得できるようにと、私は話し続けている。私を理解し始めた者たちは、もう私の言葉に耳を傾けてはいない。私を理解し始めた者たちは、私の臨在に耳を傾けている。ここにいる多くの者たちは、すでに私との無言のふれあいに入り込んでいる。私の言葉に耳を傾けるなら――それもそういった言葉が『言葉なきもの』の何かを含んでいればこそだ。

だから、私と私のやり方に馴染んでいない新しい人がここに来ると、彼らにはここで何が起きているのか理解できない。それはちょうどギリシャの、ピュタゴラスのミステリー・スクールのようなものだ。ここでは何かが起きている。だがそれは非常に漠然としたものだ。部外者には説明できない。それは愛の関係だ。

私は、同じ事を語り続ける。あなたは同じ事に耳を傾け続ける。私は愛から語り、あなたは愛から耳を傾ける。話すことと聞くことは何とも関係がない。だがそれは交感《コミュニオン》だ。話すことと聞くことは交感が起こるための方便にすぎない。

私の静けさに耳を傾けられる人を充分に捕まえる日は、すぐにも訪れるだろう。そうしたら私は毎日、何年でもあなたたちと静かに座るだろう。

だから言葉を求める人はできるだけその欲望を満たしなさい。言葉はすぐに消えるだろう。だがそのときは、私は内部者《インサイダー》だけのもとなり、部外者《アウトサイダー》が入り込む可能性はなくなる。部外者は言葉の門を通って入るしかないからだ。もう少し人が入って来れるよう、もう少しだけ私は話すつもりだ。

いったん私が私の人々、その全員を捕まえたら、話す必要はなくなる。

私は静かに座り、あなた方も静かに座る。私たちはひとつになって、神が起こるのを許す──。

第8章

無垢

YOU ARE WITHOUT STAIN

——◆質問◆——

◆

インディラ・ガンジーの議会からの除名について
コメントしていただけませんか。

◆

魂の友人《ソウル・メイト》を見つけるというのはほとんど不可能です……。

◆

光明を得た後、私たちは何をするんでしょうか。

◆

夫は講話の最中眠ってしまいます。
私はどうしたらいいんでしょうか。

◆

OSHO、あなたは穢れなしですか。

◆

私たちの愛に制限があるとしても、
あなたほど愛された人がいるでしょうか。

◆

最初の質問

ＯＳＨＯ、インディラ・ガンジーのインド議会からの除名及び国中に大混乱を起こす原因となった政府のモラルジ・デサイによる投獄についてコメントしていただけませんか。

カマール・バルティ、インディラ・ガンジーが受けているのは罰ではなく報いだ。これはあらゆる革命の運命だ。この世界で現状に従わず何かをしたいと思う者は、同じやり方で何度も報いを受ける。群れ、群集は何か新しいものを存在にもたらそうとする人をけっして許さない。群集というのは常に過去志向で、すでに死んだもののなかで生きている。群集に未来の展望《ビジョン》はない。空想家や理想主義者《ユートピアン》、それに夢想家たちがこのような罰や報いを受けるのは避けがたい。

私はそれを報いと呼ぶ。その報いはインディラ・ガンジーの名声を高め、モラルジ・デサイの正体を暴いた。モラルジの偽善を暴き、彼のいわゆる非暴力、俗に言うマハトマらしさを暴いた。それはひとつのこと――彼の恐れと偏執病をただ証明した。

狭量な精神《マインド》はいつも偉大な精神を恐れている。小人はいつも巨人を恐れ、無知な人はいつも知性的な人を恐れている。だが無知な人は常に多数派だ。彼らには聡明な人には要求できないような権力がある。彼らはいつも群れの支持を得られる。これが事の次第だ。

モラルジ・デサイには議会の多数派がついていた。モラルジの徒党は全員、インディラを非常に恐れている。彼女が議会に残れば、彼らの権力の日々は非常に限られ、指折り数えられるくらいになりかねない。インディラ・ガンジーを追い出すためなら、口実は何でもいい。彼らが見つけたものは何であれ口実にすぎない。

これは凡人の嫉妬を表している。凡人というのはいつも嫉妬深い。自分の手に入らないものには何でも嫉妬する。モラルジ・デサイには人格から来る優雅さや上品さはない。彼はインディラ・ガンジーに嫉妬し、彼女を潰したいと思っている。それがモラルジのしようとしてきたことだ。

大衆もまた、本当に優雅な人はけっして好まない。大衆もまた、自分たちと似たような人を好む。貴族めいた優雅さのある人は、あまり大衆には好かれない。奥深いところでは、優雅な人は大衆に属していない。

そしてこれは醜い政治的な復讐行為でもある。これはまさに罰しようとする努力、彼女が為そうとした大変重要なことに対して、彼女を処罰しようとする努力だ。インディラ・ガンジーはこの国にある種の秩序をもたらそうとしていた。それが彼女の間違いだった。彼女はこの国にある種の規律をもたらそうとし、密輸業者やごろつき、強盗や搾取者たちを撲滅しようとしていた。そしてこういった者たち全員が、モラルジ・デサイの背後で結託した。彼らは皆恐れている。彼女が政権に復帰すれば、また面倒なことになる。モラルジはひとつの後ろ盾だ。

真の権力はモラルジ・デサイにはない。真の権力は、この国のヒンドゥー教極右主義者の手中にある。インディラ・ガンジーを処罰し、インド議会から除名し投獄したとき、モラルジ・デサイはこう言った。「これで人々にもわかっただろう。私が無力ではないと証明されたんだ。まだまだやれるぞ」

だが実際には、それが証明するのはちょうど反対だ。それはたんに、彼の無力さを証明する。彼は自分の背後にうごめくファシスト勢力に対しては無力だ。彼はたんなるお飾りだ。真の権力はヒンドゥー教極右主義者の手にある。この行為は彼のまったくの無力さと、権力があるのは彼ではなくその背後の別な数名であり、その彼らが政権を握っていることを証明している。インディラ・ガンジーを潰し、叩きのめしたいのはその彼らだ。彼らは、この国の革命的、革新的勢力はすべて潰してしまいたい。

この行為は反民主主義的でもある。これはインディラ・ガンジーを議会に選任した人々に対する侮辱であり、完全な反民主主義だ。だが人々は、政権の座につくと決まって反民主的になる。彼らは政権に到達する手段としてしか民主主義を用いない。一度政権の座につけば、民主主義などそっちのけだ。

だが私は、モラルジ・デサイがそれをやってのけたことが嬉しい。私が嬉しいのは、これがモラルジ政権の終焉の始まりであり、それがインディラ・ガンジーの名声を高めたからだ。

歴史には微妙な必然性がある。その必然性というのは、誰かがこのような醜く反民主的な処罰を受けると、大衆がその人にある種の共感を抱き始めるというものだ。そしてそれは起こってきている。人々はインディラ・ガンジーに対して、処罰される前にも増して共感している。私が嬉しいと言うのはそのためだ。

これはまぎれもなく、モラルジ・デサイとその一味の最期の始まりだ。

覚えておきなさい。この国は混沌のなかに生きている。秩序もなければ決まりもない。この国はほとんど無政府で生きている。また当然ながら、少数派は苦しんでいる。それなのにモラルジ・デサイがこの二十ヶ月で与えたものといえば、とんでもないインチキ政府だ。無力なのは間違いない――何もやっていないのだから！　それは腐敗した官僚政治にべったりと依存し、進歩的なものや、新しい始まり、未来の先触れとなり得るものをことごとく邪魔してきた。

つい先日、私が読んだ新聞で、彼は私について語っていたが、私は宗教を破壊しようとしていて、彼がそれを守ろうとしているのだそうだ。いったい彼は、どういう類いの宗教を守ろうというのか？　彼にはまったく宗教の理解はない。だが彼が言わんとすることはわかる。彼が意味しているのは、腐敗し、廃れ、過去となったものすべてだ。彼が守りたいのは伝統であり、それを宗教と呼んでいるわけだ。

宗教は伝統ではない。宗教とは常に革命だ。

そして彼は、私が宗教を破壊しているから反対だと言っている。私は新しい宗教を生み出している。宗教は常に更新されなくてはならない。生き生きとした流れを保つために、常に新しいエネルギーが注がれなくてはならない。宗教は常に、時と状況に応じて何度でも生み出されなくてはならない。

五千年前には正しかったことも、今日にはもはやまったく正しくない。過去における道徳も、今日には不道徳になっている。たとえばクリシュナの時代には、戦争は道徳的な現象だったが、今では戦争は不道徳だ。クリシュナの時代には原子爆弾や水素爆弾がなかったからだ。現代の戦争は全面戦争だ。現代の戦争は世界規模の自殺を意味する。

新しい宗教は戦争を教えることはできない。新しい宗教が教えられるのは愛だけだ。

基本的に、あらゆる古い宗教は分裂した人間に基づいている。新しい宗教は、新しい人間《ホモ・ノーヴス》を生み出さなくてはならない。私は新しい人間を宣言し、新しい人間を教える！　新しい人間はひとつであり、全体であるだろう。新しい人間は肉体と魂、低次と高次というように分割されはしない。新しい人間はどんな分け隔ても知らない。新しい人間は統合された生を送る。

古い宗教、あらゆる古い宗教は、地上に生に反した雰囲気を作り出した。生がこんなにも醜く、悲しく、苦しみに満ちているのはそのためだ。新しい宗教は生に反してはいないだろう。それは生のすべてであり、生に対して途方もない崇敬を抱くだろう。新しい宗教にとって、生は神と同義になる。古い宗教では神は生に反していた。だから神に到達するには、生を放棄しなくてはならなかった。私は放棄でなく、歓喜を教える。

だから私には、彼が「私が宗教を破壊しようとしている」と言った意味がわかる。確かに、私は古い宗教の概念を壊そうとしている。それは壊されなくてはならない。かりそめにも人間が生きようとし、至福で満たされたいのなら、古い構造は壊されなくてはならない。古きものの死によってのみ、新しいものは生まれる。

だが彼は伝統主義者であり、因習的だ。彼は過去の観点からしか考えられないので、私たちが二十世紀に生きていることがわからない。彼はまったく同時代の人ではない。彼はもう存在しない過去の世紀に属している。だがインドでは、こういった人でないと強い権力は持てない。それは巨大な大衆もまた過去に生きているからであり、彼らも同時代に生きてはいないからだ。

これはとても皮肉な状況だ。というのも、大衆は新しい見方《ヴィジョン》によってしか救えないからだ。新しい見方だけが、彼らを新たな高みにまで鼓舞できる。だが彼らは全員、新しい見方に反対だ。古い見方には大賛成だが、古い見方にはまったく妥当性などない。彼は革命的で反逆的なものすべてに反対だ。彼はこの国の腐敗した、愚かしい精神《マインド》の代表だ。彼は非常に象徴的だ。だがこの国が生きるべきものなら、彼は身を引かなくてはならない。

そしてこの国が、新たな喜び、新たな至福の高みに到達すべく存在しているなら、彼のような類いの人々は皆、去らなくてはならない。この国は、あまりにも長く生に反する態度のもとに生きてきたために、どうやって踊り、歌い、愛し、生きるかを忘れてしまった。この国はたんに植物のように生きている！

ある意味では、彼が宗教を守っていて、私が宗教を破壊しているという意見は正しい。確かに私はもはや不適切になった宗教を破壊している。だがもはや不適切なものは、まったく宗教とは言えない。宗教とは、この瞬間に生きている人に関するもの、今まさに祝福であり得るものを意味する。

新しい人間が告げ広められなければならない。新しい人間はやって来ている！　新しい人間は刻々と近づいている。あなたたちは気づいてないかもしれないが、新しい人間は近づいている。新しい人間はまったく新しい生き方をもたらし、その生は素朴で地に根ざしたものでありながらも空へ開いたものとなる。彼は新しい世界をもたらし、この地上に楽園を創る。彼は死後の楽園を探したりはしない。新しい人間は生そのものを楽園へと変容する。彼はただ生き永らえるだけでなく生きる。彼は大いなる喜びに生きる――それは神があるからだ。

喜びなさい！　何度でも言おう、喜びなさい！――神はあるのだから。だから喜びなさい。神と関わる唯一の道は、途方もない歓喜のなかにあることだ。神へと入っていけるのは、歓喜する人だけだ。モラルジ・デサイは深刻すぎて死んでいるような人物だ。彼は喜べない。喜びの意味を理解し、体験することができない。政治上は政治的革命家に反対し、宗教上は宗教的革命家に反対し、芸術上は芸術的革命家に反対している。彼は基本的に革命に反対だ。もはや存在しないものにモラルジはしがみついていたい。

ここでの私の努力は、あなたが手を離し、抱きかかえるのを止めるのを助けることだ。そうすれば自由になったあなたの手は、新たな贈り物を、生まれつつある『新しい人間《ホモ・ノヴァ》』という贈り物を受け取ることができる。

二番目の質問

OSHO、魂の友人《ソウル・メイト》を見つけるというのは名案に思えますが、それはほとんど不可能です。もう少しそのことについて話してもらえないでしょうか？　しかもそれでさえ、師《マスター》を見出すことにはとうてい及ばないと思うのですが。

プレム・アニルッダ、確かに、魂の友人を見つけるのはほぼ不可能だ。たとえあらゆる手段があっても、地球は大きく、星の数ほど人はいる。それに人生は非常に短い。どうやって魂の友人を探し出すつもりだろうか。いいかね、たとえあらゆる手段が使えたとしても――今はどんな手段もない。そのための手段がなく、あらゆる形で魂の友人が見つからないように妨げられていれば、それはいっそう不可能になる。だが仮に助けを与えられ、どうすれば魂の友人が見つかるかという教育を受けたとしても、たった七十年の間に見つけるのはやはり難しい。それはまれにしか起こらない。類いまれな現象だ。

人には七つの中枢《センター》がある。もっとも低次なのは性中枢《セックス・センター》で、もっとも高次なのがサマーディの中枢、そしてその二つの間にはもう五つの中枢がある。それは梯子だ。男性の七つの中枢すべてが女性の七つの中枢すべてと調和がとれるとき、あなたは魂の友人を見つけている。それはクリシュナとラーダ、シヴァとシャクティといったように、まれにしか起こっていない。マジュヌとライラにも、もし二人が出会うことを許されていたら起こったかもしれない。シリとファリッドも、もし出会うことを許されていたら――だが社会が二人の邪魔をした。

だが覚えておきなさい。クリシュナとラーダも、社会には認められていなかった。それは正当な結婚ではなく、違法なものだった。ラーダはクリシュナの妻ではなく、ただのガールフレンドだったし、シヴァとシャクティに関しても、両親はシャクティがシヴァに嫁ぐことに猛反対だった。シヴァは非常に変わり者のようだったし、事実その通りだった。シャクティがシヴァとの恋愛に飛び込んだのは両親の忠告に反していた。

だがごくまれにそれは起こるし、その方が自然なように見える。それが起こるときはいつでも、絶対的な一体性があるのがわかる。それは融合ではなく統一だ。ふたりの人間がお互いのなかに消えていく。ふたりを分かつ薄い小さな仕切りもなく、いかなる分割もない。それは神秘なる合一《ユニオ・ミスティカ》だ。ふたりの人間がまるでひとりの人間のように機能する。体はふたつだが、魂はひとつだ。それは完全な調和であり、絶頂にある愛だ。どんな瞑想もいらない、この愛で充分だ。

インドでシヴァの寺院を見たことがあれば、シヴァリンガを見たことがあるはずだ。シヴァリンガはたんに愛し合うふたりのオーガズムの状態を象徴している。そしてそのシヴァリンガ、男根像のすぐ下にシャクティの象徴であるヨニがある。シヴァリンガとシャクティのヨニが出会っている。ふたりはひとつとなってお互いのなかに消えていき、あらゆる人格を失った。だからその像は世界で唯一の顔を持たない像だ。

リンガとヨニ、男性性器と女性性器によって純粋なエネルギーがただ象徴されている。エネルギーが素朴に表現されている——創造的なエネルギー、生命力、生全体がそこから生まれるエネルギーだ。シャクティにはどんな顔もないし、シヴァにもどんな顔もない。彼らの顔はもはや意味を持たない。ふたりの人格は消えている。それは純粋なエネルギーの出会いであり、純粋なエネルギーだけがお互いへと溶けていける。あなたに固まった人格があったら、それは溶解の妨げになるだろう。純粋なエネルギー、流体だけがお互いに入り込み、ひとつになれる。ふたつの岩を合わせても一緒にはなるが、ひとつにはなれない。だが水に水を注げば、それはひとつになる。

七つの中枢すべてが交わる絶頂において、人は消え、エネルギーだけが残る。エネルギーの戯れ、意識の戯れだ。その喜びは不変であり、オーガズムのようだ。それは霊的交感《コミュニオン》だ。このようなカップルには瞑想は不要だ。このようなカップルには愛が充分な瞑想だからだ。それは神秘的現象であり、超自然的だが、きわめてまれだ。無数の人々のなかに一度だけ起こる、ほとんど偶然の出会いだ。

その下には別な出会いがある。六つの中枢の交わりだ。それもやはりまれだ。最初が一パーセントなら、この二番目はわずか二パーセントだ。これは統一ではなく融合だ。宇宙的、神秘的融合ではないが、それでも非常に近いものだ。審美的融合、芸術的現象、詩的体験だ。

最初のものはサマーディを、悟りを知った者によってのみ理解される。二番目のものは詩人、画家、踊り手、音楽家によって理解される。

三番目はその下の五つの中枢の出会いだ。これは三パーセント可能だ。これは融合でもない、二元性だ。ふたりの人間はふたりのままだが、それでもすばらしい調和がある。ふたつが調和して機能する。ふたつの楽器が調和して奏でられているかのように、ふたりはふたりのままだ。融合はなく、統一はない。ふたりは別々だ。

カリール・ジブランが描写しているのはこのことだ。「愛し合うふたりは、寺院にある二本の柱のように、同じ屋根を支えながらも離れて別々であるべきだ」。これは審美的体験、芸術的、音楽的体験よりもわずかに低い。それは道徳的体験であり、純潔で、かつ美しい。

四番目は四つの中枢の交わりだ。これには四パーセントの可能性がある。二元性だ。調和は消えてしまうが、それでも大いなる理解はある。お互いに関するすばらしい理解と思いやりがある。自ずと生じる調和はないが、理解からくるある種のリズムが維持される。すばらしい知性の体験だが、道徳的でさえない。人は気づいていなくてはならない。気づきがなければ、この第四の状態から転落することになる。

ついで五番目は三つの中枢の出会いであり、五パーセントの可能性だ。二元性はさらに際立ってくる。まだ理解はあるが、絶えずではない。まだ理解はあるが、揺れ動き、震えている。時には衝突しても、愛の崩壊にはならない。反対に、その衝突はプラスになり、愛にちょっとスパイスを添える。これは心理的体験だ。

その下は二つの中枢の出会い、六パーセントの可能性だ。二元性は多大かつ明確だ。わずかな、ほんのわずかな間の理解だ。衝突も頻繁に起こる。ほとんど五分五分の割合、五十パーセントの理解に、五十パーセントの衝突だ。それは心理的体験だが、この五十パーセントの理解と五十パーセントの衝突のおかげで、なお絶妙なバランスがある。

そのさらに下は一つの中枢の出会いであり、可能性は七パーセントだ。衝突ばかりで、喜びの瞬間もまれ、とてもまれだ。それもときおり、ごくまれでしかない。だがそれでもまだ価値がある！　それは性的体験だ。

そのまた下、もっとも下には中枢の出会いはない。平凡で、ごくありふれている——あなたが出会うカップルたちはここにいる。それは性的体験ですらない、性的体験のさらに下だ。それは多かれ少なかれ自慰的であり、ある種の社会的、経済的、政治的な協定にすぎない。それは搾取であり、事務的だ——多かれ少なかれ市場の一部であり、取り決められた結婚だ。

愛はなく、尊敬もない、憎しみさえない！　というのも、憎しみは愛があってはじめて存在できるからだ。友愛でも敵意でもない、まったく形式的な関係——関係でも何でもない関係だ。これは相互的自慰協定だ。あなたは相手を搾取し、相手はあなたを搾取する。それは一種の売春だ。もっとも醜い可能性だが、それがこの地上で起こっていることだ。

ある金曜の午後、ハロルドは上司から今日は残業をするようにと言われた。妻に帰りが遅くなるのを知らせる方法がないこと以外は、残業は問題なかった。郊外にある新築の小さな家に越したばかりでまだ電話がなかったのだ。

「その道は通るから奥さんには言っておくよ」と上司は申し出た。

数時間後、コテージに着いて呼び鈴を鳴らすと、ハロルドの奥さんがすけすけの服でドアの所に現れた。上司の目はその肢体に釘づけになった。

「何でしょう？」とハロルドの妻。

「私はハロルドの上司です。彼は残業をしていまして、それで家に帰るのが遅くなると伝えてもらえないかと頼まれたもので」

「それはどうも」とハロルドの妻。

「二階でちょっとアレでもしませんか」

ハロルドの妻は、自分の頬が怒りで真っ赤になるのがわかった。

「何ですって！」

上司は肩をすくめた。「じゃあ五十ドルあげたらどうします」

「するもんですか！　よくもそんなことを平気で――」

「じゃ百ドルだったら」

「え――だ、だめです」

「じゃ百五十ドルだったら」

「そんなこといいわけないでしょ」

ここでハロルドの上司は猫撫で声でこう言った。「奥さん、ハロルドにはわかりっこないんだし、ちょっと一緒に過ごして百五十ドルなんて、楽なものでしょう？」

彼女は頷くと手を取って二階のベッドへと案内し、楽しい一時間を過ごした。

その晩帰宅したハロルドはこう尋ねた。「遅くなるって上司は言いに来たかい」

「ええ、立ち寄ったわよ」

「そうか」とハロルド。「じゃあ僕の給料はおいてったかい」


この世はとてもビジネスライクで、狡猾だ。人が関係とか、恋愛と呼んでいる協定はみな、関係や恋愛とは何の関わりもない。それらは基本的に経済協定だ。

昔デイブというスコットランド人がいて、
洞穴《ケイブ》に死んだ売春婦を匿っていた。
「俺にもわかってる《アドミット》さ、
俺はほんとにくだらねえ《シット》けど、
金のことを考えて取って《セイブ》あるのさ」

あなたはこういうスコットランド人をそこら中で見つけるだろう！　全世界は、紛れもなくスコットランドだ。

アニルッダは言っている、「魂の友人《ソウル・メイト》を見つけるというのは名案に思えますが、それはほとんど不可能です」

そう、それはほとんど不可能だ。自然にまかせたら、ほとんど不可能だ。だが東洋ではひとつの科学が発展した。魂の友人は見つけられなくても、創ることはできる。そのための科学がタントラだ。魂の友人を見つけるとは、七つのチャクラすべてが自然に出会う人を見つけるということだが、それは不可能だ。ごくまれにクリシュナとラーダや、シヴァとシャクティのような人がいるだけだ。その出会いが起こるときは、本当にすばらしい。だがそれは稲妻のようなものであって、当てにはできない。聖典を読みたければ、稲妻は当てにならない。稲妻があったら読もうというわけにはいかない。自然現象ではあっても、稲妻は頼りにならない。

自然な魂の友人との出会いを待つことは、聖典を読むのに稲妻を待つようなものだ。しかも、一度に多くは読めない。一瞬それが光ったところで、聖典を開ける頃には消えてしまう。

そのためにタントラは生み出された。タントラというのは科学的な取り組みだ。それは錬金術だ。タントラはあなたの中枢《センター》を変え、相手の中枢も変えられるし、恋人との間にリズムとハーモニーを生み出せる——それがその美しさだ。

それはちょうど、家に電気を引くようなものだ。電気が来れば、好きなときにつけたり消したりできるし、いろいろと利用もできる。部屋を冷やしたり暖めたり……それは奇跡のようだ。あなたのなかにあるこの七つの中枢は、生体電気の中枢以外の何ものでもない。だから私が稲妻について話しているとき、それを単なる象徴とは思わないことだ。それは文字通りの意味だ。

体には微細な電流が存在している。それは非常に微細だが、微細であればあるほど、深くまで入っていく。はっきりとは見えないが、体にある電気を全部集めれば、五つの白熱灯を灯せると科学者は言う。量的には大したことはない。原子量で言えば大したことはないが、質的には……それが爆発したら、途方もなくたくさんのエネルギーがそのなかにある。

この七つの中枢、七つのチャクラは、ヨガとタントラが昔から語ってきた、生体電流の5つの結び目に他ならない。これらは変えられるし、再配列できる。そして新たな形状、形を与えることができる。ふたりの恋人は、七つの中枢すべてが出会い始めるように、深く変容され得る。

タントラは、普通の恋人たちを魂の友人へと変容する科学だ。そしてそれがタントラの偉大さだ。タントラは地球全体を変容できる。それぞれのカップルを魂の友人へと変容できる。タントラはいまだ用いられていない。それは使われぬまま眠っている、もっともすばらしい宝のひとつだ。人類がタントラを用いる日、新しい愛が地球を取り巻くだろう。地球は新しい愛で赤々と輝くだろう。タントラを使えるのは新しい人間《ホモ・ノヴァ》だけだ。彼らならタントラを使える。

それゆえに、私は『新しい人間』を告げ知らせている。タントラを使えるのは新しい人間だけだ。それは新しい人間だけが自分の体を全面的に受け容れるからだ。古い人間は自分の体をけっして受け容れず、常に自分の体と戦い、反目し、壊そうとしていた。古い人間は自滅的で、統合失調症だった。

新しい人間には自らに対する全面性があるから、自己破壊的にはならない。彼は生を途方もなく愛するから、何度でも戻ってきたくなるだろう。新しい人間だけが、この生命力の中枢を変容できる。

私がここで行なおうとしているのはそれだ。そのことで国中が腹を立てている。この国ばかりか世界中が腹を立てている。というのも、彼らはこんな事は聞いたこともないからだ。これは大いなる実験だ。この実験の成功には多くのことがかかっている。

そのような愛の深みにまで人が成長するのを助けられたら、それぞれのカップルがクリシュナとラーダのように、シヴァとシャクティのようになれたら……そんな世界をちょっと想像してごらん、それがどれほどすばらしくなれるかを。そのような世界の前では、楽園も見劣りがするだろう。まさにこの地上が楽園であり得るのだ。

だがこの科学は微細だ。本当に偏見なく理解する用意のある者だけが、それを理解できる。そしてそのワークは非常に繊細で神秘的だ。部外者には何が起きているのかけっして理解できない。必然的に部外者は誤解することになる。

原子力を研究している実験室に部外者を連れていったとして、その部外者がわずかにでも何かを理解できると思うだろうか？　それと同じことだ。これははるかに深遠な実験だ！　なぜなら原子力の研究は物質への働きかけであり、人間のエネルギー、愛のエネルギーへの働きかけは、意識への働きかけだからだ。それを見るには、非常に鋭敏な人々が必要だ。

だがこれは、コミューンを創り、ブッダ・フィールドを創るにあたって、私が意図していることだ。私がそれぞれのカップルをクリシュナ―ラーダへと変容できる場所――それぞれのカップルがその喜び、尽きることのない喜びを、宇宙的オーガズムを、完全なエクスタシーを持てる場所――七つの中枢すべてが出会い、合わさって、お互いのなかへ消えていく場所だ。

今のところ、あなたはひとつのセンターにも出会っていない、最低の地点にいる。アニルッダ、自然を頼りにしたら、それは不可能だ。タントラを頼りにすれば、可能性はとても大きい。

三番目の質問

存在の目的は何なのでしょうか。光明を得た後、私たちは何をするんでしょうか。

ダルマ・ビクシュ、光明を得てから、私が何をしているかだって？　私は腹が減れば食べ、眠くなれば眠る。あなたがしているのとまったく同じことをしている。だがその質は変わり、その意義は変わり、アプローチは変わっている。あなたはお茶を飲むし、私もお茶を飲む。だがあなたの『お茶を飲む』は、ただの『お茶を飲む』だ。私がお茶を飲んでいるとき、私は神を飲んでいる――お茶という形の神を飲み、神をすすっている。

外側から見れば一緒だが、内側から見れば完全に違っている。

ある禅師はこう言っていたという。

誰かが同じ質問をした。「光明を得ていなかったとき、あなたは何をしていたのですか」

彼は言った。「かつては木を切り、井戸から水を運んでいた」

その男が「今、光明を得てからは何をしているのですか」と尋ねると、禅師は言った。

「木を切り、井戸から水を運んでいる」

当然、質問した男は混乱してしまった。彼は言った。「どこが違うのですか？　何も違わないように見えます。木を切り、井戸から水を運ぶ——あなたは以前にそうやっていましたし、今もそうしています」

師は笑うと言った。「いかにも、前は『私』がそれをしていたが、今、それはただ起こっている。今、それを『する人』はいない。私はもういない。木が切られ、水が持ち運ばれている——私はもういない」

禅の人たちは「神」という言葉を使わない。もしそれがスーフィーの質問だったら、マスターは「神が木を切り、神が水を運んでいる」と言うだろう。禅の人なら「それが木を切り、それが水を運んでいる」と言う。これが禅の人たちの神の名前だ。禅の人たちは神を人格化しない。

何もかも同じままだ！だが何一つ同じではない。

あなたは尋ねている。「存在の目的は何なのでしょうか」

『目的』という考えは光明の起こっていない心《マインド》にしか生じない。光明の起こっていない心は目的なしでは生きられないからだ。彼は、どうしたら目的もなく陽気に生きられるかがわからない。彼には自分を前へと引っ張る目的、自分を前へ押し動かす目的が必要だ。自分自身を操縦するために、目的がいる。目的がないと、どうしたらいいのか分からない。自分を突き動かしていくために目的がいる。彼が苦悶しているのはそのためだ。

『*agony*（苦悶）』という言葉は『*ag*』という語根から来ており、この語根からは二つの語が生まれた。ひとつは行為（*action*）で、もうひとつは苦悶（*agony*）だ。これは美しい。『*ag*』の基本的な意味は『*push*（押すこと）』だ。行為（*action*）とは、物事を押し進めること、川を押し動かし、川に逆らって自分を押し進め、泳いで川を遡ろうとすることだ。それが苦悶を招き、人を惨めにする。というのも、敗北は目に見えているからだ。ちょこちょこと勝利を治められても、その戦争ははなから負けている。いつまで川を押し続けられるかね？　そのうちそうすることにも疲れ、くたくたになる。すると川はあなたを川下へと連れていくだろう。

あなたは闘わなくてはならない。そして戦いは苦悶を作り出す——乗り越えられるかどうか、成功できるかどうかという不安を作り出す。

『目的』というのは、光明を得ていない人の考えだ。光明を得た人は、ただ目的なしに生きている。彼に目的はいらない、だから苦悶もない。彼は瞬間瞬間に生きる！　その生にはどんな意味も、どんな目的もない。彼は薔薇の花のようであり、森から聞こえてくるカッコーの鳴き声のようであり、昇る朝日のようであり、海へと落ちる露のしずくのようだ。何の目的もない！　ただいるだけだ！　目的がないのは、彼には未来がないからだ。彼は現在にいる——現在から現在にいる。目的とは欲望を意味する。目的とは、何か特別なものを自分の回りに作り出すということだ。あなたは自分が無目的だとは信じられない。すると不意に、あなたは地面に崩折れ始める。無目的だって？　エゴは目的という支えなしには立てない。だからあなたは自分のために目的を作り続けている。たとえ何も存在せずとも、装いつづけ、投影し続ける。

神は自分の似姿として人を創ったと聖書に書いたり、神は成就すべき偉大な運命をあなたに与えたとか、あなたは特別だと書いたのは、エゴだ。ロバに聞いてごらん。ロバだって、神は自分の似姿としてロバを創られたと言うはずだ。

つい先日、私はドン・マルキスの「ワーティー・ブリッゲンズ」という詩を読んでいた。

先日私はワーティー・ブリッゲンズという名の
ひきがえるに出会った
ワーティーはキノコの下で
満足そうにしていた
キノコというのは宇宙が作られた際に
ひきがえるの私宅として
特別に設計されたものなんだと
ワーティーは説明した
雨風がしのげるように
考え出され用意されたんだと
「宇宙には目的なんかない
そんな考えは冒涜だ」なんて言うなよ

とワーティー
もう少し話すと
ワーティー・ブリッゲンズは
彼が先に語った宇宙の中心だと
考えていることが明らかになった
地球はワーティーのために
キノコを育てるべく存在し
日中はワーティーに光を与えるべく
太陽の下に座っている
月と回る星座は
夜を美しくするため
ワーティー・ブリッゲンズのために

誰に聞いても——誰もが自分は存在の中心で、神はある特別な目的のために自分を創ったと思っている。実際は、存在にはどんな特別な目的もない。目的というのは光明の起こっていない心の創造物だ。光明の起こっていない心は、未来なしには存在できないからだ。それは未来に生き、目的地を必要としている。

光明の起こっていない心は目的地志向だが、光明の起こった心はただ『今ここ』に生きる。今ここで、どんな目的を持てるだろう？　ときには木を切り、ときには井戸から水を運ぶ——どんな目的が持てるだろう？　それはエゴを支える柱だが、目的というものはない。存在はただある。目的がないからこそ、存在はまさに美しい。

　何か決まった目的があると思うなら、あなたは退行することになる。そうすると疑問が湧いてくる――目的の目的は何なのか？　ではその目的の目的の目的は？　それにはきりがない。愚か者だけが、目的があると答える。彼らが愚かなのは、退行しているのに気づかないからだ。


　誰かが「神が人を創ったのは、人が救済を得られるようにだ」と言うとする。だがどうして、そもそもの最初から救済を与えないのか？　「神が人を創ったのは、解放《モクシャ》を得られるようにだ」――だが人はそもそも最初からモクシャにいた！　それをなぜこの世なんかに……「人は真実を見つけるべく神によって創造された」――ではこの余計な手間は何のためなのか？　彼はたんに真実とは何かを話せたはずだ。

　目的があるとしたら、事の全体は不毛に見える。だがそこに目的はない。それはたんに、神の溢れんばかりのエネルギーだ。あらゆる方向に溢れ出る自らのエネルギーを神は楽しんでいる。神は木になり、岩になり、星に、人に、動物になる。どんな階級組織もない。目的は階級組織的な考えをもたらす。そういった考えがあると、誰かは低く誰かは高いという風になる。というのも、あなたにはより高い目的があるからだ。

　そこにはどんな階級組織もない。存在はひとつだ！　存在はありとあらゆる種類の表現のなかを流れている。神はどこかでは緑の樹になり、どこかでは赤い花に、またどこかでは蝶になり、虹に、男に、女になる。神こそが唯一の現実なのに、どんな目的があり得るだろう？　だが心《マインド》が消え、思考が消え、エゴが消えて完全に今ここにあってはじめて、不意にあなたは「無目的の美」を見る。
生はビジネスではない。生は喜びだ。ビジネスには目的があるが、喜びに目的はない。論理には目的があるが、愛に目的はない。

四番目の質問

夫とあなたの話を聞きに通って三日になるのですが、夫は講話の最中眠ってしまいます。私はどうしたらいいんでしょうか。

ただやさしくしてあげなさい。夫はただ、あなたにむりやり連れて来られたのかもしれないし、あなたへの賄賂としてきているだけかもしれない。ひょっとすると、夜あなたがまったく寝かせてくれないので、他に寝場所がないのかもしれない。でもここだと彼はくつろいでいるし、あなたも夫めがけて枕は投げつけられない。知っていたかね？　ここに枕が持ち込めないのはそのためだ。誰も邪魔できないとみて、あなたの夫は楽しんでいるに違いない——楽しませてあげなさい！
睡眠は完璧な精神的《スピリチュアル》活動だ。私は睡眠に反対しない。ただ彼に、他の眠っている人の妨げになるから、いびきはかかないように言いなさい。

スーは夫のジャックに、月に一度は絶対にお芝居に連れて行ってくれなくては厭だと言って聞かなかったが、ジャックは芝居が嫌いだった。

「スー、僕は家で野球を見ている方が好きなんだけど」

「野球？　それしか考えられないの？」とスー。

「たまには私のことも考えてよ、一日ずっと家に閉じこめられてるのよ」

こうして二人は、その晩に友達を連れて芝居を見に行った。

第二幕が終わる頃、びっくりするほど大きないびきが聞こえたので振り向くと、ジャックが熟睡していた。スーは恥ずかしさのあまり真っ赤になった。

「まったくいい恥さらしだわ！　絶対許さないんだから！」

「そっとしといてあげなよ」と、近くでジャックを見ていた一人が笑って言った。

「楽しんでるのは奴だけだぜ」


だから、どうか夫にはやさしくしてあげなさい。少しの間楽しませてあげなさい。リラックスさせてあげなさい。ぐっすり眠らせてあげなさい。何も悪いことはない。実際、不眠症に関する分野では、医学はまだ宗教的な講話を上回れないでいる。宗教的な講話は最高の薬だ。治療に失敗し、睡眠薬も効かないとなると、医者は宗教的な講話を聞きにいくよう勧める。これは最も古い不眠治療薬だ。

彼を楽しませてあげなさい。あなたの夫は何も逃してはいない。そういうあなたこそ私の話を聞いている間、何を手に入れ、何を得ているだろう？　何かを得ているなら、あなたは光明を得るだろう。形而上の眠りから本当に出てくるだろう。あなたは形而上学的に眠っているし、夫は肉体的にも眠っている。あなたは目を開けたまま眠っている。聞いたり見たりしているように見えるだけだ。あなたは私の話を聞いたこともなければ、私を見たこともない。私を聞き、私を見る瞬間、あなたは二度と同じではなくなる。あなたの生は完全な転回を遂げ、あなたは光に満ちるようになる。

だから心配することはない。あなたは目を開けて眠り、犬は目をつむって眠っている。彼の方がずっと自然だ。ただやさしくしてあげなさい。もう彼をいじめたりしないように。犬の側に座るのが難しいなら、どこか別な場所に座るといい。

眠りには落ちても、まったく眠ってはいないかもしれない——ときにはそんなことがある。東洋には『タンドラ』という言葉があるが、これに相当する英語はない。それは通常の眠りではなく、眠りと目覚めの間にある一種の眠りだ。それは何かがあなたへと入っていける、正しい瞬間だ。『催眠の眠り』とも言えるが、私はその言葉は用いない。というのも、それがあなたの頭《マインド》に大変悪い連想を生むからだ。実際には、『催眠』という言葉は眠りを意味するが、それは通常の眠りではない別種の眠り、音の聞こえる眠りだ。あなたは眠っているが、それでも音は聞こえる。

ここにいる何人かは——その一人はシーラだ。彼女はぐっすり眠っている。だがこれは眠りではなくて、『催眠《ヒプノシス》』だ。これはタンドラだ。彼女は私を聞いているが、私以外のことは聞かない。催眠術者を見たことがあると思うが、誰かが催眠術にかかると、その人は他には何も聞こえなくても催眠術師の言うことは聞き続ける。その人の扉は催眠術師に対して開いたままだ。彼らの間には一本の糸が残っている。

私を深く愛している者は眠りはしても、私とはつながったままだ。私が言っていることは記憶では再生できないかもしれない。だがそれは耳に入り、浸透する。

だから気を揉むことはない。あなたの夫がたんに生理学的に眠っているとしても、それもまたいいことだ。それが催眠のようなものだとしたら、あなたにとっては眠りだろうが、私にとってはそうではない。それはよりすばらしいことだ。

それから、東洋には第三の事柄があるが、この言葉も英語にはない。それはヨガ・ニドラと言われている。あまりに静かでリラックスした状態になるため、傍目には誰もがその人は眠っていると思う。菩提樹の下に座っている仏陀に出会ったなら、あなたは彼が眠っていると思っただろう。彼は眠ってはいなかった。見た目にはすっかり眠っているようでも、内側は光と気づきに満ちていた。


ラーマクリシュナはよく昏睡状態に陥った。医者は何度も、これはまぎれもない発作、てんかんの発作だと宣告した。なぜなら彼はまったくの無意識で、他のてんかんの発作と同様に、口から泡を吹き始めたからだ。そして何時間も意識を失ったままだった。彼の体はまさしく硬直していた。

あるとき、彼は六日間もこの状態に留まった。その世話をするのもまたとても困難だった。食事はスプーンで与えられ、ほとんど死んだも同然だった。六日の後、意識の戻った彼は、大いなる光と喜びを携えていた。そして彼は最初にこう言った。「これでまた眠ってしまったというわけだ」

その六日間、彼は覚醒していた！　目を開けると、彼は「なるほど、これでまた自分は眠ってしまうわけだ」と言った。

あなたが『起きている』という状態は、真に目覚めている人にとっては眠りだ。それが第三の状態だ。あなたの夫がこの第三の状態でなければいいのだが……さもないと、彼はあなたの夫でもなくなってしまうからね。だが心配はいらない。そのままにしておいてあげなさい。妻は夫をひとりにしておくことを学ぶべきだし、夫は妻をひとりにしておくことを学ぶべきだ。いちいち口出ししたり、小言を言い続けたりしないことだ。

五番目の質問

老子は言います、「原初の有様を洗い清め、穢《けが》れなしにいられようか？」OSHO、あなたは穢れなしですか。

クリストファー、私は穢れなしだし、あなたも穢れなしだ。私たちは皆、まさに最初から穢れなしだ。本当に洗い清めるべきものはない。本当に浄化を要するものはない。私たちの処女性は絶対なるものだ。

かつてある禅師が、自分の後継者探しをしたいと僧院で宣言した。その僧院には五百人もの優秀な僧侶がいた。彼は集まった僧侶たちに言った。「もう年を取ったから、私は後継者を決めておきたい。これから言うのがその試験だ。我こそは後継者と思い、覚醒し真実を知ったと思う者は私の小屋に来て、扉のところに自分の理解を四行で書くがいい。おまえの真実の体験全体を四行で表すのだ」

日中は誰も来なかった――誰もがその老人を知っていた。彼は騙せない……何か間違ったことを書いているのが見つかろうものなら、即座にひっぱたかれてしまう。老人は大きな杖を持って扉の所に座っていたから、誰も小屋には現れなかった。

夜になって彼が寝入ると、ひとりの男が忍び込んできた。彼はその共同体のもっとも優秀な弟子だった。彼は四行の美しい詩を書いた。「心《マインド》は鏡だ。その心《マインド》の鏡に、欲望と思考と記憶の塵が積もる。その塵を払え。これが真実だ」。だが老人はこんな言葉には騙されないのではと大変恐れた彼は、自分の名前を書かなかった。彼はこう考えた。「彼が正しいと言ったら、自分が書いたと名乗り出よう。だめだと言ったら、黙っていよう」

翌朝早く、老人は猛烈に怒っていた。「誰だ、こんな大ぼらを書いたのは？　一体どこのどいつだ、連れてこい！　打ち据えてやる！」。その学者は共同体から逃げ出した。彼がそこに行ったのを知っている何人かが、口を滑らせるかもしれないからだ。数日の間、男はさっさと森のなかへ逃げ込んでしまった。

その共同体全体は大騒ぎだった――朝から晩までひとつの話題で持ちきりだった。誰もがその詩を気に入っていた。その詩は非常に美しく、水晶のように澄んでいて、真実を表していた。どうやってこれを改善できるだろう？「心《マインド》は鏡だ。欲望と思考の塵が積もる。塵を払え。これが真実だ」。これは瞑想に関するすべてだ。これこそは清浄であり、反映だ。あなたが鏡となるとき、あなたはありのままを映し出す。

確かに、その言葉はすばらしい――だが究極の理解ではない。

そこにはひとりの僧がいた。彼は十二年間、ただ米のごみを取り除いていた。十二年前、彼は師に会いに来て言った。「私は真実を知るために来ました」。師は彼に尋ねた。「お前は真実について知りたいのか、それとも真実そのものを知りたいのか？」

その僧はマスターの目を見て言った。「何をおっしゃいますか。どうして私が真実について興味を持たなくてはならないのですか？　それが何の助けになりましょう？　私が欲しいのは真実、真実だけです。真実についてなど知りたいとも思いません。真実そのものを知りたいのです」

すると師は言った。「ならばひとつやるがいい。台所に行って、米のゴミを取るのだ。そして二度と私のところに来るな。時が来たら、私の方から出向こう。お前はひとつのことだけをせよ。朝から晩まで、米をきれいにし続けるのだ」

五百人分の米……そしてその僧は、二度と師のもとに赴かなかった。十二年が過ぎ、その僧はたったひとつのことをしていた。朝早く四時には起床していた――すぐにも五百人の僧侶たちの朝食が必要だったからだ。そして夜は遅くまで働いた。

ゆっくり、ゆっくりと、あらゆる思考は消え、考えることは止まった。それがこの僧の瞑想となった。

ふたりの僧侶が、あの素晴らしい詩について論じ合いながら通りかかった。「この素晴らしい詩が大ぼらとはな。師はあまりに手厳しい。この調子では、後継者など見つからないだろう」。その米洗い僧は、腹の底から大笑いし始めた。二人の僧は立ち止まると問いただした。「どうした、何がおかしい？」

その僧は言った。「師の言うとおりだ。どこの馬鹿だ、そんな文句を書いたのは。まるきりデタラメだし、理解がない。師の一撃を喰らうべきだな」

これを聞いたふたりの僧侶は仰天した。「お前ならこれをもっと改善できるというのか？」「字の書き方なんて忘れたよ……十二年だよ。でも口はきけるから、あんたたちが行って書いたらいい。そして誰がこれを言ったか、師に伝えればいい」

僧侶たちは言った。「お前も来たらどうだ」

「私は誰の後継者にもなる気はない。あなたが行って書いてくれ」

彼らは行って、その僧が「行って書いてくれ」と示唆したことを書いた。「心《マインド》は鏡にあらず。どこに欲望と思考の塵が積もるだろう。これを知る者が、真実を知る」

師はその四行詩を読んだが、可とも不可とも、一言もしゃべらず黙っていた。だが夜半になって、師はその僧侶のところに行くと、こう言った。「誰がこれほどの洞察を持てるかはわかっていた。さあ、わしのローブを持ってここから姿を消せ。お前がわしの後継者だ。だが朝が来る前に、他の者たちがこのことを知る前に、ここから姿を消すのだ。お前が後継者となれば、大変な嫉妬を引き起こすことになる。学者《パンディット》や教授といった連中はとてもねたみ深い。お前は殺されてしまうだろう。とにかく、ここから姿を消すのだ！　どこか別な山にでも行くがいい。だがわしの炎は携え続けよ。お前はわしを理解した。お前は継承したのだ」

あなたは私に尋ねている。「老子は言います、『原初の有様を洗い清め、穢れなしにいられようか？』」

もし何かを洗い清めなくてはならないと信じるなら、穢れなしではいられない。だが清めるべきものも、洗うべきものもない。あなたに汚れはない。そもそものはじめから、あなたたちは覚者《ブッダ》だ！

自分をより改善する必要はない。必要なのは、ただ自分が誰なのかに気づくことだ。

最後の質問

愛するＯＳＨＯ、たとえ私たちのいわゆる愛が制限を受けているとしても、あなたほど愛された人がこの世にいるでしょうか。

アヌラダ、それは本当だ。あなたが私を愛するのと同じほど愛された者はいない。だがいいかね、私が他の人から憎まれるのと同じほど憎まれた者もいないのだ。それは自然なことだ――愛と憎しみは釣り合っているのだから。

第9章

至福—あるゆる二元性を超えて

9

BLISS BEYOND ALL DUALITY

——◆質問◆——

◆

なぜ私は自分自身の全体性を

避け続けているのでしょうか。

◆

私も自分のへそを触るのが怖いのです。

◆

科学はマインドなしに成り立つのでしょうか。

◆

幸福とは何でしょうか。

◆

自分は真面目すぎるように思います。

私は重病なのでしょうか。

◆

最初の質問

OSHO、自分自身の全体性とは何なのでしょうか。なぜ私はそれを避け続けているのでしょうか。

ヴァスマティ、あなた自身の全体性は、あなたとは何の関係もない。それはあなたの全体性でも私の全体性でもない。全体性とは、そこに私たちすべてが消えていく、一なるものだ。それがその恐れだ。あなたは、部分的で、たんなる一部であってはじめてそのままでいられる。全体になりたければ、その瞬間あなたは一種の自殺、霊的《スピリチュアル》な自殺をしなくてはならない。あなたは消えなくてはならない。しずくが海としてありたければ、唯一可能な方法は、海へと消えていき、しずくとして死ぬことだ。しずくがしずくとして死ぬ瞬間、それは海になる。それが恐れを生む。

人々は神を語るが、自分を失いたいと思うものはひとりもいない。それゆえに神の話は無力で無意味なままだ。人々は神を崇めるが、距離はとっている。寺院に行っても、本当に行ったことはない。それは『自分自身』という考えにこだわったままだからだ。

ふたつのあり方がある。ひとつはエゴとして、全体から分離していることだ。それが錯覚なのは、本当に別々でいられるようなあり方などないからだ。あなたにできるのは、自分が分離していると信じることだけだ。奥深くでは、あなたはやはり全体とひとつだ。だからエゴという考えの周りに作るすべては、依然として錯覚だ。東洋ではこれをマーヤという。マーヤとは、無益な夢の世界という意味だ。

もうひとつのあり方は、分離せずにいることだ。自分の定義を失い、あらゆる境界や区別を失うことだ。そのときあなたは現実の世界、ブラフマの世界へと入っていき、夢を超越する。そして基本的で根本的な夢とは、エゴという夢、『自分がいる』という夢だ。あなたもいなければ私もいない、あるのは神だけだ。

だがこれは大変危険なことだ。存在の広大さのなかに消えていくのは怖いし、恐ろしい。自分の小さな夢の世界にいた方が心地いい。自分の夢に囲まれている方がずっと暖かいし、しっかりと保護されていて、安全だ。

だから人は不幸にさえ執着し続ける。なぜならその不幸は人間が生きている夢の世界の一部、なくてはならない部分だからだ。幸福と不幸は夢のふたつの側面だ。現実は幸福も不幸も知らない。現実はあらゆる二元性を越えている。そこには完全な至福がある。だが覚えておきなさい、至福は幸福ではない。あなたは至福のなかに、どんな幸福も、どんな不幸も見出さないだろう。

それは、味わうまでは思い描くことすらできない、まったく異なった世界だ。あなたにとっては、至福は何の意味もないかもしれない。それは覚者にだけ、至福を知った者にだけ意味がある。だがそれを知るには、基本的な要求を満たすことが必要だ。あなたは消えなくてはならない。それは非常に逆説的な要求だ。在るためには、あなたがいなくなることが必要だ。

ヴァスマティ、あなたは尋ねる。「自分自身の全体性というのは何なのでしょうか？」

全体性があるとき、『自分の』、『汝の』というような自己は残っていない。そして自己があるときには、全体性はない。自己というのは断片でしかあり得ない。それは断片としてしか存在できない。その断片が小さいほど、自己は存在しやすくなる。だから自分本位な人たちは、どんどん度量が狭まり、ちっぽけになっていく。

自分本位になればなるほど、人は卑しく凡庸になり、心が狭くなる。彼は自分の内側にどんな空間も持たず、自分のエゴ以外は何も持てない。彼の心はあまりにも狭いから、その空間全部を満たすのに、この小さな『私』という言葉だけで事足りる。

エゴを失えば失うほど、それは溶解し、溶け込み、あなたはさらに大きな空間を持つ。もちろん、エゴというのはきわめて明確だ。それは定義できるし、正確に指摘し、「これが自分だ」と言える。それには確かな明晰さがある。全体というのはとても神秘的な雲だ。正確には指摘できないし、「これがそうだ」とは指し示せない。それはとてつもなく大きく、至るところに広がっている。それに始まりはなく、終わりはない。それは無限だ。

この全体という神秘的な混沌へと入っていく用意ができるまで、人は一歩たりともそのなかには踏み込めない。それはエゴには危険だし、いわゆる知性には危険だ。それは狂おしい恋愛だ。

死んでもいいと思うほどの、存在との狂おしい恋愛のなかにいない限り、あなたはちっぽけなエゴにしがみついたままだろう。

こんな話を聞いたことがある。

精神病院の患者二名が脱走しようとしていた。彼らは病院の一番はずれの壁にたどり着いたものの、よじ登って越えることはできなかった。

「どうすりゃいいんだ」と最初の男。

「よし」ともう一人。「俺が懐中電灯で壁の上まで照らすから、その光を見ながら上まで登って、それから手をかしてくれ」

「やだね、俺はそこまで狂ってねえよ。それじゃ半分しか登れねえじゃねえか。どうせお前電気を消すんだろ！」

全体に入っていくには、そこまで狂っていなくてはならない。それは死、消失であり、危険な賭けだ。何が起こるかはわからない。わかるのは、何を失おうとしているのかだけだ。何を得るのかを前もって知ることはできない。本当に勇敢でなければ、その一歩は踏み出せない。それは深海に、それも底なしの深海への跳躍だ。

だが跳びこんだ者たちは皆到達した。孤立したエゴとして死んだ瞬間、彼らは神として復活した。しずくとして死ぬことが、大海になる唯一の道だ。

それがサニヤスのすべてだ。それはあなたを狂わせ、いわゆるそつのなさや利口さ、知識といったものを落とす手助けをする。サニヤスは、神のなかに死んでいきたいという非常に強い願いをあなたに生み出している。そしてそれは何が起こるかをあまり気にしないとき、はじめて可能となる。あまり結果にこだわらないときにだけ、あなたは跳べる。

ゆっくり、ゆっくりと、跳びこんだ人と一緒にいることで、あなたは感染していく。宗教とは伝染病だ。それより他に宗教を学ぶ術《すべ》はない。宗教は教えられない。それは、摑《つか》むしかない。

二番目の質問

あなたは先日、怖くて自分のへそを触れない奴の話をされました。ＯＳＨＯ、ここでその問題に悩んでいるのは彼ばかりではありません。私も同じ問題で苦しんでいるんです。


へそがある人なら、誰だって苦しむことはあるだろう。それに、たとえへそがなくても、やはりあなたは苦しむだろうし、何か別な口実を見つけるだろう。あなたは自分の耳が怖くて触れなくなるかもしれない。

いいかね、その口実は本当の問題ではない。問題はどこか奥深くにある。どうしてその人は自分のへそに触るのが怖いのだろう？　へそに触るというのは、ちょうど体の他の部分を触るのと同じように、まったく無邪気な行為に見える。これはただの症状であって、問題はどこか別なところにある。

へそは、あなたの生におけるふたつの生命中枢、もっとも不可欠な中枢につながっている。ひとつはセックスで、もうひとつは死だ。そしてそのふたつは、世にある唯一の恐れだ。へそに問題があるわけではないが、へそは性中枢《セックス・センター》に非常に近い。性欲を抑圧すると、へそはとても敏感になる。なぜなら抑圧された性欲は、へその後ろに集まってくるからだ。それゆえの恐れだ。その恐れは基本的にセックスにまつわるものであり、へそに関するものではない。

あなたが自分の性エネルギーを抑圧するとき、それはどこに行くのだろう？　それは蓄積していき、性中枢全体に広がり始める。そしてセックスに最も近い中枢はへそだ。それはへそとの境界に触れるようになる。

また、へそがあなたと母親の生命線だったために……母親の生命はへそを通じてあなたへと流れていた。だからへそは中空の竹であり、とても有能なエネルギーの媒体だ。それは母親のエネルギーをあなたの生命に取り込んでいた。九ヶ月間、母親の子宮のなかであなたはへそを通じて生きてきた。その通路がへそだった。ちょうどトンネルのように、それを通じてエネルギーは流れていた。

そのトンネルが空いていない。セックスを抑圧すると、性エネルギーはそのトンネルをふさいでしまう。そのための恐れだ。誰かにへそを触れられるのが怖いのは、たちまち自分の性欲に気づかせられるからだ。

抑圧された人のへそは、もっとも敏感な性感帯のひとつになる。それは本来の性感帯ではないのだが、自然なセックスがあまりにも抑圧されているときにだけ起こる。すると、いつもたくさんのエネルギーを運べた空っぽのトンネルが、性欲を運ぶようになる。それゆえの恐れだ。

そして第二の可能性は、死の中枢がへそのすぐ後ろにあることからくる。そのため、日本では自殺のことをハラキリと言う。『ハラ』とはへそを意味する。日本人は昔から、へその後ろに敏感な場所があることを知っていた。矢や短剣がその場所に達すると、その人は痛みもないまま、即座に死ぬ。痛みや苦しみはほとんどない。そこ以外で死ぬ方がもっと苦痛を伴う。それは、死がへそにもっとも近く、すぐ後ろにあるからだ。そしてそれはそうあってしかるべきだ。なぜなら、セックスは生命だからだ。生と死は同じコインの双面だ。

へそはふたつの可能性をはらんでいる——生と死だ。生を抑圧すると、あなたのへそはとても敏感な性感帯になる。そのことが抑圧的な人、その抑圧的な心理に恐れを生むことになる。それからもうひとつ——へその裏にはあなたの死がある。あまりにも死に取り憑かれ、過剰に死を恐れたら……その場合も、それは抑圧された人たちに起こる。自分の生を自然に生きている人は、死をまったく恐れない。彼にとっての死は、生の終わりとしてではなく、むしろ生の頂点として訪れる。死は、生の敵としてではなく、生の音楽のクレッシェンドとしてやってくる。

自らの生を全面的に、強烈に、情熱的に、どんな恐れもなく——何世紀にもわたって聖職者たちによって作り上げられてきた恐れをまったく持たずに生きてきた人……もし人が何も恐れることなく、真正に、自発的に生きるなら、死はまったく恐れを生んだりしない。実のところ、死はすばらしい休息として訪れる。生の究極の開花として、死は訪れる。そういう人は死をも楽しめるし、死をも祝えるだろう。

いいかね、基準はそれだ。ある人が自分の死を楽しみ、祝えるなら、その人は正しく生きてきたということだ。それ以外に判断基準はない。あなたの死は、あなたがどう生きたかを示すだろう。果実はその木を示すものだ。そして死は、『ありのままのあなた』という木になる、最高の果実だ。あなたはどんな風に生きてきただろう？　楽しんだだろうか？　それは歌と踊りの生だっただろうか？　天恵、祝福だっただろうか？　生を与えてくれた神に感謝してきただろうか？　そうであれば、死は最高の贈り物として、その同じ手、同じ全体性からやってくるだろう。そしてあなたは途方もない歓喜を感じるだろう。死を受け取り、歓迎し、抱擁するだろう。死はあなたの究極の愛となる。

だが生を抑圧し、性的関心を抑圧し、あらゆるものを抑圧してきた人、けっして真正な生き方をしてこなかった人は、死をも受け容れられない。彼にどうしようがある？ 彼は生きてすらいないのだ。その木は芽吹いてもいないのに、どうして実がなるだろう？ 彼は死に対して熟していない、それゆえの恐れだ。まだ生きてもいないのに、死は毎日、刻々と近づいてくる──それゆえの恐れだ。

抑圧的な人はセックスを恐れ、また死を恐れる。そしてその両方が、へそと深く関係している。だがたとえへそを取り除いても──そう、それは形成手術によって可能だ──それは何も問題の解決にはならない。それは他の場所に移るだけで、別なはけ口を見つけることだろう。

だから覚えておきなさい。問題には深く見入らなくてはならない。けっして症状に騙されないことだ。

そのパブには、もう何年も欠かさず通ってくる、ビール一本と塩漬けオニオン一個を注文しては、その漬物を耳に詰め込む男がいた。今日こそはことの核心に迫ってやると決心したバーテンは、男からいつもの注文を受けると「オニオンはないんですがね、ニンジンならありますぜ」と言った。

「じゃ、ニンジンでいいよ」とその客は言うと、耳にニンジンを突っ込んだ。

とうとうこらえきれずに、バーテンは男に尋ねた。「何で耳にニンジンを入れるんです？」

すると客はこう答えた「オニオンの塩漬けがないからさ」

深く問題に見入りなさい。見た目に騙されないことだ。さもないと、あなたはずっと質問し続けることになる。そして世の中には、あなたの質問に答え続ける愚か者がたくさんいる。しかもそういう答えは役に立たない。それどころか、さらに問題を作り出すかもしれない。物事は赤裸々に、まったくあからさまに見入られなくてはならない。

繰り返させて欲しいのは、誰にでもへそはあるし、誰もが恐れているということだ。それは誰もがそう教わってきたからだ。ヒンドゥー教徒、キリスト教徒、イスラム教、ジャイナ教、仏教徒……全世界は、人類の過去全体は、抑圧的なものだった。それは醜悪な現象だった。

その過去が息を引き取っているのはいいことだ。私は悲しまないし、過去が死んでいくのが嬉しい。過去の死とともに、新しい人間が地上に生まれるからだ。新しい人間は、喜ぶことができ、生きることを恐れない。あの世のことを考えたり、想像上の楽園を作り出したりしない。楽園というのはみな猥褻物だ。

本当に愛する人たちを見つけられないときにだけ、人は猥褻物に興味を持つようになる。そういう女性や男性を見つけられないときにだけ、あなたは猥褻になる。あなたの想像が現実に取って代わるようになる。だから私は、天国や楽園はみな猥褻物だと言う。それらは、生きたことのない、この大地の美しさを知らない心から生まれてきた。残された唯一の希望は、死後の報酬だけだ。

そこには恐れがある。最初の恐れはセックスだ。セックスは誕生を意味し、生命を意味するからだ。そして二番目の恐れは死だ。死は終わりを意味するからだ。そしてそれは始まりから終わりまで、あっという間の物語だ。まったくもって短い。人生の三分の一は眠りに費やされ、もう三分の一は職場や店、工場で費やされ、残る三分の一は口論や喧嘩、裁判に小言の応酬、互いに苦しめ合い、まったく馬鹿げたことをするために費やされる。

いったいあなたには、本当に生きる日が何日あるだろう？　自分の二十四時間を見てごらん。本当に生き、本当に祝おうとする時間が、いったい何分、いや何秒あるだろう？　そんな時間がどこにある？　だからあなたは「明日生きよう」などと言って先延ばしにしている。だが明日やってくるのは死だけだ！　それなのに、あなたはまだ生を味わっていない。その機会は手から滑り落ちていく。大変な恐れが湧き上がる。

この恐れは、千とひとつのやり方で自らを表現できる。ある人は自分のへそに触れるのを怖がり、ある人は自分の体を見るのを恐れる。ある人は恋愛を恐れ、ある人は満腹にならないのが怖くて物を詰め込み続ける。ある人は力なくしてどうやってこの世で自分を守れるのかと恐れ、またある人は充分な金もなしにどうやってこの世で生き残れるのかと恐れる。そんなこんなだ。ちょっと人々を見てみれば、ありとあらゆる恐れが彼らの生を支配しているのがわかるだろう。

シャーロック・ホームズが天国に到着した。彼に会おうとして天使たちは総出で集まり、主自らも歓迎の挨拶をしようと御座より降臨した。

「ホームズよ」と主イエス。「このところ、ちょっと不可解なことがあってな、その謎を解くのに君の力を借りられたらと思っているのだ。というのも、アダムとイヴがどうやら失踪してしまったようなのだ。もうずいぶん長いこと、誰もふたりの居場所を突き止められないでいる。なんとかして、ふたりを探し出してはもらえないだろうか」

ホームズは集まった天使たちの輪の外へ突進するなり、恐れおののいていた二人の天使を主の前に引っ張ってきた。「ここにいますよ」

アダムとイヴは白状した。「新参者の天使が来るたびにじろじろ見られて、サインをせがまれるのにうんざりしてたんです」と二人は説明した。「変装して、ちょっとした偽名を使って、何世紀も逃げおおせたんですよ、このでしゃばりが僕たちを狩り出すまでね」

「どうしてわかったんだ？」と不思議がる主。

「初歩的な問題です、我が親愛なる主よ」とホームズ。

「へそがないのはこのふたりだけですからね」

だがそれでも彼らは恐れ、隠れていた。アダムとイヴにはへそがなかった……どうして彼らにへそがあるだろう？　神は彼らを泥から造り、それから命を吹き込んだ。彼らは生まれたわけではなく、子宮に九ヶ月間いたのでもない。どうして彼らにへそがあるだろう？　それでも彼らは怖がって、恐れから身を隠していた。

へそがあろうとなかろうと、あなたは自分の恐れおののくハートに見入る必要がある。どうしてそんなに怖いのか？　あなたをそうやって毒したのは誰なのか？　あなたを脅かしてきたのは、聖職者や政治家たちだ。彼らはあなたの恐れによって生きている。あなたを脅すことができたから、彼らは搾取してきた。

人を怖がらせる基本は、まず何が悪いことかを教えて、それからそれを絶対にさせないようにすることだ。自然にしてみたくなるような何かを、してはいけないことに仕立て上げる。すると人はつかまってしまう。何か自然なことがとんでもない罪であり、その罪を犯せば地獄に投げ入れられるとささやいてごらん。するとその人は、地獄に対する恐れから、自分にとって自然なことを否定し始めるだろう。そしてまさにその否定のなかに、地獄が生まれる。人は恐れを抱くようになる。自分自身を恐れるようになり、信頼できなくなる。一日でも気を抜けば、やってはいけないと言われた、その同じことをしてしまうと知っているからだ。

それをしたら、彼は罪悪感を覚え、また罠にはまってしまう。しなければしないで、やはり惨めな気持ちになる。というのも、彼が否定しているのは自分の実存にとって、その健やかさにとって必要だったものだからだ。

人類を支配してきた聖職者と政治家は、人を怖がらせるために、深く手を結んできた。人の本質的な事柄に対して、それは間違っている、悪いことだと言ってみる。善と悪、聖人と罪人というように、ふたつに分ける。ひとたび分割してしまえば、その人を支配できる。分割し、支配する——今日まで、それは秘密とされてきた。人は分割され、分裂している。

あなたには悪いところがたくさんあると言われてきたために、非難されていると感じている。おまけにそれらの物事は、ただ悪いと思うだけでは落とせない。せいぜい抑え込むのが関の山だ。だがそれらを抑圧すれば、あなたはどんどん醜くなり、もっと卑しくなってしまう。自分を責めるようになり、世界で最悪の罪人だと思い始める。あまり何度もそう言われてきたので、意識的にはそうは思わないかもしれないが、その地獄はあなたのまさに根底にある。そのためにあなたは地獄で苦しむことになる。そしてあなたは、聖職者と政治家に従えば天国で報われるとも言われてきた。

動物の調教には基本的な計略がある。それこそはスキナー心理学の全貌だ。たとえば誰かの振るまいを修正し、変えたければ、ふたつの策略がある――何かをしてほしければ、それをしたら褒美を与え、しなかったら罰を与えるのだ。そうやってネズミは調教され、サーカスのゾウは調教されている。そしてそれこそが、人間に対して行われていることだ。

聖職者と政治家はさんざん人間を辱めてきたが、本当に不思議なのは、どうして私たちはいまだにこういう人たちを大目に見ているのかということだ。彼らのしてきた最大の辱めはこのこと、すなわち人間をネズミとして扱ってきたことにある。

ネズミで実験し、そうした実験から人間にまつわる結論を引き出す心理学者に腹を立てることはない。彼らに腹を立ててはならない。こうしたことは、心理学者が登場する以前から、何千年にもわたって実施されてきた。心理学者たちは新参者だ。だが人間心理というものは、常にある種の物質主義的策略、行動主義的策略によって支配されてきた。その策略が、地獄を怖がらせることだ。「これを食べなさい、食べないと絶対天国にはいけない。これは食べてはいけない、食べたら地獄行きだ」。そうやって些細なことまで……。

知っているかね？　仏典には僧侶のために三万三千の戒律がある。三万三千の戒律だ！　それらを覚えることさえ不可能だ。生きる上で守るべき、三万三千もの戒律だ。ほんのわずかな人生に、三万三千の決まりがある。あなたが罪悪感を覚えるのは必至だ。戒律に沿っていないところが沢山あるのはわかっていても、とても全部には従いきれない。そうなると地獄は避けられない。

ちょっと地獄を思い描いてごらん。あなたたちのいわゆる聖人たちは、こと地獄と天国に関しては、大変豊かな想像力を持っている。彼らはありとあらゆる地獄の責め苦を創作してきた。アドルフ・ヒトラーは拷問の仕方を宗教書で学んだにちがいない。アドルフ・ヒトラーはべつだん新しいことをしたわけではない。聖人たちが地獄について語ってきたことを、彼は単純に実行しただけだ。彼はこの地上に、現実の地獄を創作した。

それから、天国のことを思い描いてごらん。ありとあらゆる快楽――この世で楽しんではならないと聖職者が定めた快楽、その同じ快楽が天国では手に入る。この世では酒は罪とされるが、楽園では、フィルダウス（イスラム教でいう天国の意）では、それは聖人に対する報酬だ。パブになど行くまでもない――天国には酒の川が流れているからだ。川だよ！　飲むまでもない、ちょっと泳げばいいわけだ。溺れることだってできる。

ここでは、美しい女性を見つめるのは罪だし、美しい女性に惹かれることは罪だ。だがあなたたちの聖者は、いったい天国で何をしているのだろう？　美しい女性たちを楽しんでいるのだ。もちろん天国の女性たちは、地上のどんな女性も及ばないくらいに美しい。彼女たちは永遠に若々しい。十八才の若さのまま留まっている。あなたは天国で、ひとりの老女も目にしないだろう。私は見たことがない。あらゆる教典を見てきたが、老女に言及したものにはまだひとつもお目にかかっていない。天国にいる女性はみな十八才で、何百世紀、何千世紀経とうと十八才のままだ。

しかも、彼女たちは黄金の体を持っていて、汗すらかかない。天国では防臭剤もいらなければ、香水も化粧品も必要ない。そんなものは不要だ。黄金の体に、ダイヤモンドの瞳――彼女たちは永遠に美しい。そんな女性たちがよりどりみどりだ……もっとも、彼女たちは聖者だけのものだが。あなたが罪人だとしたら……それに、罪人とはどんな人なのだろう？　罪人とは、この世で女性を愛した人のことだ。そしてあらゆる愛を放棄し、あらゆるやり方で自分を痛めつけた人、ヒマラヤに行って釘のベッドの上で寝た人、それが聖者だ。

ある偉大な聖者が死んだそうだ。するとその翌日に、彼の一番弟子も死んでしまった。師をなくしてしまい、生きていけなかったからだ。その弟子は非常に胸をわくわくさせていた。天国へと連れられながら、その弟子はこう考えていた。「きっと今頃、お師匠様は酒の川を、ワインの川を泳いでおられるのだろう、しかも絶世の美人をもらって――本当にすばらしい禁欲主義者であられたから」

そして本当にその通りだった！　天国に着いてみると、金の葉がそよぐ、ダイヤやエメラルドの花を咲かせた黄金の木の下に座る師の姿があった。師は地上で暮らしていたときと同様に裸で座っていて、とても美しい女性、マリリン・モンローの超豪華版が彼に抱きついていた。

弟子は師の足下にただひれ伏し、こう言った。「ああお師匠様、あなたが誉れを授かることはわかっておりました。当然ですよね？　俗世でさんざん苦しんでこられたのですから。一度も女性に触れたこともなければ、女に目をくれたことも愛したこともなく、洞窟へとお隠れになられたわけですし。でもその苦行が今まさに報われ、これからも永久に続くわけですよね」

弟子を見てマスターはこう言った。「やめんか、この馬鹿！　お前には事の次第がわかっておらん。この女はわしへの褒美などではない。わしが、この女に対する罰なのだ」

あなたたちの天国や地獄は、たんに抑圧された人たちの空想にすぎない。だがあなたはそのように教わってきたし、『宗教教育』と称された馬鹿げた教育を受けて育ったので、いつも内的な葛藤のなかで生きている。

この内なる葛藤が、あなたのなかに恐れと貪欲を作り出す。恐れと貪欲ははけ口を見つけなくてはならない。どこにはけ口を見出だすかは問題ではない。ひとつのはけ口を塞いでも別なところから出てくる。だから出口を塞ぐよりも、その根本的原因を理解した方がいい。

自分自身を分割し、分裂したままだったら、ありのままの自分を受け入れらず、聖職者と政治家に支配されていたら、あなたは恐れおののいたままだろう。彼らはあなたがおののいたままでいてほしい。深くおののいている人だけが牛耳られ、支配され、所有され、物や商品へと変えられ得るからだ。

恐れのなかにいる人は、どんな人の奴隷にでもなる用意がある。あなたがあらゆる恐れを落とす瞬間……それが落とされ得るのは、人工的な作り物だからだ。それはあなたに押しつけられたものであって、あなたの本質的な部分ではない。だからそれらは簡単に振り落とせる。あらゆる恐れを振り落とす瞬間、はじめてあなたは単体として存在するようになる。あなたは統一され、ひとりの個人になる。

これを覚えておきなさい——『個人（*individual*）』とは『分割できない人』という意味だ。これが『個人』という言葉の根底にある意味だ。あなたはまだ個人ではなく、ある種の個性化へと入っていかなくてはならない。その道のりが意味するのは、あなたに押しつけられてきた偽りの分割をすべて落とすことだ。ひとたびあなたが個人になれば、あらゆる恐れは消える。

バスの運転手が警笛を鳴らしているのに、あなたは道の真ん中を歩き続ける——私が言っている恐れの消失というのは、そういうことではない。これは愚かさであって、恐れのなさではない。私が言う恐れの消失というのは、蛇が前を通りすぎてもそれを気にかけないといった意味のことではない。それもまた馬鹿げた考えだ。賢明な恐れというものもある。蛇の行く手から飛び退くことは賢明だ。そういう恐れは問題ではない。そういう恐れは助けになるし、あなたを保護する。それはあなたの友人だ。

だがへそを触るのが怖いとか、愛しているのが怖いといったような恐れは……ひとりになるのが怖い、ただ静かに座っているのが怖い、人混みが怖い、狭い室内で座っているのが怖い、飛行機で旅行をするのが怖い、世界中が自分に敵対しているという絶え間ない被害妄想——そうした恐れはすべて消えるだろう。病的な恐れは消えるだろう。そして正常な恐れにはまったく問題などない。

こんな話を聞いたことがある。

近所のバーで、ミスター・オハラは何杯か酒を飲んでいた。

「俺には何も怖いものなんかないぞ」とオハラ。

「へー、ほんとかい？」と酔った客の一人。

「そうとも！　フロリダ台風だって、中西部の竜巻きだって、ミシシッピーの大洪水も、ロサンジェルス大地震も経験してきたが、俺を怖いと思わせたものはひとつもねえ」

「しかもだ」、一口飲んでオハラはこう続けた。

「第二次世界大戦に朝鮮戦争、ベトナム戦争でも戦ったが、怖いと思ったことはねえ」

「オハラよぅ」と別な飲み友達が、おいおいと泣きながらこう言った。

「今、奥さんが通りを下ってこっちに……」

「ああ、そんな！」、うめき声を上げ、オハラはひざまずいて祈り始めた。

戦争に行ったり、虎と戦ったりするのは怖くないかもしれないが、自分の妻や夫、子供や親のことは怖がっている。これは病的だ。だが私たちはそんな風に生きている。私たちの関係全体が恐れに基づいている。妻を怖がらせるまで、夫は自分が本物の男だと思えない。そして妻もまた、恐妻にならないと主導権を失ってしまうと思っている。まさにすべてが権力政治だ。

だが男が負けるのは自然の成り行きだ。男は市場で戦わなくてはならない——無数の競争相手、数え切れないほどの競争、みなが互いにいがみ合い——一日中戦って、家に帰る頃にはへとへとなのに、妻は元気だ。一日中、彼女は夫の帰りを手ぐすね引いて待っていた。もう夫の方は、妻と戦う態勢にない。もう疲れてしまい、へとへとだ。彼は休息し、くつろぎたい。明日もまた、市場で同じ戦いを繰り広げなくてはならない。だが妻の方は一日中待っていた。怒りと欲求不満はつのるばかりで、はけ口もない。妻は夫に飛びかかる。どんなささいな口実でも戦闘が勃発する。夫は妥協しなくてはならない。

そして女のやり方というのはとても微妙だ。涙を見せたり、声を上げて泣いたり、食事を作らなかったり、塩をたくさん振りかけたりするかもしれない。その手口はとてもとても微妙だ。さて、一日中ごたごたしていた夫の方は、これ以上の揉め事はごめんだ。何でもはいはい言うしかない。ほとんどあらゆる夫が妻の尻に敷かれているのはそのためだ。尻に敷かれていない夫を見つけるのはきわめてまれだ。それが普通の状態だ。

そのパトカーが角を曲がると、よれよれになった小男が歩道に這いつくばっているのに遭遇した。男は流血し、服はびりびりで、ほとんどショック状態だった。

「お巡りさん助けてくれ！」

パトカーから警官が飛び出してきた。「どうしたんだ？」

「袋叩きにされたんだ、あの女に金も車もみんな持ってかれちまった！」

「誰に？」

「あの女怪獣にだよ」

「あんたをこんな目に合わせた女のことか」

「そうだ」

「その女の特徴を言えるか」

小男の呆然とした目が、警官を見上げた。「身長は一七九センチ、体重九十・七キロ、髪はブロンドで背中まで流れるグレーの癖っ毛があって、靴のサイズは十、右肩にほくろがある」

「こりゃすごい！　ここまで正確に特徴を言えるとは！　しかも足のサイズまで……どうやってわかったんだ？」

その男はがっくりとうなだれてこう言った。「俺の女房なんだよ」

これらは病的な事態だ。自分の妻や夫や子供を恐れたりする必要はない。昔は子供が親を恐れたものだった。そして今、車輪は一回りし、親の方が子供を恐れている。昔は生徒が教師や教授を恐れていたが、今は教師や教授が生徒を恐れている。だが恐れそのものはあれこれと続いていく。

自分自身を理解し、自分自身を統合し、ひとりの個人になる人は恐れから自由となる。そして自分が恐れから自由であるのみならず、誰かを恐れさせることもない。

それだから私は、あなたたちの聖者はいわゆる聖者でしかないと言う。彼らはまだ恐れから自由ではない。なぜなら、彼らはまだあなたを恐れさせているからだ。本当に恐れを超えている人は、他の人たちを恐れさせることをも超えている。人を恐れさせるのは、その人の組織に毒を盛ることだからだ。それはとても非人間的だ。

私は、あなたに何かを恐れさせることはできない。ささいなことでも地獄行きだとは言えないし、あなたを貪欲にもできない。恐れと貪欲は一体だからだ。そして、サニヤシンになれば天国に行けるとも言えない。私に言えるのは、統合した個人としてあるとき、あなたは天国にいるということだ。それは未来における物事ではない。

この体こそは仏《ブッダ》であり、この地上こそは楽園だ。

天国はないし、地獄はない。あるのは二種類の心理学だけだ。そのひとつは個人の、統合された人間の心理学であり、もうひとつは分裂した人、精神分裂者の心理学だ。

三番目の質問

あなたが言うには、マインドは誤った場所であり、そして科学は新しい世界に欠かせない要素だそうです。科学はマインドなしに成り立つのでしょうか。どうかご説明下さい。

ワーナー・シュルツ、真の科学は、常にマインドなしに為されてきた。科学における偉大な事柄はすべて、知力ではなく直観を通じてやってきた。すばらしい発見や偉大な進展は、アルキメデスからアルバート・アインシュタインに至るまで、すべて未知なる世界からやってきた。

アルキメデスの話を知っているかね？　アルキメデスの発見は、彼が風呂につかって湯浴みを楽しんでいたときに起こった。不意に、そのくつろいだ状態において……彼は何日もの間、大変悩んでいた。というのも、国王があることを質問してきたからだ。国王は美しい黄金の王冠を持っていたのだが、彼はそれが純金製なのか、それとも何かが混ざっているかどうかを知りたがっていた。しかも彼は、王冠を壊さずにそれを知りたがった。

さあ、これは難問だ。「金がどれだけあって、それ以外の金属がどれだけあるか、どうやったらわかるだろう？」。アルキメデスは考えに考え、何日も眠れぬ夜が続いた。それでも解決策が見つかる見込みはなかった。だが、それは起こった。

浴槽はいっぱいだった。アルキメデスが浴槽にはいると水があふれ出した。すると閃きのような、閃光にも似た考えが浮かんだ。「浴槽から溢れ出た水は、私の体重と何か関係がある」。そしてピンときた。「ということは、水をいっぱいに張った浴槽に金を入れれば、水が溢れ出てくるわけだ。そしてその水は、金の量と何らかの関係がある」

彼の喜びは途方もなかった。彼は裸だったが、そんなこともすっかり忘れてしまうほど有頂天だった。彼はこう叫びながら、通りに駆け出していった。「ユリイカ！　ユリイカ！　わかった、わかったぞ！」


それは直観であり、知的結論ではなかった。

アルバート・アインシュタインが、よく浴槽に何時間もつかっていたのを知っているかね？　もしかすると、たんにアルキメデスの影響かもしれない。偉大なインドの知識人の一人であるラム・マノハー・ロヒア博士が彼に会いに行った。ロヒア博士は私にその時の話を全部語ってくれた。彼はこの国でもっとも誠実な政治家として知られた人物だ。彼は物事の鋭い観察者であり、偉大な先見者、天才だった。ドイツで教育を受けたこともある彼には、アルバート・アインシュタインのことを知っている友人がたくさんいた。その共通の友人を通じ、ふたりは出会うことになった。

博士は時間ぴったりに着いたが、アルバート・アインシュタインの妻は博士にこういった。「お待ちいただかなくてはいけませんね。あの人は風呂につかっていますし、いつ出てくるかは、誰にもわからないんですから」

三十分が過ぎ、一時間が過ぎ、ロヒア博士はアインシュタインの妻に尋ねた。「どれくらいかかるんです？」

「ちょっとわかりませんわ」

「風呂のなかに座りこんで、いったい彼は何をしているんです？」と博士は尋ねた。

婦人は笑い出した。「シャボン玉で遊ぶんですのよ、あの人は」

「何のために」

婦人は言った。「いつもシャボン玉で遊んでいるときに、いくら考えてもわからなかった、ある種の洞察に行き着くんです。あの人の心に洞察が訪れるのは、きまって風呂に入っているときなんです」

ではなぜ風呂のなかなのか。あなたはくつろいでいる。そしてくつろぎは瞑想の基本だ。あなたはくつろぐ。くつろいでいると、緊張はみな落ちていく。あたたかなお湯に、浴室の静けさ、人目もない……今では、西洋の浴室は大変美しく造られていて、ほとんど寺院のようだ。さらに何人かは、浴室に居間まで造ろうとし始めている。くつろいで瞑想できる、とても美しい浴室だ。そういう瞑想的気分のなかで、物事は起こる。

今、ディビィヤはここで私と何年も過ごしてきた先輩サニヤシンたちにインタビューをしている。彼女はヴィヴェークへのインタビューも希望していたのだが、ヴィヴェークはインタビューにどう答えたらいいか悩んでいた。浴槽につかっているときにだけ、彼女は考えをまとめられる。そういうときには流れがある。

そこで私は言った。「心配はいらない。ディヴィヤを呼んで浴室に座るよう言えばいい。あなたは浴槽に入って、それから話し始めればいい」。けれどもヴィヴェークは勇気をかき集められなかった……。

浴槽というのは、いつでもすばらしい引き金だった。世界中の科学者はみな、それに同意している。時には何年努力しても得られなかった結論が、ある日不意に見つかる――どこからともなく、未知の世界からやってくる。それは結論とは言えない。それはまったく結論などではない。


ワーナー・シュルツ、あなたは言う。「マインドは誤った場所であり、そして科学は新しい世界に欠かせない要素だそうです」


そうだ。科学は常にマインドではなく瞑想からやってくる。いつであれ何かがマインドからやってくるなら、それは科学ではなく技術《テクノロジー》だ。技術というのはつまらない代物だ。それは洞察ではなく、洞察の現実化だ。技術がマインドから生まれるのは、マインドそのものがひとつの工学装置、生物工学だからだ。

あらゆる機械はマインドの産物だ。それはマインドそのものが機械だからだ。だがマインドからは、どんな洞察も生まれてはいない。どんなコンピューターであっても、洞察を与えることはできていない。洞察は彼方からやってくる。マインドは実存の表面にすぎない。洞察は実存の中心からやってくる。そして瞑想は、人をその中心へと連れていく。

だから私の言うことに矛盾はない。マインドは誤った場所だと言うとき、私はマインドに同化しないようにと言っている。たんなるマインドに成り下がらないこと。あなたはマインドよりもはるかに大きい。それはあなたのなかにある小さな機械にすぎない。それは使えばいい。でもそれに同化はしないこと。ちょうど自分の車を運転するように、機械は使えばいい。あなたは車にはならない。マインドはあなたの内側にある機械だが、それに同化しないようにしなさい。そんな必要はない。その同化が誤った場所を作り出すのだ。

「自分はマインドだ」と思い始めたら、あなたは間違った場所にいる。だが「自分はマインドではなく、マインドの主人だから、マインドを使える」とわかっているなら、マインドはいい機械だ。それには途方もない価値がある。それはすばらしい科学技術を作り出せる。

宗教が無心から生まれるのと同じように、科学も無心から生まれる。宗教と科学の源泉は別々ではない。その源泉は同じだ。それはどちらも飛躍や洞察、直感的な閃きによっているからだ。

技術《テクノロジー》はマインドから生まれ、ヨガやマントラ、ヤントラといった宗教的な技術もまたマインドから生まれる。自分の内側に深く入る助けになる体位《ポーズ》を意味する。それらはマインドによって作り出される。ヨガとは、それは宗教的な技術だ。だからヨガは特定の宗教の一部ではない。キリスト教のヨガもあり得るし、ヒンドゥー教のヨガもあり得る。もちろん仏教のヨガもあれば、ジャイナ教のヨガもある。宗教と同じだけのヨガがあり得る。

ヨガはたんなる技術だ。ヒンドゥー教やイスラム教の機械というものはない。市場にイスラム教の車や、ヒンドゥー教の車を買いに行く者はいない。機械はあくまでも機械だ。ヨガというのは技術だ。マントラというのは、マインドが作り出した技術だ。実際『マントラ（*mantra*）』というのは『マインド（*mind*）』と同じ語根から生じている。どちらもサンスクリット語の『*man*』から生じている。一本の枝が『マインド』に、もう一本の枝が『マントラ』になる。その両方がマインドの一部だ。

科学的技術はマインドによって作り出され、宗教的技術はマインドによって作り出される。あらゆる宗教の儀式――寺院、モスク、教会、祈り、教典――それらはすべてマインドが生み出したものだ。だが閃きや洞察は――仏陀が菩提樹の下に座っている……初めて彼が目覚め、完全に気づいたとき、それはいかなるマインドの産物とも違っていた。それはマインドの一部ではなく、未知なる何かだった。それはあなたとは関わりがなく、エゴやマインド、体とも関わりのない何かだった。それは純粋で清らかな何かであり、永遠の一部だ。その瞬間、ブッダのマインドは完全に休止していた。そして彼方なるものが彼を貫き、仏陀は神になった。

そして七日もの間、彼は沈黙したままだった。そのあまりの衝撃に、一言も話せなかったのだ。そして物語によると、天上の神々はひどく動揺したという。というのも、人が覚者《ブッダ》になるのはきわめてまれなのに、このまま彼が黙っていたら、目も見えず暗闇を手探りしている無数の人々を、いったい誰が教えるというのか？

それはただの神話、美しい物語だが、重要で意味深い。その神々はやってきて、仏陀に頭を下げて懇願した。「どうかお話し下さい！　何を得たのか人々に語って下さい」

そして仏陀が話し始めたとき、それはマインドからやってきていた。それはマインドの一部だった。その現象自体は沈黙のなかで起こったが、彼は言葉を使わなくてはならなかった。それらの言葉はマインドに属している。

私が知っているものはマインドを超えているが、あなたに語っているのはマインドを通じている。私の言葉はマインドの一部だが、私の知（*knowing*）はマインドの一部ではない。

四番目の質問

幸福とは何でしょうか。

幸福とは不幸の別な側面だ。幸福でいたければ、不幸でいなくてはならない。この言い方はとても逆説的に見えるが、そうではない。それが生の有り様だ。不幸な人だけが幸福になれる。不幸は幸せを感じられるような状況を作り出す。

何ヶ月も病気をしていて、不意にまた健康になると、とても幸せに感じる。病気の前は長いこと健康だったが、そこまで幸せではなかった。というより、まったく幸せではなかった。あなたはそれを気にも留めなかったが、今は健康になって喜んでいる。

なぜだろう？　この幸福はどこからやってくるのか？　それは病気からやってくる。あなたの病気は不幸を、背景を作り出した。そして再び健康になると、それが感じられる。あなたは対照的な何かが起こってはじめて、それを感じられる。

貧乏人が金持ちになって幸せに、大変幸せになったとしよう。だが金持ちは幸せには見えない。彼らには金があるために、幸せという観点がない。彼らはまったく幸福を感じない。富が増すほど、あなたは幸せでなくなる。世界一の大富豪になると、あなたは幸福のことなどすっかり忘れてしまう。

それは日常茶飯事だ。幸福というのは部分的なものにすぎない。それは不幸という海に浮かぶ島のようなものだ。

こんな話を聞いたことがある。

ジョーンズは身悶えしながら、二階で練習をしている息子のヴァイオリンを聞いていた。

「もう我慢ならん！」と彼はジョーンズ婦人に訴えた。

「一年練習して、しかも金で買える最高のヴァイオリンも与えたってのに、この息子ときたら、拷問されてる猫みたいな音じゃないか」

「気持ちはわかるわ」ジョーンズ婦人は夫を慰めようとした。「これじゃ巨匠にはなれないわね」

「大道芸人にだってなれやせん。ゴミを投げつけられるのがオチだ」

だが翌日の同じ時刻は、おかしなことに静寂が保たれていた。

「変ねえ」とジョーンズ婦人。「この時間はいつも練習しているのに……」

ジョーンズの顔に笑みが広がった。「静かだ、すばらしい」

怪しんだ婦人はこう尋ねた。「あなた、何をやったの」

「なに、簡単なことさ」とジョーンズ。

「アメリカ政府が百姓どもに作物を育てないよう金をばらまけるなら、俺が息子にヴァイオリンを弾かないよう金をばらまいたっていいだろ？」

誰もあなたの家でヴァイオリンを弾いてはいないし、拷問される猫のような音は出していないが、あなたは平安を感じてもいないし、「静かだ、すばらしい」と言うこともない。

囚人だけが、自由の意味を知っている。監獄から出て、木や太陽や空を見、人々を見、手足に鎖がないことを知って、囚人は自由とは何かを知る。そして囚人はすぐ忘れてしまう。

あなたは自分の自由に気づいていない――それとも気づいているだろうか？　これまで自由を楽しんだことがあるだろうか？　手に鎖がないと、これまでに踊ったことがあるだろうか？　自分は監獄にはいないと、これまでに踊ったことがあるだろうか？　これまでに空全体が見えるから、鍵穴から見なくていいからと踊ったことがあっただろうか？　いや、あなたはまだどんな幸福も感じたことはない。

あるときひとりの大金持ちが、幸福になりたいと願った。男はあらゆる手段で幸福になろうとしたが、どれも失敗に終わった。たくさんの聖者を訪れたが、誰も男を助けられなかった。そこで誰かがこう提案した、「ムラ・ナスルディンのところに行ってみなよ。ムラはある村に住んでいる。あんたの助けになれるのはムラだけだ」

男は鞄いっぱいにダイヤモンドを詰め、ムラのところに行ってそれを見せた。ムラ・ナスルディンは郊外にある木の下に座り、太陽の下で休んでいた。男はこう言った。「私は本当に不幸な人間です。私は幸福が欲しい。そのためには何だって差し出せます。でも私は、幸福というのはどんなものなのか、まだ一度も味わったことがないんです。もう死も近いし――どうか助けて下さい。どうしたら幸福になれるんでしょうか。この世で手に入るものなら何でも持っているのに、それでも幸福じゃないんです。なぜでしょう？」

ムラは男の方を見た。あまりの早さに男は何が起きたのかわからなかったが、ムラは男に飛びかかると鞄をひったくり、そのまま走り出した。

もちろん男は、大声で叫びながら追いかけた。「騙された、かっぱらいだ！」

町中の道を知っていたムラは、ジグザグにあちこちを走った。一方、金持ちの男は生まれてこの方、一度も走ったことがなかった。男は泣き叫び、涙ながらにこう言った。「身ぐるみ剥がされちまった——あれは俺の全財産だったんだ！　みんな後生だ、助けてくれ！」

そして野次馬たちも後を追った。彼らが追いついたとき、ムラは金持ちの男と出会った場所に戻っていた。男の馬はまだそこにいたし、ムラは木の下に座っていた。男は息も絶え絶えで泣いていた。するとムラは男に鞄を返した。

「ああ、よかった！」。男はうれし涙を流し、胸をなで下ろした。

ムラは言った。「どうだ、幸せにしてやったぞ。これで何が幸福かわかっただろ？　お前さんは長いこと、この鞄と一緒だったから不幸だったのさ。そいつをお前さんから取り上げなくちゃいけなかったんだ」

幸福は不幸の一部だ。だからこそ、幸福は生のゴールであるべきではない。幸福が欲しければ、あなたは不幸でいなくてはならない。不幸になればなるほど、ごくまれに束の間の幸福があるだろう。

生のゴールは幸福ではない。生のゴールは至福だ。「幸福とは何ですか」と私に尋ねてはいけない。それはあなたが幸福を求めていることを示している。ここに幸福を求めてやってきたとしたら、あなたは場所を間違えている。ムラ・ナスルディンのところに行きなさい。

ここでの私の努力は、幸福ではなく至福を創り出すことだ。幸福に価値はない。幸福は不幸に依存している。至福は超越だ。人は幸福や不幸であるという二元性を超えていく。人はその両方を見守る。幸福が来ればそれを見守り、それに同化はしない。「幸せだ」とか「静かだ、素晴らしい」と言ったりせず、ただ見守る。「うん、白い雲が過ぎていく」

すると今度は不幸がやってくる。だが人は不幸にもならない。「黒い雲が過ぎていく。自分は目撃者であり、見守る者だ」

見守る者になる——それが瞑想のすべてだ。失敗が来て、成功が来る。賞賛され、非難され、敬われ、侮辱される——ありとあらゆる物事がやってくる。それらはすべて二元性だ。あなたは見守り続ける。二元性を見守ることで、第三の力、第三の次元があなたのなかに生まれる。二元性とは二次元という意味だ。ひとつの次元は幸福で、もうひとつは不幸だ。その両方を見守ることで、あなたに深みが生まれる——第三の次元、観ること、サクシが生まれる。

その第三の次元が至福をもたらす。至福には相反するものが何もない。晴れやかで、穏やかで、涼しげだ。それはどんな興奮も伴わない歓喜だ。

私には、これが幸福だとは定義できない。というのも、それはあなたがどういう人かによるからだ。あなたにとっての幸福は、あなたの兄弟にとって不幸かもしれない。あなたにとっての不幸は、隣人にとっての幸福かもしれない。

四人の女性が、美容院で何時間もヘアー・ドライヤーの下に座っていた。ゴシップのネタも尽きてくると、四人は話題を哲学に変えた。「幸福って夫が家に給料を持ってきてくれるときのことよね」とその四人の一人。

「幸福っていうのは、ラスベガスでギャンブルをして勝つことよ」と二人目。

「夫や子供を連れずに過ごす休暇ね」と三人目。

そして四人目は「カロリーなんか気にせず食べることだわ」と結論した。

それを立ち聞きしていた美容師のひとりが、仲間に耳打ちした。

「幸福ってのはさ、こういうおばさんのおしゃべりを聞かずにすむことだよな」

それは人による。あなたの幸福は、あなたの好みだ。その幸福は他の人にとっての不幸かもしれない。それに関してはどんな真実もない。それはあなたの夢にすぎない。そしてあなたは何でも自分の好きな夢を見られる。ある人には権力が幸福で、ある人は金が幸福だが、ある人には金は災いだ。その人は逃げ出し、金を放棄する。あらゆる権力から逃れ、森に入る。人々といると幸福だという人も、独りだと幸福だという人もいる。それはあなた次第だ。

だが私は幸福にはまったく関心がない。幸福というのは基本的に、相反するものに依存しなくてはならないからだ。相反する何かに依存するいかなるものも、あなたを分裂させ続ける。そして分裂して生きるのは、地獄で生きることだ。

私はあなたに、相反する何かに依存しないものを得てもらいたい。実際、それには相反するものがない。至福には相反するものがない。至福に満ちているとは、我が家にたどり着いているということだ。人はひとりの仏陀になる——晴れやかで、穏やかで、涼やかで、静かだ。それでいて、至福で満ち満ちている。

最後の質問

昨日の講話では「人は真面目すぎる、真面目すぎる人というのは病気だ」と言っていましたが、自分は真面目すぎるように思います。人が集まり笑ったり冗談を言ったりしている周りで、たいてい私は何が面白いのかまったくわからないまま座っているだけです。それは疎外感や居心地の悪さを生みます。そんな自分の真面目さにはもううんざりですし、もっと手を放せればいいと思いますが、私は重病なのでしょうか。

アヌトーシャ、真面目さというのは利己的《エゴイスティック》な心の一部だ。エゴは非常に真面目なままでいなくてはならない。エゴは装う必要がある——「自分は平凡じゃない、特別なんだ。この凡庸な連中は笑ったり、冗談で盛り上がっている。連中は平凡な日常を生きている。自分は聖人だ。日常の物事になんか興味はない。自分の興味は真実や神、光明にある」

それらはみなエゴトリップだ。エゴは真面目だ。エゴはいつも知識をかき集めて、虚ろでない振りをしようとする。常により多くの知識をかき集めている。エゴは生を楽しめない。楽しいときにはいつでも、エゴは消えてしまうからだ。楽しさとエゴは共存できない。エゴが存在できるのは、あなたが真面目くさった顔をして、楽しまずにこう言うときだけだ。「そんなものには価値がない、自分より下だな」

アヌトーシャ、これがあなたに起こっていることだ。あなたは重病だ。その知ったかぶりは落としなさい、そんな聖者面は止めなさい。人と交わり、一緒になって、何でもないことを楽しみなさい。笑い、おどけ、愛しなさい――小さなことを！　そしてあなたの周りに自己中心的なお城がなければ、そういう何でもない物事が、すばらしい輝きを帯びてくる。

知識でいっぱいになり、憐れみや神聖さや敬虔さでいっぱいなら、あなたは閉じたままだろう。あなたを驚かせるものは何もないだろう。どんなことにも驚かないよう構えているからだ。どうして何かが自分を驚かすのを許せるだろう？　それではあなたの無知が明らかになってしまう。

小さな子供を見てごらん。子供はあらゆるものに驚き、あらゆることにわくわくしている。蝶や花、木から落ちる葉っぱに――子供たちを見てごらん。その目がどれほど驚きに満ち、畏怖の念に満ちているか。どれほど無垢で透き通っていることか。そしてどれほど開けっぴろげであることか。それだから、彼らはあれはこれはと質問し続ける。子供は何にでも質問をする。彼らの質問は本当にすばらしい。子供はただ「わからないから知りたい」と言う。子供の生は、問いかけの生だ。

利己的な人は、自分が知らないということを受け容れられない。

大学の学生だった頃、私にはある教授がいた。その教授はどんな本の名前を挙げても「読んだことがある」と言ったものだ。そこである日、私は架空の三冊の本の名を挙げた。その本の著者は架空の人物だった。すると彼は言った「ああ、読んだことがある。すばらしい本だね」

それから私は尋ねた。「どこでその本を仕入れたんですか」

「図書館だよ」と教授。

「では一緒に来てください」

「どういう意味だね」

「その三冊の本を見たいんですよ」

教授はわずかにためらった。図書館に行く途中、彼は言った。「その本を読んでもう随分になる」

「読んだことは確かなんですか」

「ああ」と彼は答えたが、その返事はあまり定かではなかった。図書館に着くと、教授は言った。「いいかい、本当は読んだのではなくて、その本の名前を聞いたことがあるだけなんだ」

私は言った。「聞いただけでもけっこうです。さあ図書館に入ってきてください。ぜひともその本を探しましょう」。こうして私と教授は本を探したが、もちろん見つからなかった。司書も「そんな本はここにはありませんよ。そんな著者も聞いたことはありませんね」と言った。

私は教授にこう言った、「どうか覚えておいて下さい。読んだことがないなら、二度と『この本は読んだ』なんて言わないで下さい。その三冊の本は全部でっち上げなんですから、あるわけありません。あなたは引っかかったわけです。でも二年も私は教授の……」。あなたがどんな名前を挙げようと、彼はそれを読んだことがあった。彼は「知らない」と言えなかった。

これは一種の重病だ。

アヌトーシャ、人々と笑いなさい。生は驚きに満ちている。知るべきことはいくらでもある。知っても知っても、知るべきことはいくらでもある。すべてを知った人はひとりもいない。その知ったかぶった態度を落としなさい。

自分は特別だと考えるのは止めなさい。誰も特別ではない。それは、誰もが特別だからだ。誰も非凡ではない。それは、誰もが非凡だからだ。生の一瞬一瞬は、未知なるものでいっぱいだ。油断を怠らずに開いていれば、一歩踏み出すたびにあなたは驚くことだろう。生のひとつひとつの歩みに驚くとき、それぞれの瞬間が新たなる驚きをもたらすとき、生は踊りに、歌に、祝祭になる。

ごちそうを作るから生きている鶏を買ってきて欲しいと、そう妻に頼まれた男がいた。鶏を持って帰る途中、男は家の鍵を忘れたことと、何時間かしないと妻が帰ってこないことに気づいた。

男は映画を見て暇をつぶすことにした。映画館に入るために、彼は鶏をズボンの中に押し込んだ。男は座って映画を見始めた。すっかり夢中になってしまって、彼はその鶏がズボンのチャックから首を出したのにも気づかなかった。

男の隣には、ふたりの女性が座っていた。女性のひとりが、もうひとりの脇をつついた。「ちょっと、そこの男のズボンから突き出ているモノを見てよ」

「そんなの、ひとつ知ったら全部同じよ」

「でも、この『いちもつ』ね、あたしのポップコーンを食べてるのよ！」

第10章

ただあるがままに

JUST BE AS YOU ARE 10

——◆質問◆——

◆

あなたと恋に落ちてしまいました。なぜでしょう？

◆

ピュタゴラスの定理に、
何か神秘的な重要性はあるのでしょうか。

◆

光明を得た人は、
知識の樹と実をどう使うのでしょうか？

◆

どうして私はサニヤスを取ることに
こんなに強い抵抗があるのでしょうか。

◆

全面的に自分自身でいる方法と手段とは。

◆

妄執とは何でしょうか。

◆

最初の質問

ＯＳＨＯ、あなたと恋に落ちてしまいました。なぜでしょう？

ラリー・オベンフェルド、残念ながら、あなたの質問には答えようがない。これは答えられない唯一の問いであり、それゆえに美しい。答えようのない問いに出会うときはいつでも、あなたは神のすぐ近くにいる。

愛は神秘であって、問題ではない。生きることはできても、解けはしない。本当は、それは問いではない。答えられないのはそのためだ。あなたはそこから問いを作り出せるが、その問いは、問いにはなり得ない何か、言語的な記述に留まるだろう。

愛に動機はない。愛はただある。愛は不条理で、無意味で、無目的だ。だからこそ、それはとても美しい。それは商品ではない、この世のものではない。それは彼方からの何か、彼方からの来訪者だ。だから私たちは、愛にどんな理由も見出せない。

自分の愛に何か理由を見出せるなら、それは愛ではなく、何か別なものにちがいない。あなたが理由を答えられるなら、それは愛ではなく、他の何かだったということだ。

愛はあらゆるものの目的であるがゆえに、愛そのものはどんな目的も持てない。愛はあらゆるものの目的だ。愛以外のあらゆるものは、愛に向かう手段だ。それゆえに、愛はそれ以外の何かへの手段にはなり得ない。それは究極の価値だ。

それでも疑問が湧いてくるのは、マインドというのは疑問の作り方しか知らないからだ。マインドは神秘なるものを受け容れられない。神秘的なものがマインドに恐れを生むのは、マインドにはそれをやりくりできないからだ。マインドに恐れを生むのは、マインドにはそれられるまで、マインドは落ち着かない。そうした疑問が解消されないと、マインドは現象そのものを全部否定する傾向がある。マインドは言うだろう。「理由もわからないのに、愛があり得るはずがない」

マインドは操れるものしか信じない。だからマインドは神を否定し続ける。神とは愛の本質そのものだからだ。そうしてマインドは愛を否定し、美を否定し、神秘としてやってくるあらゆるものを否定する。またマインドは、神秘を知識に還元しなくてはならない……だが知識に還元する能力がないと感じると、マインドは否定し始める。「神などいないし、愛も、神秘もありはしない」

神秘的なものは恐ろしい。神秘は広大だからだ。そこでは、マインドは途方にくれてしまう。そのために、どの国の言葉にも『恋に落ちる』という表現がある。そうやってマインドは非難して言う。「君は堕落して、今の自分以下に落ちてしまうよ。君はまやかしに足を突っ込んでいるんだ。ほら、明確な概念に公式化できないだろう？　はっきりしない、あいまいな何かにはまって、混乱しているのさ。止めた方がいい」

マインドはいつも『愛を避けろ』と言う。世間で見出す愛があまりにも少ないのは、世間がマインドでいっぱいだからだ。私たちはマインドを教える。それも本当に小さい頃からだ。幼稚園から大学までマインドを説くばかりで、ハートを避ける。私たちはハートを完全に迂回する方法を学んできた。ハートは、答えなき神秘への扉だからだ。

ハートを避けてきたとしたら、その人はあらゆる生の喜びを避けてきたことになる。その人は自らの内奥の核、本性を避け、自らの主観性を避けてきた。生が可能にしてくれた最高の体験、愛の体験を避けてきた。

オベンフェルド、どうか、その「なぜ」を落としてほしい。恋に落ちたのなら、そのままもっと落ちていってごらん。それは終わりのない、底なしの深淵だ。落ちれば落ちるほど、さらに先まで落ちていける。深淵に入っていけばいくほど、よりいっそう神秘に手が届くようになる。すると生は散文ではなく、ひとつの詩になる。それは雑音ではなくメロディーになり、物質ではなく神になる。だがゆっくりと、「なぜ」や「どうして」は消えていくだろう。あなたはその瞬間の在ること《イズネス》を生きていく。あなたの生には途方もない臨在があるが、どんな答えもない。何が生かは知っているが、あなたにはまったく何の知識もない。

一方は知ること（*knowing*）で、もう一方は知識（*knowledge*）だ。愛は体験できる現象であり、知ることはできるが、知識ではあり得ない。それは言葉では伝えられない。それはとても深い味わいとしてあなたのなかに留まるが、どんな会話によっても伝えられない。

誰かになぜと聞かれても、あなたは当惑してしまうだろう。だが尋ねてみるのもいいだろう。ここにはたくさんの恋人たちがいる。私のサニヤシンはそれぞれが恋人だ。それは教師と生徒の関係ではなく、師との恋愛、『*MAD game*（狂おしい遊び）』だ。

Mは師（*Master*）で、Dは弟子（*Disciple*）、『師（*Master*）と（*And*）弟子（*Disciple*）』の遊びだ。それは狂おしい遊び、どこまでも狂おしい遊びだ。私の狂人たちに聞いてみなさい。ヴィヴェークに聞いてごらん。ヴィヴェークはもう、二生にもわたって恋に落ちている。これは私との二回目の生だ。彼女になぜと尋ねてみても、答えるのは不可能だろう。彼女は泣いたり笑ったり、踊ることならできるだろうが、なぜかは答えられない。そこには何の理由もないからだ。

愛はただ起こる。それは起こること《ハプニング》だ。あなたが愛するとしたら、その問いに答えられもするだろうが、あなたは行為者ではない。あなたは彼方からの何か、未知の世界からの何かを迎える主人にすぎない。彼方から訪れた客が扉を叩いている。どうしてあなたにそれがなぜかを答えられるだろう？あなたは今まで彼をまったく知らなかったし、今は知っているとしても、それはあまりにも圧倒的だから、言葉はどれも不適当だ。涙なら何か言えるかもしれないし、あるいはおそらく、踊りや歌、抱擁なら何か言えるかもしれない。だが言葉はまったく不適当だ。

言葉は市場の単調な生を意味するためにある。それは愛には使えないし、祈りにも使えない。未知なるものを感じても、いつでもどこでも使えるというものではない。既知と未知の境界まで来ると、言葉は木から落ちる枯れ葉のように、あなたからなくなっていく。そしてまったく新しい体験、言葉なき体験が展開する。

あなたが質問するのは、少し怖いからにちがいない。それが怖いのは、愛のなかではもはや制御が効かないからだ。それが怖がるのは、愛のなかではエゴが消えてしまうからだ。それが怖いのは、あなたは死ななくてはならないからだ。愛は多くの犠牲を必要とする。だがそれだけの価値はある。死をくぐり抜けることは復活だからだ。

愛に死に、愛として生まれたら、あなたは二度と同じではなく、世界はまったく異なっているだろう。あなたが愛に満ちていれば、その同じ世界が神でいっぱいになる。


私は愛を教える。愛こそが私のメッセージだ。だが愛について語ることは、それを教えるやり方ではない。私はここに愛として存在している。そしてそれは触媒となり、あなたのなかで何かが触発され、何かが成長していく。あなたは妊娠する。

女性は初めて妊娠すると、とても怖くなる。彼女は多くの痛みと苦悶、重みを感じる。何かまったく新しいことが起こっている。どこに行こうとしているのかも、何が起ころうとしているのかもわからない。新しい生命が誕生しようとしている。

愛のなかで、あなたは妊娠する。新たな魂《スピリット》が生まれようとしている。最初のうち、それは大変だろう。そのあまりの新しさに、最初は逃げ出したくなるだろう。だがけっして愛から逃げてはならない。愛は神の寺院だからだ。愛が起こるなら、それを起こらせなさい。それが起こるのを助けなさい。たとえあなたが死に、愛のなかに消えていくことになろうと、死んで消えていくがいい。その挑戦を受け容れ、それに応じなさい。そうすれば、あなたは生まれてはじめて、価値ある何か、神性の香る何かを手にするだろう。

だが、なぜあなたが恋に落ちたのか、それは私には答えられない。私は存在との愛にある。私は愛の状態にある。それがあなたのなかに類似した現象を生み出したにちがいない。それは因果のようなものではなく、カール・グスタフ・ユングが『共時性の法則』と呼んだものにちがいない。

小さな部屋で、あなたがシタールを弾いたとしよう。その部屋の隅にはもうひとつシタールが置いてある。一方のシタールを弾いていくと、もうひとつのシタールがそれに反応する。それは振動し始め、その弦は踊り始める。あなたは一方のシタールを弾いていて、もうひとつのシタールには触れてすらいない。だがあなたがシタールを弾くことで、何かがもうひとつのシタールに乗り移っている。これは因果関係ではなく、共時性だ。

私は愛だ。あなたが私のそばに来ると、何かがハートのなかで踊り始める。それを許してごらん。社会はそれに反対するし、教育もそれに反抗する。それどころか、今までのあなたの生そのものがそれに反対だったのだから、最初の一歩を踏み出すのはとても難しいだろう。だがあなたは踏み出さなくてはならない。さもなければ、あなたは存在の栄光を、その光輝を逃すことになる。

その輝きは、恋人たちにしか明かされない。真の弟子は愛のなかにいる。

なぜと問うよりも、オペンフェルド、ジャンプするがいい。私の色に染まり、この育ちつつあるコミューン、この大波の一部となりなさい。そうすればとてもたやすく神に到達できる。独りでは難しくとも、大勢が進んでいれば楽になる。彼らは互いを支え合う。

サニヤスとはミステリースクールを作る努力に他ならない。そこでは、道を行く人々は互いに支え合う。その旅は長く困難で、目的地ははるか彼方にあり、途上には千とひとつの危険と落とし穴があって、いつ迷ってもおかしくない。高みへと進むほど、旅はより困難になり、呼吸すらままならなくなる。高みに向かうほど、転落の危険も増してくる。

だが大勢で進んでいれば、互いにつかまっていられるし、支え合える。

あなたは私と恋に落ちた。なぜと問うより、もっと深くそのなかに入ってごらん。その深みを知りなさい。それはあなたの問いに答えはしないが、その問いを溶かしてくれるだろう。その体験は知識にはならないが、あなたをより無垢にしてくれるだろう。

真の体験は常に、あなたをもっと物知りにするというより、あなたをもっと無垢にする。ここでは問題は解決せず、溶解する。

二番目の質問

私たちのほとんどは、ピュタゴラスを『三平方の定理』でしか知りません。斜辺《ハイポテヌス》の二乗《スクエア》は、他の二辺《サイド》を二乗《スクエア》した和に等しいというこの定理に、何か神秘的な重要性はあるのでしょうか。

アヌラグ、この定理のために、そしてこの定理だけのために、ピュタゴラスは長いこと誤解されてきた。西洋の人々は、彼が覚者《ブッダ》だったことなどすっかり忘れている。彼らはピュタゴラスを偉大な数学者としか思っていない。歴史の本には、彼は数学家として言及されている。学校や大学では、彼はこの定理のおかげで記憶されているにすぎない。

この定理はまさしく命取りだった。この定理を見つけなかった方が、どんなによかったことだろう。

彼は神秘家として知られていただろうし、定理に関しても、他の誰かが見つけることになったはずだ。そういう物事は長くは待たない。どんな科学的発見であれ、二、三年はかかるかもしれないが、それは必ず起こることになっている。

アルバート・アインシュタインの相対性理論のような、きわめて複雑な現象でもそうだ。今ではよく知られていることだが、たとえアインシュタインが発見せずとも、二、三年のうちに他の誰かがそれを発見することになっただろう。なぜなら、科学とは多かれ少なかれ、集合的現象だからだ。

宗教は個人的だが、科学は社会的だ。宗教に伝承はないが、科学は伝承だ。エジソンが起これば、その発見をさらに推し進める別なことが起こることになる。ニュートンが到着したなら、アインシュタインは必然だ。それは因果の世界だ。あることが別なことへと導いていく。

だが宗教の世界には、どんな伝承もあり得ない。仏陀が起こらなくても、他の誰かが彼の発見したものを見つける必要性はない。イエスが起こらなくても、誰かがイエスの出会った扉に行き当たる必要性はない。それは個人的な、まさに個人的なものだ。それこそが宗教の美しさだ。それは社会的な努力ではない。

科学はどんどん進んでいけるのは、科学が過去に依存しているからだ。宗教は過去に依存していない。ニュートンがいなければアインシュタインはいなかった。ニュートンの存在は必要なつながりだ。だがクリシュナがいなくても、仏陀はそこにいただろう。そこには必要なつながりはない。過去に仏陀が存在したことがなくても、私はここにいるはずだ。それに必要なつながりというのはない。

宗教はあなた自身の内側の核へと向かっていき、科学は自然の法則を理解しようと外側に向かっていく。自然の法則は誰にとっても開かれている。それは早いか遅いかの問題にすぎない。あらゆる科学的な発見は起こる定めにある。

だがこの定理のために、ピュタゴラスは見失われた。その定理と同化するあまりに、彼は数学家として知られるようになった。だがピュタゴラスの現実は数学家のものとは違っていた。数学はたんなる趣味だった。クリシュナの趣味が笛を吹くことだったように、ピュタゴラスにとり、数学は趣味にすぎなかった。人々が、クリシュナが神秘家だったのを忘れなかったのはいいことだ。ただの笛吹ではないと覚えているのはいいことだ。

だがそれはピュタゴラスに起こった。それが起こったのは西洋のせいだ。西洋人の心は、外側の世界で使えるものに、より多くの注意を払う。ピュタゴラスの定理は意味あるものだった。もしこの定理がなかったら、幾何学の世界における、非常に本質的な何かが欠けていたことだろう。ピュタゴラスはその必要を満たした。

西洋では、基本的にピュタゴラスは数学者であり、神秘主義はたんなる奇癖だったと考えられている。実際はその逆だ。神秘主義がピュタゴラスの魂であり、数学はたんなる趣味でしかなかった。数学には神秘的な重要性はない。

これ以上、幾何学についてはあまり理解していないが、ピュタゴラスの定理から私が理解したのは次のことだけだ。

昔あるところに、三人の妻を持つとても裕福なインディアンの酋長がいた。不思議な偶然の一致で、三人全員が一度に妊娠してしまった。そこで酋長の苦労が実を結ぶ時期が三人に訪れると、これは何かちょっとした、新奇なことが順番になっているんだと酋長は思った。

酋長は、あるティピ（テント）にいる最初の妻を舶来物のライオンの皮の上に寝かせ、別なティピにいる二番目の妻を舶来物の虎皮の上に、また別なティピの三番目の妻をカバの皮の上に寝かせた。

最初の妻は男の赤ん坊を産んだ。「おお、これはすばらしい。きっと偉大な勇士になるぞ」

二番目の妻は女の赤ん坊を産んだ。「おお、これはわが部族にとって母なる大地となる娘だ」

三番目の妻は双子を産んだ。

これは『カバ皮《ヒポポタマス》のかみさん《スコウ》は、他の二つの皮《ハイド》のかみさん《スコウ》の和に等しい』という証明にすぎない。

（※『斜辺《ハイポテヌス》の二乗《スクエア》は、他の二辺《サイド》を二乗《スクエア》した和に等しい』というピュタゴラスの定理にかけている）

ピュタゴラスの幾何学と定理について、私が知っているのはそのくらいだ。

三番目の質問

知識の樹は創造の一部であり、アダムとイブはこの実を食べることを禁じられたとあります。光明を得るとどんなことが起こるのですか？　光明を得た人は、この木と実をどう使うのでしょうか？

マドゥマティ、エデンの園には、二本の特別な樹があった。ひとつは知識の樹として知られ、神はこの樹、知識の樹を、アダムとイブに禁じた。その実を食べてはいけなかった。

そこにはもうひとつ、特別な樹があった。それは生命の樹だった。神はアダムとイブに、この実もまた食べてはいけないと言ったが、彼らはこの樹にはまったく目もくれずに、知識の樹に興味を持った。

このたとえ話は美しい。覚えておきなさい。これはただのたとえ話にすぎないが、とても意義深い。それは神にも、アダムとイブにも関わりがない。それはあなたに関わっている。

私たちはエデンの園にいる。そこには二つの樹、生命の樹と知識の樹があって、誰もがその知識の樹に興味がある。生命の樹に関心を抱くようになる人はとてもまれだ。生命の樹に関心を抱くと、その人は必ず仏陀になり、キリストに、マハヴィーラに、モハメットになる。だが今までに生命の樹に関心を抱いたのは、ほんの一握りの人たちだった。

たとえば、最初の質問でラリー・オベンフェルドが尋ねていた。「あなたと恋に落ちてしまったのですが、なぜでしょう?」。これは知識の樹に向かっている。「なぜ」がその道だ。オベンフェルドは愛と留まれない。「なぜ」を尋ねなくてはならない。もし愛と留まったら、あなたは生命の樹から食べるだろう。愛は生命だからだ。なぜと問うなら、あなたは生命の樹から知識の樹へと離れていったということだ。

たとえその理由を知ったとしても、まったくの無駄なことだ。それはあなたを育まないだろう。あなたはいくらでも知ることができる。ひとつの人間の脳は、世界中の図書館を収容できる。ひとつの人間の脳には、それほどの容量がある。だがそれでも、あなたは何も本当には知らない。それを生きてはいない。

そのたとえ話は象徴的表現だ。それは私たちの物語だ。あなたが薔薇の花を見ると、そばにいって触れてみたり、香りを楽しんだり、そのまわりで踊ったり、深い祈りや愛、瞑想のなかで薔薇の花と在るよりも、あなたは質問する。「この薔薇はどこから生じたのか？　これは何という種類の薔薇なのか？」。あなたは以前見かけた他の薔薇の花と比べ始める――もっと大きい、ずっと小さい、より美しい、見劣りするといった具合に。薔薇の花を目にした瞬間、ただちにあなたは知識の樹へと向かっていく。あなたはその体験を生きない。あなたは薔薇を踊らないし、薔薇を感じない。

禅の人々は言う。「竹を描きたければ、行ってまず竹になれ」

昔、ある禅師が弟子を送り出した。彼は優れた絵描きであり、その弟子も優れた絵描きだった。彼はその弟子に、森へ行き、竹とともに在り、竹になれと言った。「そして竹になったら戻ってきて描くがいい。竹になる前に描けば、何を描こうとまずだめだ。お前は竹を内側から知らないのだから」

それが写真と絵画の違いだ。写真が示すのはその周囲だけ、外側からの竹だけだ。それなのに画家も外側からの竹を示すとしたら、画家の必要などあるだろうか？　カメラの方がずっとうまくやれるし、より能率的で、すばやく、迅速だ。

だがカメラは画家に取って代われはしないだろう。カメラにはけっしてできないことがひとつある。

カメラは竹になれないのだ。そして画家は竹になれる。

その弟子は森に向かった。三年間、その弟子について聞くことはなかった。そして師も、「さすがに長すぎる」と案じ始めた。師も年老いていたので、何人かにその弟子を探させた。「彼はどこにいるのでしょう？」と問われると、師は言った。「竹を見かけたら手当たり次第探してみろ。奴はどこかで竹になっているはずだ」

そして彼は竹として見つかった。彼はたくさんの竹のなかに立っていた。それはすばらしい朝だった。風が強く、竹は風になびいていた。そしてその弟子も、竹と一緒になびいていた。その弟子を探しにきた者たちは当惑してしまった。というのも、彼はもはや人間には見えなかったからだ。彼は自分のことをすっかり忘れた、一本の竹だった。竹が太陽を吸収するように、彼は太陽を吸収していた。彼は泥のなかに立っていて、その足はほとんど根のようだったし、おまけに風になびいていた。

彼らはその弟子を引き抜き、運び出して、師のところに来させなくてはならなかった。師は彼を見て言った。「まさにその通りだ。さあ描くがいい。お前は真の竹を描くことになろう。お前は外側から竹を見ただけではなく、内側からも知っている。それこそは真の知、それこそは生きた知だ」

ちょうど私たち全員が知識の樹に興味を持っているように、アダムとイヴも知識の樹に興味を持った。小さな子供を見てごらん。彼らはすぐに「どうして？　何でそうなるの？」と聞く。アダムとイブはまたしても、知識の樹に向かっている。

知識の樹から食べ続けることはできるが、それは栄養にはならないし、満足させてはくれないだろう。あなたはがらくたでいっぱいになる。知識とは情報であって、体験ではないからだ。そしてただ体験だけが解き放つ。実際、あなたを知者にするのは体験だけだ。

物知りになることと、知者になることは、まったく別なことだ。現代の哲学者は物知りだ。現代哲学者は、知識の樹から食べる。ピュタゴラス学派の哲学者、ピュタゴラスの概念における哲学者は、賢者の、知者としての哲学者だ。彼は瞑想し、ゆっくり、ゆっくりと自分を存在に溺れさせる。彼は全体の一部となり、全体とひとつになる。するとそこにはまったく異なった種類の、質的に異なった知がある。

マドゥマティ、あなたは尋ねている。「知識の樹は創造の一部であり、アダムとイブはこの実を食べることを禁じられたとあります。光明を得るとどんなことが起こるのですか？　光明を得た人は、この樹と実をどう使うのでしょうか？」

知識の樹から食べても、あなたが光明を得ることはない。あなたはたくさんの情報を集めるだろう。たぶん光明や、過去の光明を得た人に関する情報までも集めるだろうが、それがあなた自身の理解にはならない。それはあなたのものではないし、あなた自身の目覚めではない。

だが生命の樹から食べ、生と愛、喜びと悲しみ、その苦さと甘さをすべて体験するなら……生をその全面性において体験するなら、その高みと深み、谷間と頂上、暗い夜と輝く昼、苦悶と歓喜を、その全面性において体験するなら、あなたは光明を得る。全面的に生きられた生だけが、光明をもたらす。

そして光明を得ると、あなた自身が知識の樹になる。だが誰もその実を食べることでは、知識の樹にはならない。生命の樹の実を食べることで、人は知識の樹となる。

仏陀は四十二年間語った。光明を得たその日、彼は自ら知識の樹になった。さて、仏陀のもとに来たら、その樹になっている実を食べ続けたりしないこと。光明を得た人たちは、各々が知識の樹だ。その実を食べるより、甘くておいしい実を食べるよりも、仏陀の境地《ブッダフッド》を生きてごらん。仏陀から情報を集めるより、その魂《スピリット》を吸収するがいい。

人々は何度もここにやって来ては、私が何か言うたびにノートを取り始める。とりわけインド人はそうだ。よく来ていたひとりの医者は、ひっきりなしに走り書きをしていた。私は彼を呼んで「何をしているんですか?」と尋ねた。その医者はこう言った。「あなたのおっしゃることはどれも本当に美しいので、忘れないようにちょっと書き留めておきたいんです」

さて、この人は実を食べ、情報を集めていて、私をすっかり逃している！　私が言っていることにさえ注意を払わずに、ただ書き留め、記憶することにより関心がある。彼は言われていることを理解さえしないだろう。理解するには、完全に注意深くあること、私との調和が必要だからだ。

これは言語的伝達ではなく、非言語的伝達の物事だ。そのときあなたはその魂《スピリット》を飲み干す。だから私は何度も、真の弟子は人食い人種だと言う。彼は師を食べ、師を飲み干し、酔いしれる。彼はそのエネルギーを受け続ける。

その伝達は、知識ではなく、エネルギーのものでなくてはならない。その伝達は、光のものでなくてはならない。それは教典を超える。私が言うことに、ただそれにだけ留まるとしたら、あなたはたくさんの美しい果実を集めるだろう。だがそれは、アダムとイブがしていたことだ。

また、この蛇はいったい何者だろう？　それはあなたの心《マインド》を象徴している。あなたの心は好奇心でいっぱいだ。それは絶えずより多くの情報を熱望している。あなたの心は蛇だ。それはあなたを説得し、そそのかして言う。「食べられるだけ、知識の樹から食べるがいい。知れば知るほど、君は神のようになれるのだから」

だが神のようになるのと、神になるのはまったく別の話だ。神になれるというのに、どうして神の、、、ようになるのかね？　それはまったくお粗末な代用品だ。賢者に、知者になれるというのに、どうして物知りなんかになるのかね？　自分自身の権利で覚者になれるのに、どうしてそれ以下のもので手を打つのかね？　なぜそれ以下のもので満足するのか？　自分で味わいなさい！　そうすれば、その同じ知識の樹が、生命の樹になり得る。


仏陀は言っている。「覚者たちは道を指し示すだけだ。歩まなければならないのはあなただ」

禅の人々は「月を指し示す指」と言う。指にあまり気を取られないようにしなさい。指のことは忘れて、月を見なさい。理解のある人は月を見て、指のことは忘れる。注意に欠け、気づきがなく、無意識な人は、その指を吸い始め、月のことをすっかり忘れてしまう。

そうやって、物知りや学者《パンディット》は生まれる。学者というのは、地上でもっとも愚かな人々だ。もちろん、学者の愚かさはきわめて学問的だ。その愚かさは深遠な知識で飾られている。彼らはコーランや聖書やギータを引用できるし、既知のものなら何でも知っているが、それでも何ひとつ知らない。奥深くではただ虚ろで、空っぽだ。

知識にあまり気を取られると、あなたは虚ろで、空っぽで、貧しいままだ。生に興味を持ちなさい！　生きることは現実の事柄だ。瞑想の情報を集めていてはいけない。瞑想しなさい！　踊りの情報を集めていてはいけない。踊りの百科事典があっても、自分で踊らない限り、その百科事典にはまったく何の意味もない。そんな百科事典を持ち歩くとしたら、大変な重荷だろう。たとえ踊りの百科事典であっても持ち歩いたりすれば、まさにその重みであなたは踊れないし、邪魔にもなるだろう。

そんな百科事典は全部放り出すがいい！　人々は歩く百科事典になってしまった。自分から知識という重荷を下ろして、生き始めなさい。そして生き始めれば、ありふれた物事が並外れた美しさへと変容される。生はちょっとした物事、些細な物事から成り立っている。だがあなたが強烈で、情熱的な愛の質を持ちこむとき、それらは変容され、光り輝く。

光明を得た人は自らが知識の樹になる。覚者たちに気をつけなさい。だから仏陀は「道の上で私に出会ったら殺しなさい」と言う。覚者たちに気をつけなさい。ツァラトゥストラが弟子に言った最後の言葉は、「私に気をつけなさい」だった。ツァラトゥストラは山へ向かって旅立った。山のなかに消え、死ぬためだ。その静寂、山の持つ永遠《とわ》の処女性のなかで死ぬつもりだった。彼は長い生を美しく生きた。そして今、峰々に囲まれた峡谷で、彼は美しい死を望んでいた……水の流れる音、鳥たち、花々、そしてその香りとともに。

弟子たちは尋ねた。「師よ、最後のお言葉は？」

彼は言った。「私に気をつけなさい」

それは常に、偉大な師たちの最後の言葉であり続けてきた。仏陀が肉体を離れるとき、一番弟子のアナンダはこう尋ねた。「祝福されし方《バグワン》よ、あなたの最後のお言葉は?」仏陀は目を開けて言った。「自分自身の光でありなさい。私のことはすべて忘れ、自分自身の光でありなさい」

生き、踊り、愛し、在りなさい。そして覚者から、目覚めた人から何かを学ばなくてはならないなら、それを学びなさい。指のことは忘れ、月を見なさい。月は生命で、指はただの知識だ。

四番目の質問

ほぼ三ヶ月経っても、まだサニヤスを取ることで悩んでいます。多くの人にとっては、まったく何でもないことのようですが、どうして私にはこんなに強い抵抗があるのか理解できません。このことについて何か話してもらえませんか?

キャロル・ベーカー、私たちはこの問題に深く入っていく必要がある。あなたは意志することができなくなっている。あなたはどう自分自身で意志するかを忘れてしまった。それはこの世界のほとんどあらゆる人たちに起こっている。幼い子供の頃から、親はあなたのために物事を決め始める。彼らはあなたには決めさせせない。あなたが自分自身で意志するのを許さない。彼らはあなたのために意志し、考え、決断する。

私にもそれはわかる。子供は無力だから、そうせざるを得ない。親は子供のために決断しなくてはならない。さもなければ、子供は生き残れない。子供のために考え、意志し、決断することは親の義務だ。だがこれに加えて、もうひとつの義務、あらゆる親がずっと気づかずにいる義務がある。そしてその義務ははるかに重要だ。

子供が決断し、意志を持って行動し、考えられるようになったら、親は気をゆるめるべきであり、子供に自分で決めさせるべきだ。親たちのすべきことは手助けであり、子供を支え、刺激し、自分で考えるようにさせるべきだ。

だがそうする親はひとりもいない。親は子供がまだ自分に頼っていて、言うことを聞いているという考えを楽しんでいる。彼らは子供がいつも自分を見上げているという考えを楽しんでいる。これは実にエゴを満たしてくれる。彼らは必要な義務、最初の義務は果たすが、それ以上に重要な二番目の義務はけっして果たさない。

本当に子供を愛している親は、とても注意深くなる。そういう親は、子供が自分で物事を決められるのを見て取った瞬間に、子供をひとりにする。彼らは何も子供に強制したりしない。

だがそういうことは起こらない。この社会はどうしようもなく病んでいる。その病の原因は、誰も自分で意志し、考えることを許されていないことにある。そうやって誰もが命令してくれる誰かを探している。

「三ヶ月間」とベーカーは言う。「サニヤスを取ることをずっと考えてきました」。三ヶ月も？　あなたは三年でも三生でも考えていられる。だがあなたは考え方を忘れてしまい、どうやって未知へとその一歩を踏み出すかがわからない。小さい頃、あなたが意志し、実験していくことは支持されなかった。

たとえあなたがその実験で試行錯誤するとしても、やはり価値がある。人は間違いを通してしか学ばないからだ。それ以外に学ぶ道はないし、それより安全な道というものもない。その危険な道を通してしか、学びは起こらない。あなたは試み、実験しなくてはならない。そしていつも覚えておきなさい。あなたのしていることは何もかも間違っているかもしれない。保証は何もない。

新しいものをどうやって保証できるだろう？　ここには両親もいないし、教師たちもいない。聖職者たちもいなければ、いわゆる指導者たちもいない。あなたはここで、まったく新しい状況のなかにひとりでいて、どうしたらいいかわからない。あなたは今まで、自分の力で問題に取り組んだことがない、そんな風に見える。

これがトーマス・ハンナの言う『ヒューマノイド状態』だ。世間で人間《ヒューマン》に出会うことは滅多にない。人間として知られている人々はヒューマノイドだ。ヒューマノイドとは、自分の意志で物事を決めるのを許されず、損なわれ、萎えてしまった人のことだ。彼は常に命令してくれる人を探している。ヒューマノイドとは、いつも暴君を探している人だ。彼は何をすべきで何をすべきでないかを指示する暴君を必要とし、常に指導者を求め、自分で考える責任を放棄できる奴隷の状態を求めている人のことだ。考えることは、ヒューマノイドにとっては重荷だ。それは楽しくないし、嬉しくもならない。彼は不安を覚える。彼は何ひとつ決められないし、間違うかもしれないと心配している。

ヒューマノイドとは、真に成長していない人のことだ。世界中を埋め尽くしているのはこのヒューマノイドだ。誰も真に成長してはいない。誰もが父親の姿を追い求めている。

自分の足で立ちなさい。私は別にサニヤスを取れとか取るなと言っているのではない。そんなことを言う私は何様だろう？　自分の足で立ち、それに瞑想しなさい。あなたに命令する人は誰もいない。自分の肩に全責任を負いなさい。それが成長した存在という言葉が意味することだ。「私は責任をとろう。この体験に入っていこう。私は間違った方向に進んでいるかもしれないし、正しい方向に進んでいるかもしれない――それは充分承知しているが、誰にわかるだろう？」。それはいつも「おそらく」だ。

ヒューマノイドはこの「おそらく」を非常に恐れる。彼は保証を必要とし、「そうだ」と言ってくれる人をいつも探している。そうやって彼は愚かしい極端へと走りかねない。タロット・カードに何をすべきで何をすべきでないかと伺いをたてたり、ソナや占星術師、手相見のところへと出向きかねない。だが彼は誰か他の人に決めてほしがり、誰か他の人に責任を投げたがる。そうすればまずいことになっても、「どうしようがある？　悪いのはタロット占いの奴さ。しょうがないだろう？　あの手相見が馬鹿だったんだから」と言える。

あなたは他の誰かに、自分の生の責任を取ってもらいたがる。それでどうやって成長するつもりなのだろうか？　どうやって自由になるというのだろう？　あなたは閉じこもったままだろう。

そのヒューマノイド状態を落としなさい。それを落とす唯一の方法は、自分で意志し、決断することだ。そして何か間違ったことをしたときには、いつでも責任を取りなさい。間違いを犯すのは何も悪いことではない。人は間違いを犯すことでだけ、何が正しいかを知る。偽りを知ることで、人は真実を知る。何度も転落することで、どうすれば転落しないかを知る。何度も道に迷うことで、どうすれば再び道に迷わないかがわかる。それ以外に道はない。

だがあなたは間違った条件付けによって育てられてきた。そして誰もがそうやって育てられてきた。あなたの両親、教師たち、指導者たち、聖職者たちはヒューマノイドだ。それは彼らの両親や教師、聖職者がヒューマノイドだったからだ。それはそんな風に続いてきた。どのヒューマノイドも、他の人たちをヒューマノイドに変えてしまう。

子供が生まれると、あなたは親があなたにしたのと同じ間違いをする。あなたは子供が自分から働くのを許さない。さもなければ、あなたは驚くだろう。子供はとても聡明だ。そう、彼らにはあなたの導きや手助けがいる。子供は無力だが、まったく聡明でもある。だから親は、どこまで助け、いつ手を引くかということに、本当に注意深くなくてはならない。歩き方を覚えているときに子供の手を握ってやるのはいいことだが、その手を一生握り続けてはいけない。

そしてそれが心理的に起こっていることだ。たとえ両親がこの世にいなくても、あなたはいまだに親に手を取ってもらって歩いている。あなたはいまだに両親にもたれ、しがみついている。そして父親が見当たらないと、すぐに人は聖職者のところへ行く。聖職者を「ファーザー（父）」と呼ぶのは偶然ではない。聖職者、とりわけカトリックの聖職者は、父親でも何でもない。彼を「神父」と呼ぶのはあまりに愚かで馬鹿げている。彼はいったい、どういう類いの父親なのかね？　独身の僧侶なのに！　その彼がどうして父親なのかね？　だがあなたは彼を「神父」と呼ぶ。

あなたは神のことも「父」と呼ぶ。では母親はどこにいるのかね？　聖なる三位一体《トリニティー》には女性がひとりもいない。父なる神、神の子キリスト、そして聖霊……聖霊が女性でなければだが。あるいはひょっとすると、その三位一体は全員、ただの同性愛者《ゲイ》かもしれない。

なぜあなたは神を「父」と呼ぶのだろう？　それはひとつの探求、深い心理的な探求だ。いつもそこにいて、あなたを守り、保護し、導き、ああしろこうしろと戒律を授けてくれる父親を持とうとすることだ。あなたは彼に頼れる。頼れば頼るほど、あなたはもっといなくなっていく。

この傾向はあまりにも根深く、そうすることに慣れきっているので、あなたは自分が何をしているのかに気づくことすらない。その束縛は落とされなくてはならない。それこそがサニヤスのすべてだ！　これは新しい牢獄ではない。私がここにいるのは、あなたの父親の役割を果たすためではない。

イエスのとても奇妙な声明を覚えているだろうか？　キリスト教徒たちはあまりそれに注意を払わない。実際、彼らは当惑している。イエスは弟子たちに言った。「あなたの父親と母親を憎まない限り、私にはついて来れない」。イエスの声明とは思えない。愛の人、「神は愛だ」と言い、愛を説く、途方もない愛の人の言葉とは思えない。だが彼は言う。「あなたの父親と母親を憎みなさい、そうしてはじめて、あなたは私について来れる」

キリスト教の聖職者にそれを示すと、彼は困ってしまう。私は何度も試してみたが、彼らはとてもきまり悪く感じ、なんとかそれから逃れたがる。だがその言葉から逃れることはできない。それはそこにある。だがこれはきわめて意味深い声明だ。

イエスが意味したのは実際の父母ではなく、父母への心理的な探求だ。何かや誰かに頼ろうとする心理的な探求が落とされなくてはならない。この依存を憎み、この隷属を憎み始めなくてはならない。だが誰かがこの隷属を落とすのを手助けしようものなら、あなたは彼と戦い始める。というのも、この隷属にはとても価値があるとあなたは思っているからだ。

あなたはイエスと戦い、ソクラテスと戦い、そして私と戦っている。私があなたからあらゆる鎖を取り去ろうとしている、ただそのことにだけ、あなたはかき乱される。だがあなたはその鎖を鎖と思っていない。あなたはそれをとても値打ちのある、黄金の装飾品だと思っている。それを取り上げられたら、自分は裸になってしまい、もっと貧しくなってしまうと思っている。これはヒューマノイドの状態だ。どのヒューマノイドも人間にならなくてはならない。

どの子供も人間として生まれてくるが、社会は子供を無能にし、とても人工的な存在、ヒューマノイドを作り出している。そしてあらゆる社会がそれをやっている。キリスト教徒、ヒンドゥー教徒、イスラム教徒、仏教徒、ジャイナ教徒――ありとあらゆる社会がそれをやっている。今日までの人類の歴史全体は、大いなる隷属の歴史だった。

ごくまれに、この隷属の車輪から抜け出る人もいる。仏陀やクリシュナ、バハウッディンやピュタゴラス、ツァラトゥストラ……だがごくまれにだ。この人たちがいったいどうやって抜け出したのかは、まさに驚きだ。いったいどうやって本物の人間に、真正な人間になったのか。というのも、その車輪は大きく、その構造は広大できわめて複雑だからだ。しかも、社会はがっちりとあなたを掴んでいる。実存の隅々にいたるまで、とても幼い頃からその隷属は浸透し、あなたのまさに無意識にまで浸透している。

社会が自分に何をしてきたのか、あなたは気づいていない。社会はあなたを不安で落ち着かなくさせ、とても惨めにしてしまった。だからあなたはこんなことを好きになる──誰かが「生は苦しみだ」と言うと、あなたはすぐに同意する。それは生が苦しみだからではないし、この「生は苦しみだ」という声明に論理的立証があるからでもない。そこにはどんな論理的立証もない。ではなぜ人々はすぐに同意するのだろう？　彼らの体験がそれを立証しているからだ。彼らにわかるのは惨めさだけだし、苦しみならわかる。彼らはすぐに同意する。「その通りだ」と彼らは言う。「生は苦しみだ。どうやって逃れたらいいのか？」

私はあなたに断言しよう。生は至福だ！　あなたは生から抜け出す必要はない。抜け出さなくてはならないのは、あなたが学んできたその在り方からだ。あなたはヒューマノイド性から抜け出さなくてはならない。自分の本性に押しつけられてきた、あらゆる外から来たものから抜け出し、あなたは真正な人間にならなくてはならない。

サニヤシンになるとは、自分には自由になる用意があるという単純な意思表示だ。国籍から自由になりなさい。サニヤシンは自分がインド人だとか、ドイツ人だとか、イタリア人だというようには考えない。たとえパスポートを携行しなくてはならなくても、意識の奥底では、自分をイタリア人だとは考えていない。彼はただたんに世界的だ。

サニヤシンは、自分がキリスト教徒だとか、ヒンドゥー教徒だとか、イスラム教徒だとは思わない。たとえそのことを人に言い続ける必要はないにせよだ。私はあなたが無用な面倒に巻き込まれることは望んでいない。今でさえ面倒事は山ほどある。だが深いところで、あなたは「自分はもうただの人間だ」と知っている。あなたは国家や人種、肌の色や宗教といった障害を乗り越え、そしてその基盤、根本から自分の躾を落とし、再び無垢になって生を探求し始めるだろう。

では何が恐いのだろう？　あなたは三ヶ月間考えてきた。三ヶ月が無駄に費やされたことになる。サニヤシンになっていたら、三ヶ月の間に、あなたはそれが何かを体験していただろう！　あなたは知識の樹から食べているが、生命の樹からも食べられたはずだ。

いつ何時たりとも、体験をその決定要因にしなさい。キャロル・ベーカー、あなたは充分考えてきた。私には、考え残したものがあるとはとうてい思えない。三ヶ月というのは長い期間だ。あなたは堂々巡りをしていたにちがいない。まだ何か考えることがあるのかね？　体験しなさい！　私が体験に招待しよう。一緒においで！　外から物事を見物することはない。

竹を描くには、竹になる必要がある。サニヤスを知るには、サニヤシンにならなくてはならない。

五番目の質問

全面的に**自分自身**でいる**方法**と**手段**について、**話**していただけませんか。**私**の**頭**《マインド》は**例**や**状況**を**引き合**いに**出**してきますが、それでも**私**にはわからないんです。

デヴァ・マディール、あなたは私の言うことを注意して聞かなかった。自分自身でいること、全面的に自分自身でいることには、どんな方法《ノウハウ》もいらない。あなたはすでにそれだ！　それは方法や手段、技法に関わる問題ではない。それは成るという問題ではない。「在るもの」はすでに事実だ！

だがあなたの心《マインド》は、欲することや何かに成ること、ゴールや未来にすっかり慣れきっている。だから私が「自分自身でいなさい」と言っても、すぐに心《マインド》のなかで私の言ったことを別なものに変えてしまう。あなたは「どうやって自分自身でいるのか」と考え始める。

私は「自分自身になる必要がある」とは言っていない。あなたはすでにそれだ！　それは「どうやって」の物事ではない。どうやってなるかという質問はしないこと。それはあなたを自分自身から迷わせるからだ。あらゆるなることを落とし、消えるにまかせなさい。ありのままの自分で、この瞬間を生きるがいい。それをありのままの自分で生きなさい。判断したり、評価したりしないこと。ただその瞬間を、ありのままの自分で生きなさい。悲しいなら、その瞬間を悲しみとして生きなさい。悲しみはよくないとは言わないようにしなさい。悲しみはよくないと言う瞬間に、あなたは矛盾を作り出す。またもやあなたは、悲しくならないようにと奮闘している。

何ひとつ、自分に起こっている状態を非難しないことだ。それを生きなさい。誰かや何かであろうとする欲望がないほどに、それを完全に受け容れなさい。するとその受容から、大いなる理解が湧き起こる。それはひとつの副産物だ。その理解のなかで、多くの物事はただ消えていく。あなたがそれを消さなくてはならないわけではない。

悲しみは消え、怒りは消え、貪欲は消えるだろう。だがそれはあなたが消すということではない。ありのままの自分をただ受け容れることで、その受容の副産物として理解が生じる。するとその理解のなかで、その理解の光のなかで、多くの物事はただ消えていく。そして以前にはわからなかった多くの物事が現れてくる。

　喜びが現れる――それはかつて悲しみになっていたのと同じエネルギーだ。だがそれは今、理解を通り抜けているので、悲しみは起こり得ない。そのエネルギーは喜びになるように開かれ、高次の領域へと進んでいける。怒りだったその同じエネルギーが慈悲になり、貪欲や性欲、所有欲や嫉妬だったその同じエネルギーが、今度は愛と分かち合いになる。

　だがそれらは起こることだ。あなたがそれらをするのではない。それをするとしたら、あなたは私をまったく理解していない。

　私はあなた方が使っているのと同じ言葉を使わなくてはならない。だが私は、新しい意味でその言葉を使わなくてはならない。よく気をつけて、その意味に耳を傾けなさい。新たな連想に耳を傾けなさい。さもなければ、私があることをいっても、あなたは別なことを理解するだろう。

　ひとりの少女が警察に駆け込んできた。少女の髪は乱れ、服はびりびりに裂けていた。

「助けて、助けて！　私マワ《グレイプ》されたの！」

「マワ《グレイプ》された？」と警官。「まさか強姦《レイプ》されたのか？」

「ちがうわ、輪姦《グレイプ》されたのよ！　あいつら、ブドウ《グレープ》の房みたいに群がってきたんだから！」

いずれにせよ、私は『グレイプ』のような言葉を使わなくてはならない。だがそれではあなたが理解できないから、私はあなた方が使ってきた言葉を使わなくてはならない。だがあなたは特定の意味を持った言葉を使っている。私はその意味を私は変え、古い言葉に新しい色合いを与えなくてはならない。新しい形、新しい意義を与えていかなくてはならない。

だから私が言葉を用いるときは、私の使っている言葉の意義も一緒に覚えていてほしい。その意義の方がより重要だ。言葉は乗り物にすぎない。それは新しい意義を運ぶ乗り物だ。とても注意深く聞かなくてはならないのはそのためだ。さもなければ、それはさほど難しくはない。私の言葉を聞くだけなら注意はいらない。だがそれでは耳を傾けていることにはならない。それではただ開いているだけだ。私の言葉を聞くのは簡単だが、耳を傾けるには、とても油断なく、気づき、注意を払わなくてはならない。あなたは全面的に私とともにいる必要がある。

私は、自分自身になりなさいと言っているのではない。私は「なること」を落とし、自分自身でありなさいと言っているのだ。自分以外の、あなたは何になれるというのかね？

マディール、あなたは言う。「全面的に自分自身でいる方法と手段について、話していただけませんか」

あなたは全面的に自分自身だ。ただそれを受け容れていないだけだ。あなたはずっと拒んでいる。その拒絶を落としてごらん。何かを拒むたびに、あなたのなかで拒まれた部分は酸っぱくなり、苦くなり、傷になってしまう。その傷が問題なのだ。それらはあなたの実存の拒まれた部分だ。あなたはその実存の表現を否定した。その拒まれた部分は表に出ようと煮えたぎり、あなたの内側で蓄積し続け、あなたを狂わせる。

表面上は体面を保っていても、奥深くではあなたは狂っている。それらを許しなさい。それらもあなたの一部であり、本質的な一部だ。そうやって許すことはきわめて重要だ。

そのために、私はこのコミューンに多くの心理療法を準備した。それらは大衆から誤解されるだろう。誤解は避けがたい。心理療法的状況のなかで、あなたはあらゆる否定された部分を表に引き出さなくてはならないからだ。

たとえば、誰かが自分の怒りを否定してきたとしよう。それは心理療法的状況のなかで許されなくてはならない。そうしてはじめて心理療法は何かの助けになり得る。そうしてはじめて、それは治癒的になり、あなたを癒せる。そのためには、あなたのあらゆる傷を開く必要があるし、たくさんの膿が出てくることになる。

エンカウンター・グループを見ていたら、あなたは気分が悪くなるだろう。あなたが吐き気を催すのは、あまりの獣性が現れてくるのを見ることになるからだ。人間がこんな動物であり得るとは、あなたには想像もつかないだろう。だが、ただ抑圧されているだけで、その獣性はあなたの内側にもある。抑圧によっては、それは解消できない。

エンカウンター・グループでは——これは『エンカウンター』の意味でもあるが——あなたは全面的に自分自身に遭遇《エンカウンター》しなくてはならない。あなたはあらゆる抑圧されたものを、何が良いとか悪いとかいった評価はいっさいせずに、表に出さなくてはならない。すると不意にあなたは、自分の内側でうなっている、大変な猛獣を目の当たりにする。彼らは暴力的なのに、あなたは非暴力であれと教わってきた。あなたの非暴力が、あなたの暴力を抑圧していた。

猛烈な怒りが、まったく何の理由もなく湧いてくる。あなたは壁を叩き始めたり、自分のことを叩き始めるかもしれない。そしてこう言うだろう、「自分はいったいどうしたんだ？　こんなことは一度もしたことがない。これはどこからやって来るんだ？」。だがその怒りは、大波に、大きなうねりに乗ってやって来る。そしてこの過程全体はただ許されるべきだ。

そしてあらゆる部分が表現され、セックスや怒り、貪欲や嫉妬、激情といったあらゆる部分が表現されると、すばらしい平安が生じてくる──嵐の後の静けさが。

これは大衆には理解されない。実際、彼らはとても身構えているし、理解したいとも思っていない。理解するには、内側を見なくてはならなくなるからだ。そして彼らは、自分の内側にその同じものを見い出すことになる。

だがそうした物事を内側に抱え続けていたら、あなたはいつも何かしら不安なままだ。これは社会があなたに与えたものだ。社会はあなたをとても病んだ人物にしてきた。この社会全体が病的だ。しかもその病が社会的であれば、あなたはまったくそれに気づかない。誰もが同じ物事で苦しんでいるからだ。

全面的にいるとはこういうことだ。自分自身を最初の人間であるかのように考えてごらん。あなたはアダムで、あるいはイヴで、まだどんな聖職者にも、どんな清教徒にも会っていないし、どんなモラルジ・デサイにも会っていない。まだ誰からも、どうあるべきか、何になるべきかと言われてもいない。自分を最初の男か女だと思ってごらん。そして受け容れなさい。受け容れるより他に超越する道はないからだ。

仏陀はこれを「如性（*suchness*）」、タタータと呼んだ。これを受け容れなさい。神がそれらを与えたのなら、それには意味があるはずだ。それらは何か未知の花の種にちがいない。それらは使われるべきだ。受容の土壌にそれらの種が落ちて消えると、理解の木が現れ、数え切れない歓喜の花、喜びと祝祭の花が咲く。


マディール、あなたは言う。「私の頭は例や状況を引き合いに出してきますが、それでも私にはわからないんです」


例だって？　状態だって？　あなたの頭がはじめから計算できるとしたら、あなたはどうあるべきかを計画している。そしてどんな計画も受容に反している。

あなたは計画したり計算するべきではない。あなたはただ自分の覆いをとって、裸の自分自身と向き合えばいいだけだ。

私たちは裸をあまりにも恐れている。精神的《スピリチュアル》に裸であること、肉体的、心理的に裸であること――私たちは自分たちが隠している裸をあまりにも恐れている。だから服を通した肉体的な裸、言葉や理論、教典を通した心理的な裸、そして大げさな理想――神やニルヴァーナ、光明といった理想を通した精神的な裸を恐れている。そうやって私たちは延々と隠し続ける。

隠れ家から出てきてごらん。こうした洞穴から出てきなさい。広々とした太陽と風のなかに、雨のなかに出てきてごらん。あなたはありのままで美しい、ありのままで完璧だ。神は不完全な存在など創らない。神にはできない。完全からは完全しか生まれてこない。
それが私の教えるもの、全面的な受容だ。

最後の質問

何度もセックスに取り憑かれている人々の話をされますが、妄執とは何でしょうか。食べ物や服、清潔さなどへの妄執とは何でしょうか。

プレム・アニルッダ、妄執がたんに意味するのは、どうでもいい事柄に対して、あまりにも注意とエネルギーを注いでいるということだ。あなたは度を越して何かに集中し、催眠に陥っている。妄執とは、自分で自分のなかに生み出した一種の催眠だ。そうなると、その他のあらゆる物事はあなたの生から消えてしまい、あなたの焦点になるたったひとつの物事しか残らない。あなたの生は一次元になってしまう。それが妄執だ。

生は多次元的であるべきだ。セックスのことしか考えない人々がいる。一日二十四時間、セックスしか頭にない人々がいる。こうした人々の心の奥底には、常にセックスのことが潜んでいる。何か他のことをしているかもしれないが、セックスのことしか頭にない。それが妄執だ。いいかね、セックス自体は妄執ではない。私はセックスに反対しないし、どんなものにも反対していない。妄執の意味は、セックスがあらゆるものに取って代わっているということだ。
食べ物に取り憑かれている人々がいる。彼らは絶えず食べ物のことを考えている。そして積極的妄執というのもあれば、消極的妄執というのもある。

大皇帝ネロのことは聞いたことがあるだろう。ネロは食べ物に取り憑かれていた。ネロの側にはいつも、ただ彼が吐くのを助けるために、四人の医者がついていた。ネロはよく食べたし、食べ過ぎて気分が悪くなり、激しい胃痛を覚えたものだった。その医者たちは、彼が吐くのを助けた。いったん吐くのを助けてもらうと、彼は即座にまた食べだした。彼は一日に二十回食べることもあった。そして当然のことながら、彼は二十回吐かなくてはならなかった。

さて、これは妄執だ。食べ物が妄執なのではない。一度か二度、必要なだけ取るのはいい。それは肉体的な必要だし、栄養が必要だ。だがネロになるというのは病的だ。

また、消極的に食べ物に取り憑かれている人たちもいる。あなたは彼らをインドで見かけるだろう。彼らは断食する。彼らは絶えず食べ物のことばかり考えている。あたかも、食べ物こそが神への唯一の障害であり、断食が彼らを究極へと連れていってくれるかのようだ。彼らは自分を痛めつけている被虐者《マゾヒスト》だ。それが消極的な妄執だ。

断食している人は、ネロと同じくらい食べ物のことを考えている。もしかすると、ネロはそこまで食べ物のことを考えてはいなかったかもしれない。それに、考えている時間はなかった。一日に二十回も食事をしているのに、考える暇があるかね？　だが断食している人には、二十四時間がある。しかも断食中は体が飢えているので、あなたは眠れなくなる。

体に充分栄養が行き届いているときは、眠りが必要とされる。断食しているとき、あなたは眠れない――せいぜい一、二時間だ。だから二十二時間は考え、眠っている二時間は食べ物の夢を見ることになる。これは消極的妄執だ。

積極的にセックスに取り憑かれている人たちは、セックス以外のことは何も考えない。彼らはあらゆることをしながらセックスのことを考えている。それから、消極的に取り憑かれている人たちがいる。こうした人たちは独身者とか修道僧、ブラフマチャリアと呼ばれる。彼らも消極的ではあるが、絶えずセックスのことを考えている。

妄執とは、それがあなたの全人生になっている物事を指す。何事もあなたの全人生になるべきではない。あらゆる物事には、それぞれの持ち場がある。生はひとつのオーケストラであるべきだ。食べ物だけでも、セックスだけでも、金だけでも、権力だけでもあるべきではない。何であれ、ひとつだけというのはよくない。生は多くの物事、あらゆる種類の物事であるべきだ。あらゆる次元が開かれているべきだ。そのときあなたは豊かになる。

数え切れぬほどの恋をし、無数の女性を泣かせてきた、恋多き億万長者がいた。彼は毎回、新しい恋人たちへの手紙をこんな風に始める。「愛しいあなたへ、そして陪審員の皆様方へ……」。結婚とは離婚を意味するからだ。

これは妄執だ。

あるスペインのご婦人は
時々《アゲイン》よ　ちょっとだけ　がお気に入り
でもその時々《アゲイン》は
時々《アゲイン》なんかじゃなくってね
時々《アゲイン》　時々《アゲイン》　時々《アゲイン》さ

妄執とは、あなたの生がひとつの物事に魅せられ、平衡感覚をすっかり失っているということだ。そのときには、あなたの生は醜く、そして愚かしいだろう。

ハーマンは食べ物が大好きだった。食べ物が恋人だった。食べ物はハーマンの宗教であり、神だった。彼はきっと、「アナム・ブラム、食べ物は神だ」と宣言したインドの賢者と、すっかり意気投合しただろう。もちろん、まったく違った意味でだが。

将来の食糧難を恐れて——彼は常に世界的飢饉を恐れていた——彼は十年分の缶詰を買いだめした。「ハーマン」と彼の妻。「もう、何をしようっていうの。家も、ガレージも、天井まで缶詰が山積みじゃない」

「大丈夫だって」とハーマン。「ちゃんとわかってやってるんだから」

「ねえ、ハーマン」と彼の妻。「寝るたびに缶詰のケースを移動して疲れないの？　これじゃまるでベッドルームが倉庫じゃないの！」

「心配ないさ」とハーマン。「これなら絶対飢えたりしないだろ？」

ところがある夜、ハーマンが激しい腹痛を訴えたので、医者が往診に駆けつけてきた。医者は医療鞄を抱えて、缶詰ケースの迷路をどうにか切り抜けて、うめき声を上げている患者を発見した。

「先生！」と泣き声でハーマン。「缶詰を食い過ぎて、それが胃に影響してるってことはありませんか？」

医者はハーマンを検査すると、「いや、原因は食べたものじゃありません」と診断した。

「原因は食べ物を持ち上げたからですね。ただの脱腸《ヘルニア》ですよ」


この手の人々はどこにでもいる。金のことしか考えない人たちがいる。まるで彼らの人生全体にはたったひとつのゴールしか、できるだけたくさん銀行預金を後に残すことしかないようだ。欲しいものは政治権力だけという人たちもいる。彼らの全人生は、どうやって一国の大統領に、あるいは首相になるかという、そのたった一点にだけ捧げられる。彼らは取り憑かれた人々であり、自分の生をそっくり逃している。彼らは何も楽しめない。彼らは今ここにおらず、いつもひとつの考えに焦点が合わさっている。


だから、どんなものも妄執になり得る。清潔さも、妄執になり得る。私はかつてある家に住んでいた。それは友達の家だったのだが、その家の奥さんは清潔神経症で、完全主義者だった。さて、清潔さは悪くないが、こういう神経症の人もそれを正当化できてしまうから、困ったことになる。清潔さは悪いことではないが、人は清潔であるためだけにここにいるのではない。

彼女は一日中、狂ったように床を磨き、壁や家具をきれいにしていた。彼女の家は一見の価値があった。とはいえ、見る価値はあっても利用価値はまったくなかった。彼女は誰ひとり客を呼ばなかった。招待客の子供に来られては困ったことになるからだ。彼女の旦那でさえ、家具を使わなかった。傷でもついたら大変だからだ。

清潔さは大事だし、いいことだが、それがすべてではない。

正気でいるというのは、中庸を忘れずにいるということだ。行き過ぎは病気だ。あらゆる極端を避け、真ん中に留まりなさい。それがピュタゴラスのあなたへのメッセージ——中庸だ。常に中央に留まり、けっして極端に走らないことだ。するとあなたは正気で、健やかで、全体のままだろう。

付録

●OSHOについて

OSHOとは、彼の生き方とその教えが、あらゆる世代のあらゆる社会的地位にいる何百万もの人々に影響を及ぼしている、現代の神秘家です。彼は、ロンドンの「サンデー・タイムス」によって二十世紀を作った百人の一人として、また「サンデー・ミッドデイ（インド紙）」では、ガンジーやネルー、仏陀と並んでインドの運命を変えた一人として評されています。

OSHOは自らのワークについて、新たなる人類の誕生のための状況を創る手助けをしていると語ります。彼はしばしばこの新たなる人類を「ゾルバ・ザ・ブッダ」——ギリシャ人ゾルバの現実的な楽しみと、ゴータマ・ザ・ブッダの沈黙の静穏さの両方を享受できる存在として描き出します。OSHOのワークのあらゆる側面を糸のように貫いて流れるものは、東洋の時を超えた英知と、西洋の科学と技術の最高の可能性を包含する展望《ヴィジョン》です。

彼はまた、現代生活の加速する歩調を踏まえた瞑想へのアプローチによる、内なる変容の科学への革命的な寄与によっても知られています。その独特《ユニーク》な「活動的瞑想法《アクティヴ・メディテーション》」は、最初に身心に蓄積された緊張《ストレス》を解放することで、考え事から自由な、リラックスした瞑想をより容易に経験できるよう意図されています。

OSHOコミューン・インターナショナル、彼の教えが実践され得るオアシスとしてOSHOがインドに設立した瞑想リゾートは、世界中の百を超える国々から、年におよそ一万五千人もの訪問者たちを惹きつけ続けています。

OSHOと彼のワークに関しての、またインド・プネーの瞑想リゾートへのツアーも含めたより詳しい情報については、インターネット上を訪れてみて下さい。(http://www.osho.com)

●瞑想リゾート／ＯＳＨＯコミューン・インターナショナル

ＯＳＨＯコミューン・インターナショナルの瞑想リゾートは、インド、ボンベイの南東百マイルほどに位置するプネーにあります。もとは王族《マハラジャ》たちや富裕な英国植民地主義者たちの避暑地として発展したプネーは、現在は多数の大学とハイテク産業を構え繁栄する近代都市です。

ＯＳＨＯコミューンの施設は、コレガオンパークとして知られる三十二エーカー以上に及ぶ郊外の木立の中にあります。毎年百以上の国々から約一万五千人ほどの訪問者が、その滞在期間に応じて種類も豊富な最寄りのホテルやアパートの個室などの宿泊施設を見つけながらリゾートを訪問しています。

リゾートのプログラムはすべて、日々の生に喜びをもって関わり、沈黙と瞑想へとリラックスして入っていける、新たなる人類の質へのＯＳＨＯの展望《ヴィジョン》に基づいています。ほとんどのプログラムは近代的で空調設備の整った場所で行なわれ、個人セッションや様々なコース、ワークショップを含みます。スタッフの多くは、彼ら自身が各々の分野での世界的な指導者です。提供されているプログラムは、創造的芸術からホーリスティック・ヘルス・トリートメント、個の成長やセラピー、秘教的科学、スポーツや娯楽から、あらゆる世代の男女にとって重要な関係性の事柄や人生の変遷に対する〝禅〟的アプローチまで、すべてを網羅しています。個人的なものとグループでのセッションの両方が、日々の充実したＯＳＨＯの活動的瞑想法のスケジュールや、青々とした南国の庭園やプール、〝クラブ・メディテーション〟のコート設備といった、リラックスのための豊富な空間と共に、一年を通じて提供されています。

瞑想リゾート内の屋外カフェやレストランは、伝統的なインドの料理と各国の様々な料理の両方を、コミューンの有機農園で育った野菜でまかなっています。リゾートは専用の安全で、濾過された水の供給源を持っています。

ＯＳＨＯコミューン・インターナショナルのリゾート訪問、または訪問に先立つプログラムの予約については(323)-563-6075(米国)へお電話頂くか、またはhttp://www.osho.comのインターネット・ウェブサイト上にある「プネー・インフォメーションセンター」にて、最寄りのセンターをお調べ下さい。

●より詳しい情報については：　HYPERLINK http://www.osho.com

異なる言語にて、ＯＳＨＯの瞑想や書籍や各種テープ、ＯＳＨＯコミューン・インターナショナルの瞑想リゾートのオンライン・ツアーや世界中のＯＳＨＯインフォメーションセンター、そしてＯＳＨＯの講話からの抜粋を掲載した、包括的なウェブサイトです。

●「新瞑想法入門」：発売／市民出版社（Meditation: The First and Last Freedom）

もし瞑想についてもっとお知りになりたい場合は、「新瞑想法入門」をご覧下さい。この本の中で、ＯＳＨＯは彼の活動的瞑想法や、人々のタイプに応じた多くの異なった技法について述べています。また彼は、あなたが瞑想を始めるにあたって出会うかもしれない、諸々の経験についての質問にも答えています。

この本は英語圏のどんな書店でもご注文頂けます。（北アメリカのSt. Martin's Pressや英国とその連邦諸国のGill & MacMillanから出版されています）また、他の多くの言語にも翻訳されています。

ご注文のためのご案内はhttp://www.osho.comをご覧になるか、日本語版は市民出版社まで（tel 03-3333-9384）お問い合わせ下さい。

永久の哲学Ⅰ ――ピュタゴラスの黄金詩

二〇〇四年九月八日　初版第一刷発行

講　話■ＯＳＨＯ
翻　訳■スワミ・プレム・グンジャ
照　校■スワミ・アナンド・プラヴァン
スワミ・アンタール・ソハン
装　幀■スワミ・アドヴァイト・タブダール
発行者■マ・ギャン・パトラ
発行所■市民出版社
〒一六八―〇〇七一
東京都杉並区高井戸西二―十二―二〇
電　話〇三―三三三三―九三八四
ＦＡＸ〇三―三三三四―七二八九
郵便振替口座：〇〇一七〇―四―七六三一〇五
e-mail：info@shimin.com
http://www.shimin.com
印刷所■モリモト印刷株式会社
Printed in Japan
ISBN4-88178-182-0 C0010 ¥2400E

日本各地の主なOSHO瞑想センター

OSHOに関する情報をさらに知りたい方、実際に瞑想を体験してみたい方は、お近くのOSHO瞑想センターにお問い合わせ下さい。

参考までに、各地の主なOSHO瞑想センターを記載しました。なお、活動内容は各センターによって異なりますので、詳しいことは直接お確かめ下さい。

＜東京＞

OSHOサクシン瞑想センター Tel & Fax 03-5382-4734
マ・ギャン・パトラ 〒167-0042 東京都杉並区西荻北1-7-19
e-mail osho@sakshin.com URL http://www.sakshin.com

OSHOジャパン瞑想センター Tel 03-3703-0498 Fax 03-3703-6693
マ・デヴァ・アヌパ 〒158-0081 東京都世田谷区深沢5-15-17

＜大阪、兵庫＞

OSHOナンディゴーシャインフォメーションセンター
スワミ・アナンド・ビルー Tel & Fax 0669-74-6663
〒537-0013 大阪府大阪市東成区大今里南1-2-15 J&Kマンション302

OSHOインスティテュート・フォー・トランスフォーメーション
マ・ジーヴァン・シャンティ、スワミ・サティヤム・アートマラーマ Tel & Fax 078-705-2807
〒655-0014 兵庫県神戸市垂水区大町2-6-B-143 e-mail j-shanti@titan.ocn.ne.jp

OSHOマイトリー瞑想センター Tel & Fax 0797-31-5192
スワミ・デヴァ・ヴィジェイ〒659-0082 兵庫県芦屋市山芦屋町18-8-502
e-mail ZVQ05763@nifty.ne.jp

OSHOターラ瞑想センター Tel 090-1226-2461
マ・アトモ・アティモダ 〒662-0018 兵庫県西宮市甲陽園山王町2-46 パインウッド

OSHOインスティテュート・フォー・セイクリッド・ムーヴメンツ・ジャパン
スワミ・アナンド・プラヴァン 〒662-0018 兵庫県西宮市甲陽園山王町2-46 パインウッド
Tel & Fax 0798-73-1143 URL http://homepage3.nifty.com/MRG/

OSHOオーシャニック・インスティテュート Tel 0797-71-7630
スワミ・アナンド・ラーマ 〒665-0051 兵庫県宝塚市高司1-8-37-301
e-mail oceanic@pop01.odn.ne.jp

＜愛知＞

OSHO庵メディテーション・アシュラム　Tel & Fax 0565-63-2758
スワミ・サット・プレム　〒444-2400 愛知県東加茂郡足助町大字上国谷字柳ヶ入２番北
e-mail alto@he.mirai.ne.jp

OSHO瞑想センター　Tel & Fax 052-702-4128
マ・サンボーディ・ハリマ　〒465-0064　愛知県名古屋市名東区亀の井3-21-305
e-mail pradip@syd.odn.ne.jp

＜その他＞

OSHOチャンパインフォメーションセンター　Tel & Fax 011-614-7398
マ・プレム・ウシャ　〒064-0951　北海道札幌市中央区宮の森一条7-1-10-703
e-mail ushausha@lapis.plala.or.jp
URL　http:www11.plala.or.jp/premusha/champa/index.html

OSHOインフォメーションセンター　Tel & Fax 0263-46-1403
マ・プレム・ソナ　〒390-0317　長野県松本市洞665-1
e-mail sona@mub.biglobe.ne.jp

OSHOインフォメーションセンター　Tel & Fax 0761-43-1523
スワミ・デヴァ・スッコ　〒923-0000　石川県小松市佐美町申227

OSHOインフォメーションセンター広島　Tel 082-842-5829
スワミ・ナロパ、マ・ブーティ　〒739-1742　広島県広島市安佐北区亀崎2-20-92-501
e-mail prembhuti@blue.ocn.ne.jp　URL http://now.ohah.net/goldenflower

OSHOウツサヴァ・インフォメーションセンター　Tel 0974-72-0511
マ・ニルグーノ　〒879-6213　大分県大野郡朝地町大字上尾塚136
e-mail light@jp.bigplanet.com　URL http://homepage1.nifty.com/UTSAVA

＜インド・プネー＞
OSHOコミューン・インターナショナル
Osho Commune International
17 Koregaon Park Pune 411001　(MS) INDIA
Tel 91-20-4019999　Fax 91-20-4019990
http://**www.osho.com**
E-Mail : osho-commune@osho.com

＜日本語同時通訳版OSHOビデオ講話＞

※本書講話シリーズよりのビデオ収録版です。

ピタゴラス 永久哲学シリーズ 全5本

—1978年 プーナ初期、貴重で稀なビデオ収録—

●VHSカラー115分
¥3,990（税込）

◆第1巻

秘法を求めて

あくなき探求者ピタゴラス

偉大なる数学者として高名なピタゴラスは、秘法を求めて、その真理の探求にすべてを賭けた。哲学の真の意味「知への愛」に駆られ、危険を冒し、全世界を旅したピタゴラス。

唯一、後世に残された人類の遺産「ピタゴラスの金言詩」を題材に、アトランティス大陸の謎や、2500年に一回転する車輪（サンサーラ）の法則を交え、今、世界が直面している危機に光をあてる。ピタゴラスが見い出した永久哲学——両極の完全なる合一——について、現代の神秘家・和尚が説き明かす究極の法。

（「永久の哲学Ⅰ」より）

●VHSカラー116分
¥3,990（税込）

◆第2巻

人間　天と地の出会うところ

必然と力の法則

ピタゴラスから２５００年経った現代 — 渾沌（カオス）と無秩序の時代。まさにこの地球は二元性を統合したピタゴラス的な人を必要としている。いかに肉体と魂の調和をとるか？人間は常に相反する二つの力に引き裂かれ苦悩している。

本来の哲学の意味、自尊心、中庸の原理など死でも持ち去ることの出来ない真実の宝を求めて、ピタゴラスから、探究者に向けての慈愛に満ちた助言の数々。

—自らの内なる実存を尊敬し、自然でくつろぎ、意識的であることなど、ピタゴラス哲学の精髄が覚者・和尚を通して、今ここに蘇る。（「永久の哲学Ⅰ」より）

●VHSカラー112分
¥3,990（税込）

◆第3巻

宇宙の交響詩《シンフォニー》

中庸の錬金術

（「永久の哲学Ⅱ」より）

人類の思想と進歩に多大な貢献を果たしたピタゴラス。彼は、内なる世界も外なる世界も、共に不変の法則に従っているという宇宙＜コスモス＞の理念を発見した。彼にとって哲学とは真理の探求であり、その一つのアプローチは科学で、もう一つは宗教であった。

地球に新人類をもたらすためには、ピタゴラスのその洞察——物質と意識の神秘的統合こそが必要だ、と語る和尚。

見るものを魅了してやまない、和尚の圧倒的臨在を通して、自分自身の光を見い出す。

（※このビデオは収録時の障害により、途中約25分間静止画像で音声のみが流れる箇所有り。）

●VHSカラー103分
¥3,990（税込）

◆第4巻

サンサーラを超えて

菜食と輪廻転生

誕生と死の間を果てしなく廻り続ける車輪（サンサーラ）。辿り着こうとして、何処にも辿り着かない不毛の生——。

移ろいゆくものに翻弄されず、サンサーラから自由になること、すべてがただ存在している永遠の生に入っていくこと——あらゆる探求者が求めた至高の境地を、ピタゴラスの＜金言詩＞を通して和尚が繙く。菜食とそれに深く関わる輪廻転生の真実。過去生、進化論、第四の世界などを題材に、光明——生まれながらの本性に目覚めるための数々の道程が示される。

（「永久の哲学Ⅱ」より）

●VHSカラー94分
¥3,990（税込）

◆第5巻

永久なる哲学

神だけが存在する

人は何かになろうとして明日を追い求め、外側を探し続けている。目標や夢や欲望を追いかけて、幻の世界を走り続ける。しかし、人生は苦渋に満ちたままだ。自らの内側に神を発見し、自分自身にくつろぎ、ただ在ることのアートを語る神秘家・和尚。

奇跡や物質化現象、癒しの力について、瞑想と愛の道の違いなど、イエスや仏陀の逸話を交えて、2500年前のピタゴラス＜金言詩＞の経文を現代人に向けて情熱的に開示する。　（「永久の哲学Ⅱ」より）

◆これらのビデオはHi-Fiビデオデッキの音声切り替えスイッチにより、英語音声のみとしても、日本語同時通訳付としてもお楽しみ頂けます。

■価格／1本各¥3,990（税込）、全5本¥19,950（税込）
■送料／1本¥500・2本以上¥800
■郵便振替口座／市民出版社　00170-4-763105
※ご注文の方は、価格に税を加え、送料と共に上記郵便振替口座にご入金下さい。
※代引（商品引換時支払い・手数料¥300）ご希望の場合は、TELにてご注文下さい。

お申し込み、お問い合わせ

販売●（株）市 民 出 版 社
東京都杉並区高井戸西2-12-20
Tel. 03-3333-9384 Fax. 03-3334-7289
e-mail ： info@shimin.com

新刊のお知らせ　「永久の哲学Ⅱ」2005.秋　発売予定

日常の中から精神性の扉を開き、内なる探求を促すヒント、洞察をあらゆる
角度から読みやすく編集。豊富な写真も楽しめる全カラー頁のOSHO講話集。

●VOL.9
特集　健康と幸福

●健康と幸福への洞察
●癒しを自分で起こす
●意識的に狂う
●<洋書紹介>スーフィー・道にある人々
●<瞑想>健康瞑想
●不眠症　他

●VOL.10
特集　混乱から新たなドアが開く

●決断できない時にどうするか？
●明晰性への7つの方法
　―エゴの微妙な働き
●混乱？瞑想をどうぞ
●<瞑想>意識を超えていく技法
●<禅話>中庭の糸杉　他

●VOL.11
特集　時間から永遠へ

●来世の用意はできていますか？
●時間はあなた次第
●短気な現代人
●<物語>アラーを信じラクダはつなぐ
●<瞑想>走ること―内なる対話
●<関係性>愛の組み合わせ　他

●VOL.12
特集　日々を禅に暮らす

●あなたの本当の顔を見つける
●禅とは何か　●禅スポーツ
●公案：ガチョウは出ている
●<物語>泥棒のマスター
●<瞑想>自由を感じる
●ダイエットはもういらない　他

●VOL.13
特集　真の豊かさ

●贅沢な生が待っている
●豊かさの根ざすところ
●本当の女性解放
●<物語>スーフィーの神秘家
●<瞑想>呼吸：瞑想への架け橋
●肥満への新たな解釈　他

●ご注文は代金引換郵便（要手数料300円）の場合、商品到着時に支払。郵便振替、現金書留の場合、下記まで代金を前もって送金して下さい。

●1冊／1344円（税込）／送料　250円
●年間購読料／6376円（税、送料込）
●ご注文方法／市民出版社までお申し込み下さい。
■郵便振替口座：00170-4-763105
■口座名／（株）市民出版社　TEL／03-3333-9384

◆OSHO禅タロット―禅の超越ゲーム―

（日本語版解説書付）　定価：2940円（税込）
送料：450円

『今、ここ』への理解に焦点をあてた“禅の智慧”――このタロットは私達の注意を外側からハートの奥底へと方向転換させ、内側で起こっている変化への明快な理解を助けてくれるでしょう。（79枚のカードを解説した冊子付）

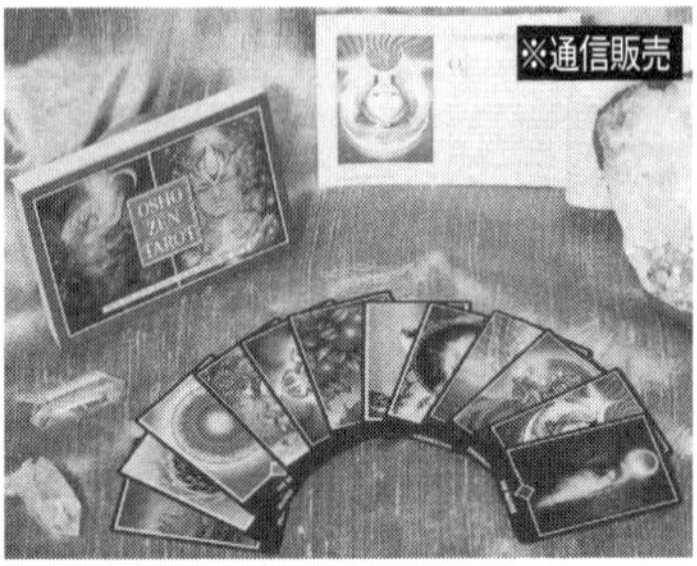

◆CD OSHO禅タロット

（タロットリーディングのための音楽）　定価：2753円（税込）／送料 300円

発売／㈱市民出版社　TEL. 03-3333-9384

＜OSHO　TIMES　日本語版＞

各B5版／カラー60頁／定価：1344円(税込)　〒250円

●VOL.1

特集　瞑想とは何か

●瞑想への鍵
●ユートピアは可能か？
●医療の道と瞑想
●どちらの世界も最高で
●生命力の開花
●ゾルバ　ザ　ブッダ　他

●VOL.2

特集　独り在ること
—真の個性

●偽りの個性から本物の個性へ
●個性の力学
●ヒーリングタッチ
●感情の虹を受け入れる　他

●VOL.3

特集　恐れとは何か
—真実への気づき

●三つの恐怖を想像的に活かす
—狂気、性、死
●瞑想への恐怖
●鬱とは何でしょうか？
●愛せるほどに成熟して
いますか？　他

●VOL.4

特集　幸せでないのは何故？

●幸せだなんて信じられない！
●生は祝祭だ
●過去との断絶
●歓喜の涙 ●笑いの瞑想
●スピリチュアル・エコロジー　他

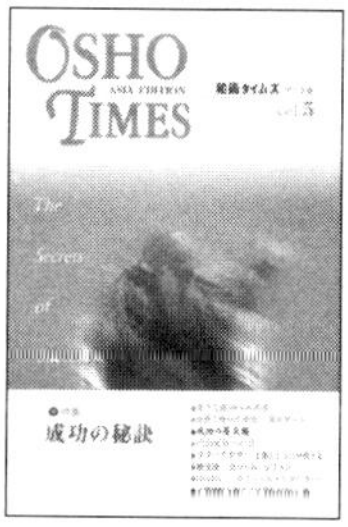

●VOL.5

特集　成功の秘訣

●大きな成功への近道
●成功の蜃気楼
●内的成功の道
●散文詩—カリール・ジブラン
●＜瞑想＞光りの循環
●プラーナヤマ—全体と共に
呼吸する　他

●VOL.6

特集　真の自由

●3種類の自由—人間・広大な大陸
●愛と自由の質
●無選択の気づき
●嫌いな人を愛しなさい
—ガンジーとジンナー
●＜関係性＞
互いに探求し続けなさい
●スーフィーマスターの物語　他

●VOL.7

特集　エゴを見つめる

●なぜいつも注目されていたいのか？
●「私」「私に」「私のもの」
●禅師と政治家
—エゴの微妙な働き
●愛のアートを学ぶ
●神経症—絶え間なき葛藤
●＜関係性＞ハートの言葉　他

●VOL.8

特集　創造的な生

●創造性の12の秘密
●もっと創造的になるには
●ソウルメイトの創り方
●正しい食べ物の選び方
●＜瞑想＞中空の竹のごとく
●ヒーリング・エネジー　他

＜OSHO　講話録＞

隠された神秘—秘宝の在処

寺院や巡礼の聖地の科学や本来の意味、そして占星術の真の目的——神聖なるものとの調和への探求——など、いまや覆われてしまった古代からの秘儀や知識を説き明かし、究極の超意識への理解を喚起する貴重な書。

＜内容＞ ●第三の眼の神秘学 ●巡礼地の錬金術 ●偶像の変容力 ●占星術：一なる宇宙の科学 他

■四六判上製 304頁 2730円（税込） 送料380円

ディヤン・スートラ—瞑想の道

真理とは何か？自分とは何か？身体、マインド、感情の浄化と本質、それをいかに日々の生活に調和させるか——といった、瞑想の土台となる道しるべ、そして全き空（くう）への実際的なアプローチを、段階的にわかりやすく指し示す。人類の根源的な問いへと導く生の探究者必読の書。

＜内容＞ ●瞑想の土台 ●生の本質を見い出す ●意識の光 ●身体と魂—科学と宗教 ●一度に一歩 他

■四六判上製 328頁 2730円（税込） 送料380円

新瞑想法入門—OSHOの瞑想法集大成

禅、密教、ヨーガ、タントラ、スーフィなどの古来の瞑想法から、現代人のために編み出された和尚独自の方法まで、わかりやすく解説。技法の説明の他にも、瞑想の本質や原理が語られ、探求者からの質問にも的確な道を指し示す。
真理を求める人々必携の書。（発行／瞑想社、発売／市民出版社）

＜内容＞ ●瞑想とは何か ●初心者への提案 ●覚醒のための強烈な技法 ●師への質問 他

■Ａ５判並製 520頁 3444円（税込） 送料380円

タントラの変容—愛の成長と瞑想の道

光明を得た女性と暮らしたタントリカ、サラハの経文を題材に語る瞑想と愛の道。恋人や夫婦の問題等、探求者からの質問の核を掘り下げ、個々人の内的成長の鍵を明確に語る。
「愛はエネルギーだ、エネルギーは動く。……それは瞑想となった、祈りとなった。それこそがタントラのアプローチだ——OSHO」

＜内容＞
●タントラの地図
●自由はより価値あるもの
●知性が瞑想だ
●四つの封印を打ち破る
●愛は影を作らない 他

■四六判並製 480頁 2730円（税込） 送料380円

死のアート—ユダヤ神秘主義の講話

生を理解した者は、死を受け入れ、歓迎する。その人は一瞬一瞬に死んで、一瞬一瞬に蘇る—死と生の神秘を解き明かしながら、今ここにしかない生をいかに強烈に、トータルに生ききるかを余すところなく語る。

＜内容＞
●超越するものと一体になる
●残るのは知るものだけ
●生のあり方 他

■四六判並製 416頁 2520円（税込） 送料380円

禅宣言—OSHO最後の講話シリーズ

「自分がブッダであることを覚えておくように——サマサティ」
この言葉を最後に、OSHOはすべての講話の幕を降ろした。古い宗教が崩れ去る中、禅を全く新しい視点で捉え、人類の未来に向けた新しい地平を拓く。永遠に新鮮な真理である禅の真髄を、現代に蘇らすための宣言。

＜内容＞
●無—大海への消滅
●西欧人と禅
●マインドは思考、瞑想は生きている
●サマサティ—最期の言葉

■四六判上製 496頁 3024円（税込） 送料380円

＜OSHO　講話録＞

シャワリング・ウィズアウト・クラウズ
―女性の覚者に関する講話

光明を得た女性神秘家サハジョの「愛の詩」について語られた講話。女性が光明を得る道、女性と男性のエゴの違いや落とし穴に光を当てます。愛の道と努力の道の違い、献身の道と知識の道の違いなど覚者の深い洞察が盛り込まれています。

＜内容＞●愛と瞑想の道　●意識のふたつの境地　●愛の中を昇る
●師は目をくれた　他

■四六判並製　496頁　2730円（税込）　送料380円

エンライトメント―ただひとつの変革

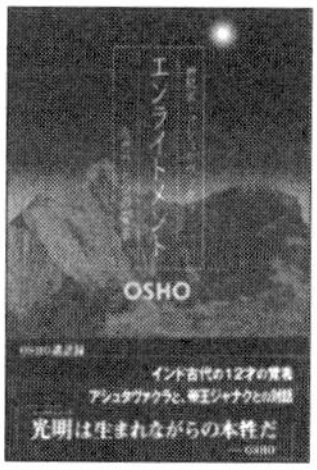

十二才の覚者アシュタヴァクラと、帝王ジャナクとの対話。「光明は生まれながらの本性だ。自分のハートにアシュタヴァクラの声明を矢のように貫かせたら、それはあなたを目覚めさせ、思い出させる。――OSHO」

＜内容＞
●純粋なる真実　●まさに今ここで　●真理の試金石
●私は自らに額づく　●瞑想―唯一の薬
●因果を超えて　他

■A5判並製　504頁　2940円（税込）　送料380円

そして花々が降りそそぐ―空の極み

生を愛しみ、生を肯定し、ごく普通の生活を楽しむ禅の導師たち。
彼らの教えなき教え、語られ得ぬ永遠の真実を、日常的なテーマを通してわかりやすく指し示す、11の逸話を語る講話集。

＜内容＞
●道とは　●寺の火事　●短気
●マインドにあらず覚者にあらず物質にあらず
●知ったかぶりの学生　他

■四六判並製　456頁　2750円（税込）　送料380円

朝の目覚めに贈る言葉―心に耳を澄ます朝の詩

朝、目覚めた時、毎日1節ずつ読むようにと選ばれた12ヶ月の珠玉のメッセージ。
生きることの根源的な意味と、自己を見つめ、1日の活力を与えられる覚者の言葉を、豊富な写真と共に読みやすく編集。姉妹書の「夜眠る前に贈る言葉」と合わせて読むことで、朝と夜の内容が、より補い合えることでしょう。

＜内容＞
●人生はバラの花壇　●愛は鳥―自由であることを愛する

■A判変型上製　584頁　3654円（税込）　送料380円

夜眠る前に贈る言葉―魂に語りかける12ヶ月

眠る前の最後の思考は、朝目覚める時の最初の思考になる…特別に夜のために選ばれたOSHOの言葉の数々を、１日の終わりに毎日読めるよう、豊富な写真と共に読みやすく編集。日々を振り返り、生きることの意味や自己を見つめるのに、多くの指針がちりばめられています。

＜内容＞
●闇から光へのジャンプ　●瞑想は火
●あなたは空だ　●生を楽しみなさい　他

■A判変型上製　568頁　3570円（税込）　送料380円

OSHO講話集 OSHOダルシャン

ページをめくるごとにあふれるOSHOの香り……初めてOSHOを知る人にも
読みやすく編集された、豊富な写真も楽しめるカラーページ付の講話集。

各A 4変型／カラー付／定価：1529円（税込）〒310円

1. ●ヒンディー語講話
・偉大な神秘家・ラビア
・スーフィ：ハキーム・サナイ　他

2. ●七つの身体と七つのチャクラの神秘（前半）
・ボーディダルマ・偉大なる禅師
・瞑想—音と静寂　他

3. ●特集　知られざる神秘家たち
・七つの身体と七つのチャクラの神秘（後半）
・ミスティック・ローズ瞑想　他

4. ●特集　死と再誕生への旅
・チベットの死の瞑想「バルド」
・瞑想紹介—ノーマインド　他

5. ●特集　愛と創造性
・探求：スーフィズム
・ストップの技法　他

6. ●特集　自由—無限の空間への飛翔
・完全なる自由
・ダルシャン・ダイアリー　他

7. ●特集　禅—究極のパラドックス
・禅の火、禅の風—ブッダの目覚め
・ダイナミック瞑想　他

8. ●特集　愛と覚醒
・「音楽のピラミッド」
・クンダリーニ瞑想　他

9. ●特集　宗教とカルトの違い
・アムリットが真相を明かす
—ヒュー・ミルンの虚偽　他

10. ●特集　究極の哲学
・知恵の真髄「ウパニシャッド」
・夜眠る前に贈る珠玉の言葉集　他

11. ●特集　無—大いなる歓喜
・空なる水、空なる月—千代能
・ヒンディ講話／観照、幻影　他

12. ●特集　レットゴー—存在の流れのままに
・魂と自己—真の自由
（カリール・ジブラン「預言者」より）　他

13. ●特集　ブッダフィールド—天と地の架け橋
・仏陀は偉大な科学者だ
（ヒンディ講話）　他

14. ●特集　インナー・チャイルド
—家族・親・子ども
・ティーンエイジの革命　他

15. ●特集　瞑想と芸術
・アートとエンライトメント
・色の瞑想・音の瞑想　他

16. ●特集　夢と覚醒
・ユニヴァーサル・ドリーム—永遠《とわ》なる夢
・セラピーと夢　他

17. ●特集　無意識から超意識へ
・虹色の変容—成長の七段階
・ブッダたちの心理学　他

18. ●特集　光明と哲学
・ミニ悟りからサマーディへ
・永久の哲学—ピタゴラス　他

＜OSHO瞑想CD＞

※送料／CD１枚¥300・2枚¥430・3枚以上無料

ダイナミック瞑想
全5ステージ
60分

◆デューター

¥3,059(税込)

生命エネルギーの浄化をもたらすOSHOの瞑想法の中で最も代表的な技法。混沌とした呼吸、カタルシス、そしてフゥッ！というスーフィーの真言《マントラ》を自分の中にとどこおっているエネルギーが全く残ることのないところまで行なう。

クンダリーニ瞑想
全4ステージ
60分

◆デューター

¥3,059(税込)

未知なるエネルギーの上昇と内なる静寂、目醒めのメソッド。OSHOによって考案された瞑想の中でも、ダイナミックと並んで多くの人が取り組んでいる活動的瞑想法。通常は夕方、日没時に行なわれる。

ナタラジ瞑想
全3ステージ
65分

◆デューター

¥3,059(税込)

自我としての「あなた」が踊りのなかに溶け去るトータルなダンスの瞑想。第１ステージは目を閉じ、40分間とりつかれたように踊る。第２ステージは目を閉じたまま横たわり動かずにいる。最後の５分間、踊り楽しむ。

ナーダブラーマ瞑想
全3ステージ
60分

◆デューター

¥3,059(税込)

宇宙と調和して脈打つ、ヒーリング効果の高いハミングメディテーション。脳を活性化し、あらゆる神経繊維をきれいにし、癒しの効果をもたらすチベットの古い瞑想法の一つ。

チャクラ サウンド瞑想
全2ステージ
60分

◆カルネッシュ

¥3,059(税込)

７つのチャクラに目覚め、内なる静寂をもたらすサウンドのメソッド。各々のチャクラで音を感じ、チャクラのまさに中心でその音が振動するように声を出すことにより、チャクラにより敏感になっていく。

チャクラ ブリージング瞑想
全2ステージ
60分

◆ カマール

¥3,059(税込)

７つのチャクラを活性化させる強力なブリージングメソッド。７つのチャクラに意識的になるためのテクニック。身体全体を使い、１つ１つのチャクラに深く速い呼吸をしていく。

「気づき」の瞑想法
全４ステージ
60分

¥3,059(税込)

インド五千年前の経典を元にした「タントラ秘法の書」より、112の瞑想法の中の一つ。リラックスしたヒーリング音楽と共に、自分自身の内なる気づきを喚起する瞑想法。リラクゼーションミュージックとしても最適。

グリシャンカール瞑想
全4ステージ
60分

◆デューター

¥3,059(税込)

呼吸を使って第三の目に働きかける、各15分４ステージの瞑想法。第一ステージで正しい呼吸が行われることで、血液の中に増加形成される二酸化炭素がまるでエベレスト山の山頂にいるかのごとく感じられる。

ワーリング瞑想
全2ステージ
60分

◆デューター

¥3,059(税込)

内なる存在が中心で全身が動く車輪になったかのように旋回し、徐々に速度を上げていく。体が自ずと倒れたらうつ伏せになり、大地に溶け込むのを感じる。旋回を通して内なる中心を見出し変容をもたらす瞑想法。

ノー ディメンション瞑想
全3ステージ
60分

◆ シルス&シャストロ

¥3,059(税込)

グルジェフとスーフィのムーヴメントを発展させたセンタリングのメソッド。この瞑想は旋回《ワーリング》瞑想の準備となるだけでなく、センタリング《中心を定める》のための踊りでもある。３つのステージからなり、一連の動作と旋回、沈黙へと続く。

<ヒーリング,リラクゼーション音楽CD>

マントラ
全7曲 61分02秒

◆ナマステ

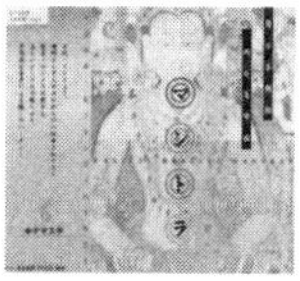

その音で不思議な力を発揮する古代インドよりの聖音マントラの数々を、美しいコーラスで蘇らせる癒しのハーモニー。何千年もの間、自然現象を変容させると伝わるマントラを、聴く音楽として再生したミスティックなアルバム。

2753円（税込）

ア・タイム・フォー・ピース
全9曲 50分45秒

◆テリー・オールドフィールド

平和という人類永遠のテーマに向けて捧げられた音の花束。ハープ、チェロ、クラシックギターなどのナチュラルサウンドが、フルートの調べをより繊細に演出。平和とは、実は一人一人の心の内にあることを伝えてくれます。

2753円（税込）

シー＆サイレンス
全7曲 59分21秒

◆デューター

始まりもなく、終わりもない永遠の時を歌う海の波――それは、深く優しい地球の愛。ヒーリングサウンドの第一人者デューターが、母なる海の波にフォーカスして生まれた静寂と解放のヒーリング・ウェイブ。

2753円（税込）

ナチュラル・ワールド
全7曲 59分03秒

◆リサ・レイニー

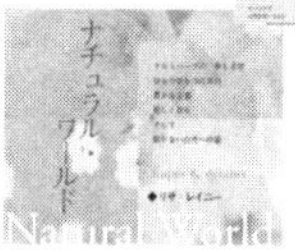

ケルトハープの夢と希望、その音色の豊かな言葉、癒しと祈り、そして限りない自然への愛。世界的フルート奏者と共に制作されたこころと自然の物語。
自然と、自然であることへの愛と希望を託して贈る、ハープとフルートの祈りのハーモニー。

2753円（税込）

セイクリッド・テンプルズ
全8曲 47分51秒

◆チンマヤ

遥かなるカイラス、カジュラホ、太陽神のコナラク……聖なる大地・インドのホーリー・スポットをめぐる音の巡礼。サロード、竹笛、タブラなどのインド古典楽器をはじめ、ギター、ピアノなどで繰り広げられる聖域のサウンド。

2753円（税込）

スパ　ラウンジ
全9曲 63分11秒

◆デューター◆アヌガマ◆カマール他

音の湯舟に身をゆだね、リラックスの中にもおだやかで心地よい高揚感をもたらす音浴ミュージック。シンセ、アコースティック、自然音を巧みに織り合わせながら、ほどよいエキゾチズムが漂う、環境音楽。

2753円（税込）

ブッダ・ネイチャー
全5曲 57分4秒

◆デューター

ヒーリング、瞑想音楽の開拓者、デューターが贈るソウルフルサウンド。権威あるAF-M賞を2001年・ニューエイジ部門で受賞。フルートとシンセサイザーが生み出す悠久なる音の波がゆったりと内なる空間へと導く。

2753円（税込）

樹々にそよぐ風のように
全9曲 68分47秒

◆デューター

軽やかにそよぐ風のようなフルートの調べや神秘的なシンセサイザーが紡ぎ出す悠久なるサウンドスペース。――意識の深みに働きかけるメディティティブサウンド。ヒーリングミュージックの第一人者デューターのベストアルバム。

2753円（税込）

レイキ　ウェルネス
全7曲 68分33秒

◆デューター◆アヌガマ◆カマール

限りないやさしさの海に身をしずめ、宇宙エネルギーの波にゆらぎながら、旅立つ新たなる誕生への航海。肉体・心・魂の緊張を溶かし、細胞のひとつひとつをゆっくりと癒していくレイキコレクション・ベストアルバム。

2753円（税込）

レイキ ホエールソング
全7曲 65分9秒

◆カマール

深海のロマン、クジラの鳴き声とフルート、シンセサイザーなどのネイチャーソング。心に残る深海の巨鯨たちの鳴き声が、レイキのヒーリングエネルギーをサポートするアンビエントミュージック。

2753円（税込）

※ＣＤ等購入ご希望の方は市民出版社 TEL**03-3333-9384**までお申し込み下さい。

※郵便振替口座：市民出版社　00170-4-763105　※送料／CD１枚300円・2枚430円・3枚以上無料